从一文不名到财务自由

——投资家 1973 金融交易实战教程

（第 1 卷）

投资家 1973　著

上海财经大学出版社

图书在版编目(CIP)数据

从一文不名到财务自由:投资家 1973 金融交易实战教程(第 1 卷)/投资家 1973 著. —上海:上海财经大学出版社,2018.9
ISBN 978-7-5642-3086-9/F·3086

Ⅰ.①从… Ⅱ.①投… Ⅲ.①金融交易-教材 Ⅳ.①F830.9

中国版本图书馆 CIP 数据核字(2018)第 177197 号

□ 责任编辑 陈 佶
□ 封面设计 钱宇辰

从一文不名到财务自由

——投资家 1973 金融交易实战教程

(第 1 卷)

投资家 1973 著

上海财经大学出版社出版发行
(上海市中山北一路 369 号 邮编 200083)
网 址:http://www.sufep.com
电子邮箱:webmaster @ sufep.com
全国新华书店经销
上海宝山译文印刷厂印刷装订
2018 年 9 月第 1 版 2018 年 9 月第 1 次印刷

787mm×1092mm 1/16 19 印张 273 千字
印数:0 001—4 000 定价:138.00 元

我们最大的恐惧不是自己的能力不足，而是低估了自己。往往是我们潜在的威力，而不是黑暗吓倒了自己。我们问自己："我怎么可能那么才华横溢，无限风光？"实际上，为什么我们不行？你是上帝的孩子。你的自我贬低并非明智之举，藐视自己对世界毫无益处。我们每个人都应该将上帝赋予的光辉放射出来。当我们让自己光芒四射时，无意中也鼓励别人这样做。当我们从恐惧中解脱时，我们的行为也自动地解脱了别人。

——尼尔森·曼德拉(Nelson Mandela)

保持超然物外的态度

（作者序）

三种布施

《金融交易学》第三卷出版以后，有学生担心地说，范老师你把你的绝招都教给我们了，难道不怕自己没饭吃吗？我无所谓。我挣的够吃了，希望大家都超过我，这是我的愿望，就怕你们超不过。不必为我操心，我现在每天都能吃饱饭，能自己穿衣服，还走得动路。比起那些生活不能自理的残疾人和病人，比起那些生活在战乱、饥荒和疫情肆虐之地的难民，不是已经很幸福了吗？还有些朋友担心这些交易技术泄漏出去之后，会不会影响市场走势？杞人忧天。我没有那么大的影响力。现在市面上关于趋势跟踪方面的书不是太多，而是太少了，很少有人掌握这些技术。就拿我的三卷《金融交易学》来说，不要说只销售了几万册，就是几十万册，也改变不了市场趋势。那些买了我的书的人，也未必认真对待，有的就束之高阁，当收藏品了。有些朋友认真看了，却没有看懂。那么真正能够掌握这些技术的人就少之又少了。所以不必担心这些技术泄漏出去会影响什么，不必多虑。

我们普通人的福报基本上都是差不多的。有时候，你太保守反而没法进步。为什么我对市场的领悟，有时可以说是一日千里呢？因为我乐于帮助别人。我们佛家提倡布施。第一是财布施。把你的财富给别人，帮助穷人，帮助生活困难、真正需要的人，你还会收回更多的财富，比你布施出去的多得多。有人捐献身体器官的，叫内布施；捐献财产的——财产是外物——叫外布施。所以财布施又分为内布施、外布施。第二是法布施。就像我给大家讲这些技术，讲交易市场上的规律和真理，我讲得越多，就领悟得越多，进步得越快。我从来没有发现，我把我的技术系统、交易理念给别人讲，我变笨了、变傻了，没有那回事。我没有失去任何东西。希望你们像我一样，学会不要吝啬于教会别人。第三种布施叫无畏布施，就是那些面临灭顶之灾、极度恐惧的众生，我们让他脱离危险，给予安抚的力量，让他不要太害怕。财布施得财富，法布施得聪明才智，无畏布施得健康长寿。

人越悭吝就会越贫穷。自己有的技术不肯教别人，就会原地打转无法进步。中国有句成语叫“教学相长”，出自《礼记·学记》：“学然后知不足，教然后知困；知不足然后能自反也，知困然后能自强也；故曰教学相长也。”2011 年 12 月～2013 年 12 月，我在呱呱网免费授课两年。其间有大约 2 000 名交易员接受了培训。其中写过拜师信、有正式学号的实名制交易员有 1 500 人。现在提起这次大范围、长时间的培训，他们说得最多的一句话就是“受益匪浅”。但我知道真正受益最大的还是我自己——我因为长期教学而厘清了思路。我今天大致地给大家说一下，我为什么不怕泄漏这些所谓的“商业机密”——我所讲的一整套基础知识对很多机构来说就已经是赖以吃饭的商业机密了，更不用说核心知识。因此长期以来，说我是交易界泄漏商业机密最多的人毫不为过。比如我讲的标准化控仓方案，绝对是这一行的秘中之秘、不传之秘。只不过我的很多学生都不理解、不重视，亦不珍惜罢了。

一个好的交易者必须做好三项管理——市场管理、资金管理、自我管理，即发现技术系统、构建资金管理方案和心理建设。你们没有能力发现技术系统，更不可能构建与之匹配的、正确的资金管理方案。任你聪明绝顶，在这个市场上头出头没、随波浮沉 20 年、30 年……乃至一生，都不可能。市场像一座巨大的迷宫，靠你们自己的力量，无论如何都走不出去，迷路是一定的。如果没有古圣先贤的教导，没有《股票作手回忆录》伟大思想的指引，没有《期货交易策略》的启示，没有《股市趋势技术分析》中经典形态学的奠基，没有《日本蜡烛图技术》、《股票 K 线战法》的积累，我也

不可能走出来，也会迷失。曾几何时，我也像禁闭在玻璃瓶中的一只苍蝇，乱飞乱撞。所以，不必白费心思了，我会把现成的东西告诉你们。这是前人修好的康庄大道，你们只需一边走、一边验证即可。三项管理里面，只有心理建设我无法代劳。我只能结合自身的经历，说出自己的看法，希望能够对你们有所启迪。

工夫在诗外

只为赚钱而从事交易不会如愿，为了交易而交易同样难以成功。人们对市场规律的认识，与其世界观、人生观、价值观以及思维方式密切相关——就是通常所说的“工夫在诗外”。这句话出自伟大诗人陆游的一首叫作《示子遹》的诗。公元 1208 年（南宋嘉定元年），居住在山阴（今绍兴）、已经 84 岁高龄的诗人以该诗作为他留给儿子陆遹的一份文学遗嘱。诗中说：“汝果欲学诗，工夫在诗外。”这句话的意思是说，学诗不能只局限于就诗论诗，必须要到自然界和社会生活中去广泛涉猎各种知识，进行观察、体验、创新。更深一层的意思是，一篇诗作的境界高下，由诗人之阅历、见解、识悟所决定，是其才智、学养、操守、精神等的综合。陆游强调诗人对于客观世界的认知能力，主张从诗人身体力行的实践，从格物致知的探索，从血肉交融的感应，从砥砺磨淬的历练，获得诗外的“真工夫”。

陆游还为他的另一个儿子陆聿写过一首《冬夜读书示子聿》。诗中说：“古人学问无遗力，少壮工夫老始成；纸上得来终觉浅，绝知此事要躬行。”这首诗的意思是：古人做学问是不遗余力、为之奋斗终生的；往往是年轻的时候就开始努力，到了老年才取得成功；从书本上得到的知识终归浮浅，要真正了解事物的内部规律或书中的深刻道理，必须亲自实践才行。作为一名交易员，专注刻苦地学习交易技术是其天经地义的本分，这个过程需要 10～20 年甚至一生。但是如果一个交易员的眼里只有交易，注定是永远也做不好交易的。因为要想成为赢家，除了掌握过硬的交易技术，交易者还必须从头脑和心理方面建设自己。这个过程即使在交易者本人成为赢家之后，仍将持续一辈子，堪称是活到老、学到老。

与其他行业一样，做交易的时间越久，对交易的理解与感悟就会越深。如果把热爱交易、刻苦钻研交易技术比作“诗内”工夫的话，那么头脑和心理建设就堪称“诗外”的工夫。这里要谈的“外”字，包括交易之外、金钱之外、俗世之外三重含义。交易之外，是说取得持续稳定盈利的能力，一取决于交易技术，二取决于交易者的心性结构。后者是隐性的，且对于交易成功具有不可忽视的作用。金钱之外，是说积极而又洒脱的金钱观对于交易赚钱的重要性，以及交易者在专注于交易的同时，注重个人与他人、与社会乃至与整个自然界的关系。俗世之外，是指交易者在保持身心平衡、享受和谐生活的同时，还能通过与自然界神秘力量的沟通，享受马斯洛所谓的“高峰体验”，这种体验多发生在自我实现者身上。

交易者如何才能一边掌握交易技术，一边又从头脑和心理方面建设自己呢？回答是“读书实战两参酌”。读书，是要求交易者大量地阅读，不仅反复阅读交易学方面的经典著作，还要广泛涉猎文学、历史、社会学、心理学、哲学等学科的相关知识。一个交易者应该像一个杂食动物，要什么都能吃，阅读越广泛越好，知识面越宽越好。实战，就是在有一定的知识准备之后投入真金白银实际交易。你投入的资金量不能太大，否则将因缺乏经验而很快被扫地出门；也不能太小，因为你不会关心一个没有重大利益关系的账户的成长，也体会不到由于行情波动所带来的喜悦、惊恐、贪欲、幻想、侥幸、焦虑、绝望等情绪波动，也就不会想办法去克服。我一直主张交易者不应在模拟操作上浪费太多时间，原因就在于此。

吉姆·罗杰斯在《给女儿的信》一书中对本节所论述的主题亦有精彩的陈述。他说：“尽可能地旅行并观看这个世界，会让你们的视野扩大好几倍。我已经环游世界两次。在旅程中，我们敞开胸襟，尝试所有新奇的东西。我们发现全世界的人本质上都一样，不论肤色、种族、语言、宗教、饮食和衣着，完全没有任何理由惧怕外国人或‘跟自己不一样的人’。要在投资上成功，除了学习哲学和历史，你们还需要学习心理学。很多时候，投资者的心理会加速市场的走向。每个人都会惊慌，我自己也惊慌过好几次，在股市中赔了很多钱。如果你们在市场惊慌的迷雾中丧失自己的看法，那就等于在市场上失去金钱。当你们了解心理学后，对自己会有更深的认识。”古人云：“读万卷书，行万里路”，这个要求对交易员同样适用。

向伟大人格看齐

但凡伟大的人物，必先有一颗伟大的心，然后才有巨大的财富或成就与之匹配。维特根斯坦认为，许多极端聪明的人没有成就，就是因为没有高尚的人格。志在成为成功交易家的年轻人，应该时时刻刻注意心性的修炼。那些得失心很重、热盼速富而又对自己要求不高、缺乏自律的人是没有成为成功交易家的任何可能的。巴菲特、盖茨、李嘉诚……这些时代伟人，他们的财富不是偶然的，他们能有今天的成就首先是因为他们有一颗伟大的心。一个人格不健全、能力贫弱、缺乏追求、毛病成堆的普普通通的人，就算把等量的财富白送给他，他也未必能够守得住。2008 年 6 月 27 日，时年 53 岁的微软创始人比尔·盖茨正式退休，同时宣布将自己 580 亿美元财产全部捐给以自己名字命名的慈善基金会，一分一毫也不留给自己的子女。他说：“我和妻子希望以最能够产生正面影响的方法回馈社会。”

而早在 2006 年 6 月 26 日，时年 76 岁的股神沃伦·巴菲特在纽约公共图书馆签署捐赠文件，将价值 370 亿美元的资产捐赠给 5 家基金会，占巴菲特全部 440 亿美元资产的 84%，其中向比尔及梅琳达·盖茨基金会捐资 300 亿美元，完成了他在有生之年将其个人资产与比尔·盖茨合并以组建全球最大慈善机构的愿望。这是历史上迄今为止数额最为巨大的两笔私人捐赠。而李嘉诚近 30 年来的捐赠总额也已经超过百亿港元。虽然要求交易者个个都成为伟人既不现实也无必要，但是《论语·里仁》中说：“见贤思齐焉，见不贤而内自省也。”《史记·孔子世家》也说：“《诗》

有之：'高山仰止，景行行止。'虽不能至，然心向往之。"交易者如果缺乏远大理想，眼中只有金钱，始终跳不出个人得失的小圈子，那是永远也无法在这行立足的。何谓正确的金钱观？上述当代伟人们已经率先垂范，给出了自己的回答。

有两段话，我认为是最美丽的，就连世界上最美的诗句都无法与之相比，故特意引用在这里与读者分享。第一段话是有"落入凡尘的天使"之称，曾于1988～1992年间担任联合国儿童基金会亲善大使，且于1993年获奥斯卡终身成就奖的奥黛丽·赫本（Audrey Hepburn，1929－1993）留给女儿的遗言："若要优美的嘴唇，要讲亲切的话；若要可爱的眼睛，要看到别人的好处；若要苗条的身材，把你的食物分享给饥饿的人；若要美丽的秀发，每天让小孩子的手指从你的头发穿过；若要优雅的姿态，记住行人不止你一个。人之所以为人，是应该充满精力，能够自我悔改、自我反省、自我成长，而不是抱怨他人。如果你需要一只援助之手，你可以在自己的任何一只手臂下找到。随着年龄的增长，你会发现你有两只手，一只用来帮助自己，另一只用来帮助别人。"如果要问什么是心灵之美，这就是了。

另一段话出自1979年被授予诺贝尔和平奖的特蕾莎修女。她生前在世界范围内建立了一个庞大的慈善机构网，赢得了国际社会的广泛尊重。她说："人们经常是不讲道理的、没有逻辑的和以自我为中心的，不管怎样，你要原谅他们；即使你是友善的，人们可能还是会说你自私和动机不良，不管怎样，你还是要友善；当你功成名就，你会有一些虚假的朋友和一些真实的敌人，不管怎样，你还是要取得成功；即使你是诚实的和率直的，人们可能还是会欺骗你，不管怎样，你还是要诚实和率直；你多年来营造的东西，有人在一夜之间把它摧毁，不管怎样，你还是要去营造；如果你找到了平静和幸福，他们可能会嫉妒你，不管怎样，你还是要快乐；你今天做的善事，人们往往明天就会忘记，不管怎样，你还是要做善事；即使把你最好的东西给了这个世界，也许这些东西永远都不够，不管怎样，把你最好的东西给这个世界；你看，说到底，它是你和上帝之间的事，而绝不是你和他人之间的事。"

创造恣意挥洒的美丽人生

我们从小被灌输这样的信念："富人都是些剥削别人的人。一个人如果很有钱，肯定是骗了某些人才得来的。有钱人必定是坏人，因为只有坏人才有钱。"或者："生活是艰难的，你必须努力工作才能挣钱。"前一种说法现在已经不值一驳，对于后一种说法，我们不妨将之替换为"钱来得又快又轻松"，试试看效果会如何？刚开始，这给人的感觉就像是欺人之谈。但是实际上，人的命运其实就是自己的胆识与魄力。只要向着自己的意志前进，命运迟早会皈依人的意志。当人们坚定地执行自己的意志的时候，命运就向坚定者一边靠拢。《幽灵的礼物》一书中这样说道："只要你有足够的胆量要成为一个伟大的人，这种念头最终会改变你的生活。交易员也是一样，你们要一往无前，要敢于追求心中的理想。"

吉姆·罗杰斯在回顾自己的投资生涯时说："在我开始第一项事业时，我是个 6 岁的企业家。其实年龄与你想开始做什么事并不相干。我宁可花时间在棒球场捡空瓶子换钱，也不愿花时间在球场上跟朋友打棒球。我在 6 岁时，第一次借到钱来开展自己的事业。我买了一辆卖花生米和可乐的小推车，在儿童棒球联盟比赛时，成功地赚了不少钱。5 年之后，我不但还清了向我父亲借的钱，银行里还有 100 美元的存款……"交易与其他行业并无不同，交易员亦然。在蒙昧无知的交易生涯的早期，交易者就像一只渺小柔弱的幼虫，被层层丝茧包裹着。经过艰苦的努力和漫长的等待，最后终于冲破重重阻力，化作翩然翻飞的蝴蝶，得到一生的大自在。通观一个专业交易者的一生，大致可以分为如下三个阶段：

一、成为专家

欲在任何行业成功，"全力以赴、追求卓越"是不二法门。美国著名体育经纪人、国际管理集团(IMG)的创始人麦考梅克在他的《自我超越》一书中说："光有天分并不足恃；纪律、专注与毅力才是造就大人物，使之出类拔萃的关键。”麦可·史坦哈德则说:“股市中最邪门的事是,有时候最差劲的预测,也可能会成为最高明的决策依据。但是这种情况却是一个邪恶的陷阱,会使人相信无需专业知识就可以纵横股市。因此,我的忠告是:要认清股市的竞争非常激烈。当买进或卖出股票时,你都是与专业的对手在竞争,往往这些专业的对手会给予你迎头痛击。”欲在交易市场上踏入赢家行列,成为专家是唯一出路。

二、成为富人

罗伯特·清崎在《富爸爸财务自由之路》一书中说:“没有财务自由,你就无法真正获得自由。”想必很多人对此都有切身体会,而金融交易是达到财务自由的捷径。欲在交易市场上成功,专心致志、全力以赴的精神必不可少,这和在其他行业取得成功并无二致。但是麦考梅克先生曾经用一段以“宽广的心,宽广的未来”命名的话作为对决意成功者的对冲:“需要提醒的是,110%的投入并非唯一的生活准则。世界之大,人人都寻得到属于自己的一席之地。它容得下马不停蹄之人,也容得下整天游手好闲做白日梦的人。再说,谁也无法体会别人的甘苦得失。所以千万不要自以为比别人更努力就高人一等。我们应该严于律己——对自己设定的目标毫不松懈,但宽以待人——容忍别人追求与我们不一样的人生。”

三、成为自己

马斯洛认为自我实现是人类的最高需求。对此,麦考梅克先生同样有着精辟的见解:“以前我总认为,事业上的成功是人生唯一值得追求的目标。只要建立相当的事业基础,赚了足够的钱,在本行中出人头地,就算是成功,这一生就可别无他求。可是,现在我不这么想了。虽然我依旧百分之百地相信,人应该有闯荡一番事业的雄心壮志,而事业成功的确会带来回报与成就感。因为要知道每当克服困难、突破障碍后,那种满足的感觉是无法言喻的。但是,我越来越觉得,必须从更宽广的角度来看待事业心与工作上的成就。毕竟,事业成功仅是成功人生的一部分,真正重要的是整个人生的成功,这包括对人际关系处之泰然并且充满信心;对自我

有合理的期许与评价；能够体会爱人与被爱的喜乐等，这才是真正的成功。”

有些人天生就对赚钱感兴趣，有些人原本对金钱不感兴趣，但后天由于生活所迫，开始逐渐把注意力和精力转移到对金钱的获取上。不管您属于哪一类人，都必须非常重视金钱，否则将不能从这行赚到哪怕一分钱；但是，如果您的眼里只有钱，也同样不能从这行赚到真正的钱！一个显而易见的例子是：一个不珍惜金钱的交易者，会大把大把地“止损”并将很快因此而失败；而一个过分珍惜金钱的人，将会因为“不忍止损”而招致更大的失败！我认为，积极而又不失洒脱的金钱观对于成功地从事交易是至关重要的。无论是谁，对金钱的追求都必须经历从狂热到恬淡这样一个过程，因为狂热是刻苦钻研交易技术的动力，而恬淡是对狂热的校正与对冲。随着年龄的增长，我们对金钱和世界的看法会慢慢改变。

翻开《金融怪杰》的主角之一马丁·舒华兹撰写的《交易冠军》一书，令人感慨万千。在这本书中，作者——就是那个曾经9次夺得全美投资大赛四个月期交易竞赛项目冠军，在全美投资大赛一年期交易竞赛项目中创下投资报酬率高达781%的佳绩，且曾经通过交易股指期货把4万美元变成约2 000万美元，享有“冠军交易员”之誉的马丁·舒华兹——为了仿效保罗·都德·琼斯，成为拥有私人飞机、操作上百亿美元庞大基金的伟大操盘手；也为了与别的同行一较短长，总之为了谋求所谓更大的发展，他不再满足于操作自有资金，开始对外公开募集资金着手组建自己的基金，从此不得不承受来自投资人的连绵打扰和巨大的绩效压力。最后，他终因长期承担过大压力而病倒，甚至险些为此而送命。

患病期间他历尽磨难，曾经三次紧急住院，做了心脏手术又几经反复之后才摆脱死亡威胁。好在作者最终大彻大悟，决心要重新做回自己。他毅然解散基金，并且将这一举动称为“一生中最棒的一笔交易”。为了远离纽约紧张的交易环境，他不惜举家迁往佛罗里达州。马丁·舒华兹通过自己的交易经历得出两条重要的结论，并且以“两堂重要的人生课程”命名之：(1)在压力摧毁你之前先把它化解掉；(2)没有人能够死到临头还拼命工作。反观我们在交易市场上所做的一切，不能不反思当我们为了交易赚钱而牺牲自己的健康，进而牺牲家庭幸福的做法是否真正值得。身为交易员，应该学会在赚钱和保持健康之间寻求某种平衡。最后，关于如何看待财富，王永庆在他给儿女们的遗言中这样说道：

“财富虽是每个人都喜欢的事物，但它并非与生俱来，同时也不是任何人可以随身带走的。人经由各自努力程度之不同，在其一生当中固然可能累积或多或少之财富，然而当生命终结，辞别人世之时，这些财富将再全数归还社会，无人可以例外。因此如果我们透视财富的本质，它终究只是上天托付作妥善管理和支配之用，没有人可以真正拥有。面对财富问题，我希望你们每一个人都能正确予以认知，并且在这样的认知基础上营造充实的人生。人生最大的意义和价值所在，乃是藉由一己力量的发挥，能够对社会作出实质贡献，为人群创造更为美好的发展前景，唯有建立这样的观念和人生目标，才能在漫长一生当中持续不断自我期许勉励，永不懈怠，并且凭以缔造若干贡献与成就，而不虚此生。我殷切期盼所有子女，在创业与日常生活中，不忘以服务奉献社会、造福人群为宗旨，而非只以私利作为追求目标，如此才能建立广阔和宏伟的见识及胸襟，充分发挥智能力量，而不负于生命之意义。”

目　录

只需不断地工作，由此你将变得好起来。

——维特根斯坦(Ludwig Josef Johann Wittgenstein)

第 1 课　时间开始了

第 1 节　缘　起

长期以来，朋友们想有一个平台，让我们在一起能用语音和视频交流。经过几天的努力，终于找到了。我不太清楚你们是否都是职业交易者？如果有上班族，上班的时间最好安心上班，不要因为关注交易而耽误上班。我们在一起可能也就是聊聊天，不一定非得谈什么特别严肃的话题。人在这个世界上都很孤独。老手们股票被套了很苦闷，交易亏钱了需要倾诉；而新手们需要学习正确的投资理念与交易技术，这都是这个领域里的正常需求。

我们既然在一起就是兄弟姐妹。大家彼此要珍惜，互相不要有成见。做股票的朋友，如果碰上讲期货和外汇方面的事情，像原油、金、银、铜、美元等，不妨也跟着学一学，这样容易开阔你的眼界，有助于形成一种系统化的大局观。但我并不鼓励做股票的朋友因为接触了这方面的知识，就贸然去做期货、外汇。同时，做期货、外汇的朋友也不要瞧不起做股票的朋友，认为做股票的好像很土。实际上单看业绩，你们未必就占什么优势。还是那句老话：四海之内皆兄弟。大家要互相关心、互相帮助。不能老在那里顶牛，我比你厉害，你比我厉害，大家互相压，那样不行。我们要互相帮，不要互相压。那颗好胜的心要放下。

我们平台的宗旨，是礼让、谦和、求知、敬人。因为我们不管是做交易也好、交朋友也好，都要有一种谦卑的心态。前几天我带女儿去看月全食，我说天上随便哪颗星星都比我们地球大不知道几百、几千倍。跟天上的星星比起来，我们的太阳、月亮、地球，那都是灰尘。我们这些居住在地球上的生物，更是尘中之尘、微不足道。我们不谦卑，还等谁谦卑呢？所以不能贡高我慢，在一起总是争斗。争斗是非常麻烦的。总想把别人压下去，这个念头要不得。再者，我们每个人都要分享，每个人都要有发言的机会，要把这里变成国内最大的开放式金融交易论坛。我也不是什么真理在握的老师，我只不过在这一行干得时间长一点，到现在已经干了20年，吃了很多苦头，走了很多弯路。如果把我的心得体会讲出来，大家可以少走一些弯路、少吃一些苦头，毕竟用于交易的资金都是大家的血汗钱。

我上次参加了一个视频课程。我有个师兄叫李炎，他在佛教界叫“善音居士”，录制了很多佛经视频，他的声音很好听。李师兄在交易界取了个网名叫“黑猫空军司令”，那天我就去参加他的一个讲座。有个股民，听声音大概有五六十岁，他的网名起得很有意思，叫“祥和”。但是当他打开他的股票账户的时候，那可是一点都不祥和，亏损非常严重。我记得他买了3只股票：康恩贝(600572)8 000股，亏损39%；海马汽车(000572)6 000股、一汽轿车(000800)800股，各亏50%。那还是十几天以前的事了。现在我估计他的整体亏损应该在60%以上了。当时是10万块钱亏了4.8万，还剩5.2万；现在他的钱应该只剩不到4万了。他这辈子可能也就攒了这么些钱。当时这个老人以一种颤抖的声音说：“我就是听了一个聊天室主持人的话，他让我买了这些股票。还一再鼓励我，让我持有，持有，再持有。”接着，他提出3个疑虑。他说：“随着这些股票的下跌，天天下跌，我对这3只股票产生了疑虑，对股市本身产生了疑虑，甚至对整个中国经济产生了疑虑。”然后问应该怎么办？李师兄说：“是谁让你持有，持有，再持有的呢？谁这么告诉你，你就找谁去！”

我这几天也遇到同样的情况。有一个朋友找到我，说现在深套40%，问怎么办？还有个人原本有50万资金，亏掉了一半，那边孩子要出生，他表示压力很大。这个人前几年可能是因为想职业做交易的缘故吧，辞掉了工作，就在家里职业做交易。现在出现这种情况，不敢告诉怀孕中的太太。据我了解，不少普通股民，当然还包括一些做期货和外汇的朋友，处境非常悲惨。我们本来就没有多少社会福利保障，总共就积攒了那么一点血汗钱，一方面，购买力不断遭到通货膨胀严重稀释；另一方面，我们自己在金融交易上，在股票、期货、外汇的投机上，在美元、黄金的买卖上又遭受重创。那么我们怎么办呢？我们难道不应该学习一点常识吗？在我看来，很多交易者就是缺乏常识，更毋论专业知识。

什么常识呢？我曾经在博文里总结过几个关键词。第一，顺势。顺哪个级别的势？长短期趋势同向时好办，顺之即可。反向时如何处理？显然，这些问题必须在技术上予以量化，才能进入实战阶段。第二，待机。就是等待正确的进场时机。为此我曾经总结了一个“确定性法则”，就是你要做那些你最有把握的机会。当然，不同的人水平不同，这个“最有把握的机会”实际上胜算也不一样，水平越高则胜算越高。但即便如此，你仍然应该选择你最有把握的机会。如果一直坚持这个原则，就可以过滤掉大量的垃圾交易和劣质交易。在避免草率进场的情况下，尽可能做到一旦开仓进场，就能迅速脱离成本区，取得浮盈保护。这实际上就是我在《金融交易学》第二卷中所讲的“临界点”战法。如果你进场很多天了，它还在那里……肉啊肉的，就是不动。你说：“我是不是耐心不够啊？我上次因为耐心不够吃了亏，这次我要吸取经验教训。”其实也不一定，它可能就是走势不正常，你判断错了，它才那样表现。所以交易有时候跟耐心有关，有时候又跟耐心无关。这就要求你在技术上成熟、过硬，有一套正确、高效的交易系统，自动排除掉那些可以排除的因素，这才是问题的关键所在。不然，你怎么知道你到底是耐心不足，还是技术不行呢？你搞不清楚。

第2节　热爱交易

愉快是第一生产力，内在的快乐是成功的燃料。生命的首要目标就是去体验喜悦与欢乐。所以，让我们学会创造性和自主性地工作，总是做

自己想做的事。那些让你感觉美好的事物，总会为你引来更多的美好。神学家约瑟夫·坎伯说过："跟从你的欢乐吧，宇宙会在四面都是墙的密室中为你打开一扇门。"有"天才交易员"之称的艾德·斯科塔则说："我认为我的成功来自我对市场交易的热衷。交易对我而言，不只是嗜好或带来事业，而是我的生命。我深信我注定就是要做一名交易员。研究市场行情以及用资金来支持我对市场的看法，是我最感兴趣的生活方式。我认为一个人的成功与否，与财富的多寡无关，而是与能否回应命运的感召有关。"言外之意是说仅仅为了赚钱从事交易还不够，你必须有更高的目标。

热爱交易，意味着你对在交易市场上取胜充满真正的兴趣和炽热的欲望。所谓"真正的兴趣"，是指这样一种行业，哪怕你每天为之工作 16 个小时以上依然觉得兴致盎然而不知疲倦。对你来说，这种工作简直不能叫作工作，而是一种娱乐。"真正的兴趣"实际上还暗示着你生而为人的使命。比尔·盖茨说过："在你最感兴趣的事物上，隐藏着你人生的秘密。知道自己究竟想做什么和知道自己究竟能做什么，是成功的两大关键。"无论是谁，最热爱的行业就是最容易取得最大成就的地方。如果您确定自己真的热爱金融交易，并且有信心在这行立足，那么就从事它，不必犹豫，即便这是一条风险莫测、布满荆棘的坎坷之路。因为真正热爱交易，意味着哪怕是在没有业绩的情况下，仍能长期、持续、不计回报地付出。

何况，成为哪个行业的翘楚会是一帆风顺的呢？在哪个行业取得成功不是充满艰辛的呢？迈克尔·卡沃尔在其所著《趋势跟踪》一书中说道："我们想要取得多大的成就，就得冒多大的风险。如果你想要大胆地活着，你一定要做出大胆的行动。如果你的目标贫乏而且很小，那很容易做到，但是，一旦你成功地实现了你的目标，你会感到不满足。最悲哀的人是：有强烈的欲望，却害怕危险，生活在恐惧中。这样的人比那些努力过但是失败的人，或者一开始就没有任何欲望的人还要糟糕。"在一个你不感兴趣或者并不擅长的行业工作，你不会快乐，也根本不可能取得成功。我希望每一个意欲踏上金融交易这条道路的年轻人都确切地了解这一点。要知道,欲成为自己想做的人,必从做自己想做的事开始。

根据我的观察,这个世界上的便宜,都被那些有着强烈主见的人给占了。下面我想与读者分享全球著名风险投资家吉姆·罗杰斯的真知灼见:"最重要的事情是跟随你的兴趣做事,不要盲从你的父母或朋友的希望。做你喜欢做的事,这是使你成功的最重要的事,也是使你快乐的最重要的事。能做自己喜欢做的事的人们,他们不是在'上班',而是每天迫不及待睁开双眼,赶快去享受工作的乐趣。假如选择一个你们不关心的领域,就不可能有希望获得成功。我在投资方面会成功,因为那是我最喜欢做的事。假如你喜欢烧菜,就去开一间你自己的餐馆;假如你擅长跳舞,就去学跳舞。想成功最快的方法,是做你喜欢做的事,然后全力以赴。当你发现有一件事是你感兴趣的,别让年龄牵绊你,去做就是了。"

"我们中的大部分人,没有接受过把注意力集中在单一目标上的训练,持续5年、10年或20年,放弃其他所有事情去完成它,但这是成为一个奥运冠军、一个世界级的外科医生或一个基洛夫芭蕾舞演员所必需的要求。当然,这也可能是白费工夫。你所犯的一个错误,可能会让你前功尽弃。古语是千真万确的:有志者事竟成。你想做什么都能做得到,但不可能做到所有的事。培根说'有妻小者难成大事'。把家庭放在第一位的人,不可能成为世界级的长跑选手,甚至不可能跑出3.5英里。赚你的第一个1 000万美元,写一部伟大的美国小说,或骑摩托车环游世界,这样的目标需要全身心投入。"长期以来,我都以"全力以赴、精益求精"为人生信条,因此很难谅解懒汉、奢侈浪费者以及意志薄弱、缺乏自律的人。

做自己喜欢做的事情,任何时候开始都不会太晚。美国有一位名叫安娜·玛丽·罗伯逊·摩西的老人,77岁开始学画画,80岁(1940年)在纽约成功地举办了个人画展,引起巨大轰动。此后她的作品赢得很多奖项,上百万封信纷至沓来。她就是著名的"摩西奶奶"(Grandma Moses,1860—1961),美国大器晚成、家喻户晓的风俗画画家。虽然她从未接受过正规的艺术训练,但对生活的热爱使她爆发出惊人的创造力。这个长寿的老人活到101岁,留下1 600多幅作品,其中20多幅是在过完100岁生日之后画的。摩西奶奶证明了"人生永远没有太晚的开始"。但要明白的是，如果没有及早认识到自己所具有的天赋才华，付出的代价将是最美芳华。摩西奶奶的百岁感言也在网上流传，特录在这里供读者参考。

你最愿意做的那件事，才是你真正的天赋所在

——摩西奶奶的百岁感言

我100岁了，趋于人生尽头。80岁前，我一直默默无闻，过着平静的生活。我以“农夫的女儿”、“工人的妻子”、“孩子们的母亲”这样平凡而简单的身份，默默地度过了大半段生命；却在人生的最后一段时刻，因为种种好运和巧合，令我成为美国人眼中的“名人”。他们谈论我，想要知道关于我的事情。我开始被关注，被越来越多的人了解。80岁后，未能预知的因缘际会将我的绘画事业推向巅峰；随之带来的效应，便是我成了所有美国人都耳熟能详的大器晚成的画家。人生真是奇妙。

我老了。看着干枯的手臂和镜子里那张布满皱纹的脸，我不得不承认，时光带走了我生命中许多东西，其中包括最宝贵的青春和健康。但与此同时，我也不得不承认，生命是一场美妙无比的奇迹之旅。我已经走到了人生的边缘，慢慢前行。我不知道自己还能走多远，回过头来看一看我这漫长一生的点点滴滴，不得不再次感叹，人生真是无比奇特。在我人生的这段时光中，许多次，我因为失去而感到难过：失去我爱的人，失去了宝贵的时间，失去了许多自己曾经拥有却并不曾珍惜的东西。

有年轻人来信，说自己迷茫困惑，犹豫要不要放弃稳定工作做自己喜欢的事情？人的一生，能找到自己喜欢的事情是幸运的。有自己真兴趣的人，才会生活得有趣，才可能成为一个有意思的人儿。当你不计功利地全身心做一件事情时，投入时的愉悦、成就感，便是最大的收获与褒奖。正如写作是写作的目的，绘画是绘画的赞赏。今年我100岁了，我往回看，我的一生好像是一天，但这一天里我是尽量开心、满足的。我不知道怎样的生活更美好，我能做的只是尽力接纳生活赋予我的，让每一个当下完好无损。

在我的画被越来越多的人喜欢和购买后，有人问我在画画方面取得

这样的成就，是不是感到很开心？我的确是开心，但开心的并不是因为我的画不断地被卖出，而是因为我能够做自己喜欢做的事情。这对我来说才是最重要的。在我刺绣的时候，我是因为喜欢才去做这件事情；在我给孙女、孙子讲故事的时候，我是因为爱看他们天真的笑容才做这件事情；在我于厨房里忙碌时，我是因为喜欢家里人吃我做的食物才去做这件事情。做什么事情并不是最重要的，重要的是做这些事情时，你是否感到愉悦和幸福。

假如我的画一幅也卖不出去，没有人看我的画，我还是会继续画下去。在和孙女、孙子玩耍之后，我会画下他们顽皮的样子；在一场大雨过后，我会画下地平线朦胧的彩云；在每一个让我心动的瞬间之后，我会画下值得我去记录的一切。在这个世界上，人们想要做的事情太多了。我们漫长的一生中，实在是充满了许多美好的心愿待我们去实现。当我还是一个小女孩时，在一个阳光灿烂的天气里，躺在草垛上，静静地望着湛蓝的天空，感受着安静的风从我脸庞吹过，我的心里涌现出一些复杂、难以言说的情绪。

也许在很多人的生命中，都曾有过这样一个微不足道的时刻；但他们都会很快忘记，我却一直记忆深刻。当时，四周的环境沉闷安静。朦胧的远景里，是参差不齐的屋顶和看不清样子的飞鸟。怠懒的气息萦绕在我的身体四周，隐隐约约有一种奇特的味道。几十年之后，在我拿起画笔，画出一幅又一幅心爱的画作之后，深藏在我遥远记忆中的味道，重回我脑海中。我很喜欢这种感觉，它使我很放松，也很愉悦。画画只是我喜欢做的事情之一，我享受着拿起画笔作画的时刻，就好像回到小时候无忧无虑的岁月。

在被所有美国人熟知之后，许多人会给我写信。我收到了许多来自世界各地的信件。在洒满阳光的午后，我会在农场里宽大的桌子前，拆看这些信件，看那些信件的主人向我提出的形形色色的问题。在来信中，他们向我诉说自己的困惑和不安，他们问我最多的一个问题便是：为什么我会在生命走过了几十年之后，突然选择拿起画笔，是不是为了圆年轻时候的梦想？他们不知道是不是应当像我一样勇敢，放弃自己眼下稳定的生活，去做自己喜欢做的事情。认真思考了这个问题之后，我并不觉得自己特别勇敢。

我一直过着平凡简单的生活，从一个幼稚可笑的姑娘，成长为孩子们的母亲、祖母。我的一生几乎都是在农场里度过的。我的日常工作以刺绣为主。闲暇时，也会喂养几只鸡鸭。如果不是因为关节炎的毛病，我想我现在依然在刺绣，而不是拿着画笔。这世上的事情应该都是如此。你之所以恐惧、担忧，是因为你不满足。在你的人生清单上，列满了太多要做的事情。静下心来，抛开清单仔细想一想，到底哪些事情对你来说是最重要的？是真正想去做的？想好之后，就去好好做你喜欢做的事情，并且把它做好。

你要相信，你最愿意做的那件事，才是你真正的天赋所在。对于我而言，对人生的要求其实很简单：能够始终保持快乐的心情，去做自己喜欢做的事情，就是莫大的幸福。我在 80 岁拿起画笔，并且还举办了画展，取得了人们口中所谓的“成功”。但在我看来，守着家人，在他们的陪伴下作画的平静日子，才是生活真正的、实质性的内核。我时常对给我来信的一些年轻人回复道：不要惧怕未知的明天。找到自己喜欢做的事情，并且坚持做下去，从中获得乐趣，这样的人生自然是美好而愉悦的。在现实的生活中，我们每个人都不能随心所欲。我们总是会做出这样、那样与我们内心所想相违背的选择。在我们老去的时候，回顾这一生，不由得感慨时光匆忙，人生中有许多后悔的事情。

人的一生，总是拥有太多的愿望，但时间却很少。我们想做好每一件想做的事情，可是到头来却发现，每一件事情都没有做好。这样的发现，会让我们心里有些莫名的惊慌和悲哀。想一想自己在这漫长的一生中，曾有过那么多美好的愿望；也许并不是我们无法好好地实现心愿，而是无法分出那么多的精力，将所有愿望变成现实。我只想说，在我们漫长而又短暂的一生中，在我们所经历的风风雨雨中，找到自己发自内心喜爱去做的事情，坚持做下去。让这一点小小的坚持，带给我们微妙的喜悦。不要因为内心的迷茫而忧虑，慢慢来，只要你能够找到自己喜欢做的事情，任何时候开始，都不会太晚。

第3节 做个身心平衡的好人

人之初，性本善

中国蒙学经典《三字经》以“人之初，性本善；性相近，习相远”一句开头，朗朗上口、妇孺皆知。可能正因为太过熟悉之故，国人反而容易忽略这些话的深刻内涵。两千年来，“性善论”与“性恶论”一直争论不休；而近代，“性恶论”有渐占上风之势。之所以如此，是人们依据自己的日常经验得出的结论。姑且不论人类历史上无数次残酷的杀伐征战，各大经济体之间尖锐的利益冲突，国与国之间激烈的竞争较量，疾病肆虐全球，环境污染加剧……单是我们身边公平正义缺失的现状，就足以令人气结。人类文明已经存在了不知几百万年，有文字记载的历史也有数千年，竟然连和平相处这件基本的事都还做不到。一个智慧如此低下的物种，除了自相残杀和自我毁灭几乎看不到任何出路，究竟还有何希望可言呢？

有人说，人类是些井底之蛙，以为井口的那片天空就是整个宇宙。人类总是用自己严重受限的觉知力来衡量一切，认为凡是不能被“科学”证实的东西，就是不存在的。但人类的科学一直在不断发展中，目前整体水平仍然相当有限。对于非物质形态的存在，人类依然不能待之以开放的心胸。无论最近几十年有关这方面的研究成果有多么丰硕翔实，许多人依然拒绝相信——原因竟然仅仅是他们“不习惯”。现有的“科学理论”无法解决人们现世的矛盾，还不断面临最新研究发现的挑战，而且它们本身也已经造成严重后果。表现之一，就是人类围绕资源展开的无休止争夺。然而事实真相是：资源无穷无尽。电影《秘密》（*The Secret*）中有一段话是这样说的：

“宇宙可以满足所有人，并且充足有余。有一个谎言，像病毒一样在人们的头脑中传播，这个谎言就是：‘没有足够可用的资源，只有匮乏、极限和不足。’这个谎言让人们生活在恐惧之中，生活在贪婪和吝啬之中。而恐惧、贪婪、吝啬和匮乏，就成了他们的现实经验。于是，这个世界的噩梦就开始了。然而，事实真相是：有用之不竭的资源，有无穷的创意，有无尽的动力，有无限的爱，有无尽的欢乐……所有这些都来自意识，来自认识到其自身无限本质的意识。每一个曾经走过这个星球的伟大导师都这样教导我们：生命本身就是富足的，当我们以为某种资源日益减少的时候，我们会发现另一种新资源来做同样的事。”因此说，资源取之不尽、用之不竭，人们所争夺的，只不过是心中的无知和恐惧而已。

现在，是到了该揭示真相的时候了：“一切都是能量。宇宙和这个星球上所有的一切，包括我们自己，都是能量。我们不是一群跑来跑去的酒囊饭袋，我们是灵性的存在体和永恒的生命，是在一个更大的能量场中活动的能量场。我们彼此联系，来自同一种东西。我们是宇宙体认自己的方式，我们就是无限可能性。伟大的传统文化说我们是按照上帝的形象和荣耀被创造的，这意味着我们拥有创造世界的潜能。宇宙是一个充满了‘正向能量’的、建立在喜乐之上的世界，喜乐极大充足的世界。只要你允许喜乐的潮流自由流动，你会体验到非常棒的感觉。这种‘纯善’或‘喜乐’的潮流，你可以顺应它，也可以阻挠它。而你的情感会告诉你，你所处的状态，是在顺应这股纯善的潮流，或是在拒绝和它的联系。”

正如朵洛莉丝·侃南（Dolores Cannon）的名著《地球守护者》一书的序言中所云：

“狭隘与恐惧是人类故步自封的心灵枷锁，要打破人性的局限，并不是一蹴而就的事。但我们可以试着从相信思想的力量开始，相信自由意志可以创造出任何想要的实相，相信宇宙不存在评断赏罚，一切都是出于自己有意识或下意识的选择所创造出的学习机会，那么我们看待世事与回应的方式自然会慢慢产生微妙的转变；一旦我们体认到内在固有的力量，了解灵魂才是我们的本质，躯体只是在三次元的地球、执行人生蓝图的工具，生活就逐渐不再是充满挣扎，而是一场饶有趣味的探险；如果我们进而领悟到：我们都是神的一部分，在无限里创造和体验，那么，这趟地球旅程就会变得精彩可期。”总之，人生自有价值，地球依然美丽，人类还有希望。因为有希望在，所以我们活着并且从事金融交易。

兵者，不祥之器

中国道家经典《老子》第31章中说："夫兵者，不祥之器，物或恶之，故有道者不处……兵者，不祥之器，非君子之器，不得已而用之。恬淡为上，胜而不美；而美之者，是乐杀人。夫乐杀人者，则不可得志于天下矣……杀人之众，以悲哀莅之；战胜，以丧礼处之。"这段话的意思是说："军队乃不祥之物，用兵打仗乃不祥之事，人们通常都嫌弃之，有道者避而远之，君子不得已而用之。即便战胜，亦不可自鸣得意，宜淡然处之，否则就是以杀人为乐。以杀人为乐者，是不可以得志于天下的……所以说，对于征战，要抱以哀痛之心；战胜，则以丧礼处之。"金融交易多空之间的激烈对抗，一方的胜果体现为对方的损失。如果把手中的每一元资金都理解为一个士兵的生命，那么交易与战争的联系就彻底打通。

但凡这场游戏的参与者，大多希望盈利。但实际结果，以股票交易为例，有"七亏二平一盈"之说——这个赢家比例应该是被严重高估了。至于存在杠杆效应的期货与外汇交易，成功率大约只有万分之一，杠杆倍率越高，成功率就越低。所谓"一将功成万骨枯"，是对交易市场上盈亏分化的最好概括。发达国家的人民，由于享受良好的社会保障，参与金融交易的必要性并不大，一般通过共同基金间接参与。而越是隶属第三世界穷国的人民，参与者越多，参与的深度——投入资金占家庭总资产的比例——就越高。所以在这个多空争战的市场，一轮大级别的行情下来，输家的亏损金额经常以天文数字计。无数人因之倾家荡产，赤贫如洗，穷途末路，惨不忍睹。以结局之残酷而论，堪称没有硝烟的战争。

总而言之，杀伐掳掠、攻城略地是交易者每天都在干的事。如果没有高尚的人格和深厚的道德作基础，年深日久会影响自己的精神健康是一定的。试想，如果您通过轻敲键盘，在一天之内获利比普通人辛苦工作一生所赚取的金钱还要多，您的内心会不会有些许微妙的变化？如果您经常大手笔进出资金，金额动辄以几百万元、几千万元乃至上亿元计，您时而得到这些钱，时而失去这些钱，天长日久，您会成为一个嗜赌如命、嗜血成性的怪物吗？如果不会，当您有一天终于输光了一切，您会成为一个穷困潦倒、万念俱灰的酒鬼，乃至精神失常吗？甚至有一天，您会否亲手结束自己的生命，就如我的精神导师——杰西·利维摩尔当年所做的那样？我无意于冒犯任何人，但这是这场竞争常见的结果。

既然是竞争，作为统帅，设法取胜就是职责所在。如果您将十万大军变成了五万甚至两三万，那么您应该反思自己的责任。但是，如果我们最终胜利了，应该如何处理金钱，特别是大笔的金钱？众所周知，如果运用不当，金钱绝对是败德的祸根。姑且不论大幅盈利之后，交易者容易过上花天酒地的生活，而一旦破产，又会变得一文不名、失魂落魄；所谓“贪财之人，至死不止，不义得来，付与败子”也是一个形象的说法。因此，真正对交易之道和金钱本质彻底了悟的交易家，常常都心怀悲悯；在他们交易生涯的最后，往往会自觉或不自觉地走上捐献资产以回报社会和帮扶弱者的道路。而他们本身，也会达到心灵获得解脱、生命回归本来之境。因为“我生本无乡，心安是归处”；抑或换言之：“此心安处是吾乡”。

我无意于教导别人怎样做人或选择何种方式生活，我无此资格亦无此兴趣。我想说的是，金融交易是直接和金钱，尤其是大笔金钱打交道的行业，每天面临的是要么剥夺他人财富，要么被他人剥夺的无情竞争。如果不重视金钱，轻则招致损失，重则兵败身死。但若过于重视，则整日沉浸于蝇营狗苟、患得患失之中，胜则志得意满，败则痛不欲生，又难免会走火入魔，一定程度上失去做人的价值与乐趣。因此，在交易之前，我们有必要厘清自己的人生观、世界观和价值观。这样我们虽身在交易之中，却又能经常跳出交易之外。无论修身养性，保持超然物外的态度；还是一心向善，寻求适当的时机回报社会，都是对这种追腥逐臭的单调生活的必要中和。古人云：“天命无常，惟有德者永获天眷”，就是此意。

心甘情愿地做个好人

我们这代人，小时候从父母那里接受的教育，就是一定要想方设法“做个好人”。然而何谓好人，何谓坏人？说起来就一言难尽了，每个人需扪心自问。相声大师侯宝林有句话是这样说的：“这个世界上，好人是极少数，坏人也是极少数，不好不坏的才是绝大多数。”这句话的意思是说，“好人”并非是一个人人唾手可得的廉价头衔，普通人要想成为真正意义上的“好人”，需要付出相当大的努力和自律才行。人的行为从动机和结

果分类，大致有四种：利己利人、损己利人、损人利己、损人损己。一个经常利己利人者就是标准的“好人”。损己利人者，那是圣贤的专利，因为太罕见，所以我们也不抱希望。一个“不好不坏”的人可能会偶尔干点损人利己之事，只要不涉及重大利益，倒也情有可原；但是一个一贯以“损人利己”或“损人损己”为行事方式的人，就是真正意义上的“坏人”了。

中国在长达两千年专制极权的历史长河中，历来是一个“淘汰良民的社会”。圣贤固然凤毛麟角，而世风日下、人心不古也由来有自。某个时期，当人性尚恶的风气发展到极致，就会在全社会达成一种“只有坏人才能生存，做好人就会受欺负，会活得差甚至活不下去”的荒谬共识。比如当今社会，“做好人”甚至已经被视为“不够聪明”之举，认为“学坏人、做坏人”才能“不吃亏”，才能“活得滋润”，才能“利益最大化”。比如2008年爆发的震惊海内外的三鹿毒奶粉事件，就是起因于一些专事损人利己的坏人，将三聚氰胺添加到牛奶中冒充蛋白质。这起长时间、大范围的群体性投毒事件表明：我们每个人，都正在为道德沦丧买单。尤其是那五万罹患肾结石的婴幼儿之家长，更是此痛难解、此恨难消。

言归正传。做个好人与交易成功有必然联系吗？回答是当然。我认为非独金融交易这行，无论是谁，无论从事任何行业，都应该努力做个好人。好人也会遭遇困难，但只要认真对待，总能逢凶化吉。而那些问心有愧的人则难以逆料。有人问莫非作者相信报应吗？回答是有那么一点点，反正我是一直谨慎小心做人，从来不敢作恶，也从来不敢肆意妄为的。正是靠着这种天佑吉人的信念，我安然度过了成千上万次失败，从一个在陋室中安坐冷板凳研究交易技术到深夜的穷小子一步步走到衣食无忧的今天，并且以前辈高人为榜样，得以有条件在此撰写这部书，向年轻后学介绍自己全部的技术体系与多年的交易经验，以利后人。

保持身心平衡

实践证明，选择身心平衡的生活方式对于成功地从事金融交易是极其重要的。何谓身心平衡？首先是极简主义的生活方式，这种日子过得久了，个人就能更多地感受到生活的光明面——例如积极、希望、健康、精干、乐观、豁达、开明、开朗、信心、信任、勇气、果敢、坚强、勤奋、机智、幽

默、沉着、迅速、热情、安详、拼搏、奉献、诚实、理解、担当、责任感、荣誉感、成就感……这样的一种精神状态。何谓身心失衡？就是指个人更多地感受到生活的阴暗面——例如消极、失望、病态、愚蠢、脆弱、悲观、狭隘、自私、阴暗、自卑、猜疑、胆怯、犹豫、懦弱、懒惰、迟钝、易怒、急躁、拖沓、冷漠、焦虑、侥幸、愤恨、虚伪、抱怨、推脱、虚荣心、嫉妒心、虚无心……即一种与前面相反的精神状态。

前者称为“正面感受”，后者称为“负面感受”。身心平衡者以正面感受居多，身心失衡者以负面感受居多。要想保持身心平衡，规律的作息、适度的锻炼、欲望的节制与和睦的家庭生活都是非常必要的。很难相信，一个喜欢彻夜赌博、狂欢的人，一个有着酗酒嗜好的人，一个甚至有着吸毒行为的人，能有多少正面感受？同理，也很难想象，一个干了大量亏心事，一个“自作孽、不可活”的人，能在交易市场——号称世界上最尖端的对抗游戏中屡战屡胜。非独是险恶万分的金融交易，有这些行为的人做任何事最终都会失败。《老子》中说：“勇于敢则杀，勇于不敢则活，此两者，或利或害，天之所恶，孰知其故？”又说：“我有三宝，持而保之。一曰慈，二曰俭，三曰不敢为天下先。”实在是可堪借鉴的智慧之语。

第 4 节　以富足的思想创造富足的实相

传统心理学的“心理图像”理论认为，人的心智与外部时空、个人关系、自然现象和情感等因素之间存在互动关系，个人体验事物的效果纯粹取决于其“心理图像”，即人对于事物的生动想象力。研究人员通过让一批篮球运动员生动地想象练习投篮（即“视觉化练习”），从而取得了和实际练习相同的效果，就是对这一理论最好的证明。现代成功学理论也认为，人们的心理图像如果是一个乞丐，那么他真的会成为一个乞丐；如果是富豪，那么他也会如愿以偿——人们的外在会自动地倾向于和其内在的心理图像保持一致。现在人们有了更大的发现，即认为思想是纯能量，人的思想能够创造任何实相。这一规律被总结为“吸引力法则”（The

Law of Attraction)或"思想即事物法则"(Thoughts are things)。

现代量子物理学通过研究发现,世上的万事万物都是由能量组合而成——无论是桌椅等有形物质,还是人的思想和情绪,都只不过是不同振动频率的能量而已。吸引力法则认为,我们的思想、情感、语言和行动结合在一起后的能量形式将会吸引与其本质相同的人、事、物,即积极的思想、情感和行为模式吸引积极的能量,反之亦然。因此这一法则的本质,简单说就是同频共振、同类相吸。思想既然是有频率的,持续专注于某一思想就是向宇宙持续发射某一特定的频率。因此说,只有富足的思想才能导致富足。许多人的目标是"摆脱贫困",尽管他的意思是"不要贫困",但只要想的是"贫困",就会继续吸引"贫困"。要脱离贫困,他必须从当下就拥有富足的感觉开始。对此,电影《秘密》中有一段话是这样说的:

"无论你的目标是什么,产生'我正在拥有'的感觉至关重要。如果你停留在'未来会实现'的感觉中,你需要的东西就会永远停留在未来。从开列'感恩清单'开始是个不错的方法。只要你对已经拥有的东西产生不一样的感觉,你就会开始吸引更多值得感谢的东西。我们感谢什么,就会带来什么,感恩吸引支持的力量。我们的工作不是非得找出'如何实现','如何'是宇宙的领域,宇宙总是知道哪条路最短、最快、最和谐地通向您的梦想。宇宙可以做任何事而毫不费力。草毫不费力就可以生长,花毫不费力就可以绽放,这就是大自然的宏伟设计。不要把这项练习变成一种乏味的例行公事,关于这件事最重要的底线就是:你必须感觉良好,你要自始至终都感觉愉悦、幸福、和谐,宇宙自会找到实现的方式。

"许多人都努力地为成功奋斗,但世俗的'成功'并不能带给他们真正想要的东西——幸福。外界的东西应该随着幸福的感觉而来,而不是先得到外界的物质再来感受幸福——这个顺序被颠倒了。你应该先追求内在的喜悦,然后外界的物质自会呈现。'感觉良好'非常重要。爱自己,然后整个世界才会爱上你。如果你知道了自己'感觉良好'的潜能,你不需要改变任何人就可以感觉良好。同理,你也不需要改变整个世界成为你希望的样子,你只要创造一个理想的小世界在你的周围,同时也允许其他人选择的世界模式与之并存。总之,你必须将自己处于一种和你要求的东西相一致的状态。感觉会告诉你，你和你的要求是否相一致。当你知道感觉就是一切，并学会以感觉引导思想，思想才会在你的经验中成为现实。”

吸引力法则意味着我们是自身命运的掌控者和创造者。因此，持续地想象富足，就会得到富足；持续地想象交易成功，就会得到成功。如果你的目标迟迟不能实现，不要怨天尤人，否则就是在增强反面的力量——因为荣格说过：“你所抵抗的，会持续存在。”正确的做法，是应用另一项附属法则，即“放任法则”。这个法则的含义是：放下负面思想并任其淡化消散，同时辅之以知足感恩以摆脱挫折感。现在，让我们一起欣赏爱默生的话：“生动地把自己想象成失败者，这会使你不能取胜；生动地把自己想象成胜利者，将带来无法估量的成功。伟大的人生以你想象中的图画——你希望带来什么成就，做一个什么样的人——作为开始。”亨利·福特也有类似的说法：“不论你认为自己行还是不行，你都是对的。”

交易员在这个市场上的任务，是三项管理，包括市场管理、资金管理、自我管理，即发现技术系统、构建资金管理方案和心理建设。什么是心理建设？简单来说就是：人生是一场修行，交易是修行的一部分。首先，它要求你自我控制、自我负责。所谓“成人不自在，自在不成人”。人人都喜欢随心所欲、不受约束，所以“天然交易员”、“本能交易员”无法成功。因为你是在与市场打交道。你只能判断它的走势，并采取相应的行动，却无法左右它。这就要求你有实事求是的客观精神。有了这种精神，交易界的6项法则：顺势、待机、控仓、止损、持盈、止盈，就都不难理解。实际上，这一行要求你与市场大致同步、合拍，在多数情况下判断正确，在出错的情况下损失可控，而不是一败涂地、不可收拾。

面对各种挫折，你必须具备坚韧不拔的意志才能坚持，这就要求你对这行有“真正的兴趣”，并且以迎接挑战为乐趣。还要学会自我减压，学会幽默与自嘲，避免陷入完美主义的陷阱。你的“面子意识”不能太过浓厚，不能有病态的自尊心，有意无意地站在市场的对立面与之较劲；相反，你对市场的态度必须友善，以亦师亦友视之，方能得到它的帮助和赏赐。遭遇打击之后伺机报复的交易者，只会受到更多打击；敌视或痛恨市场的交易者，会反复遭受惩罚，直至被消灭。市场公正无私，没有偏见，也不会感情用事。它甚至不记得到底奖赏了谁、重创过谁。是交易者内心的阴暗毁灭了自己。最后，你还必须真正学会幸福。过于严肃的交易者无一例外会罹患“习惯性忧虑症”，直接抑制其活力并危害身心健康。

除非你是真正的乐天派，否则在这个娑婆世界上生活，在承担了种种责任、压力与不快的同时，又恰巧选择了波谲云诡的金融交易事业，你是不会幸福的，更毋论“当下幸福”。幸福是一种能力，是“想通了”之后的一种自然而然的结果。其实世间悠悠万事，关键就在于你是否想得通。想通了就一通百通，想不通就堵在心里，日久成病。幸福的前提是什么？是知足常乐、知恩感恩，是完完全全、彻彻底底地放下。人生是一场长途跋涉，你得有信仰才能度过种种危难。我们信佛的人，万缘放下，深信“一切都是最好的安排”，包括各种损失与挫败，从长远来看，从有利于自身的成长来看，也都是“最好的安排”的一部分。

有了这种想法，我们就能正确面对失败。如果下决心把烦恼的包袱扔掉，把忧虑的阴霾从脑海中驱除，我们的心就会明亮起来。其实，你还可以更乐观一点，即“永远相信美好的事物即将发生”——注意，多数人是“一直相信不好的事情即将发生”。前面已说过，人的思维方式、心理状态是一股巨大的能量，几乎可以达到“所想即所得”的地步。如果长期专注于某种想法，就会将其变成事实。当然，总是希望别人倒霉的人不会得逞，心怀恨意只会伤害我们自己。心态消极与命运坎坷之间互为因果、彼此强化的现象很常见。所以好念头应该多想，坏的就不必想了。关于“专注以至于心想事成”，我是有心得体会的。长期以来，我认为金融市场存在重大规律，也就是存在既定的密码，而我能够一一破解它。

从一开始，我就相信早晚有一天，我会把金融市场的内部运作规律搞得一清二楚，就像从镜子里看自己一样。在经过 20 年的努力之后，我知道自己已经做到了这一点。如今的我，心里明白，脑袋敞亮，思想上没有任何阴霾与死角存在。总之一句话，我的理论与实战体系是融会贯通的，没有我“看不懂”的行情，也不存在我“想不通”的走势。关于对市场行情的观察研判，也许细节上的偏差和失误在所难免，但市场大体上的运行脉

络和关键节点的演变，基本上都在我的预料之中。也就是说，我永远清醒地知道自己在做什么，也总能及时地知道市场在做什么，以及将来最有可能做什么。我的利润是怎么来的，心里清清楚楚；我的亏损是因为我做错了何种事，或者本来就属于正常的亏损，也同样明明白白。

这种状态，不正是我20年前所想要的吗？这不就是“心想事成”么？还有，长期以来，我想发明一种批发牛股的程序，让几乎所有的牛股都能在我面前明明白白地走过，而不是像过去一样，在牛市运行途中，持有着一直不涨的股票，走也不是、留也不是。而那些我终于下定决心换股追进的股票，又总是那么及时、恰到好处地开始调整，结结实实地套牢我。又或者，大批牛股连续上涨数月乃至数年，等它们都已经演绎完了自己的辉煌旅程，我甚至都还没发现有这回事。总之，错失热点，错失牛股，说明我脱离实战如此之远，以至于连个后知后觉的旁观者都算不上。从不知不觉、后知后觉到先知先觉，我需要正确研判各类大盘指数，同时用选股程序将一切牛股一网打尽，让它们无所遁形，这件事也已经实现了。

2011年12月15日～2013年12月30日，我在呱呱网上免费授课两年，留下400多集录像。历史上许多杰出交易家，如理查德·丹尼斯以及艾德·斯科塔等，皆曾致力于提携后进和培育新人。我虽然不才，也曾效法先贤，从事了为期两年的网络授课。最初的计划，是培育出上百名能够持续盈利、横跨股期汇三大金融市场的全能型交易员，然后以此为基础组建一只慈善基金。后来，出于现实考虑，又萌生了“以私募养慈善”的想法。感谢最初的合伙人，在他们的大力支持下，我的私募基金得以成立。2014年8月21日，中国证监会发布《私募投资基金监督管理暂行办法》，将私募基金的日常监督管理工作交给基金业协会处理，开启了中国阳光私募基金的元年，中国的私募基金由此迎来了爆发性的增长阶段。

很快，在基金业协会备案的私募管理人一度达到30 000家。当然，我的私募之路并非一帆风顺，其间也曾经历过惊涛骇浪和严峻考验。如今，在具备操盘大资金的能力和经验之后，我得以重新审视并改写之前的课程——感谢上海的奕瑜先生和他率领的200人的实名团队，将我所有的授课视频都整理成图片文字版。我认为，这也许算得上是金融交易史上最大规模的“海龟”试验。无论是参加培训的交易员人数，还是培训知识面的广度与深度，可能都超过了理查德·丹尼斯和他的好友威廉·埃克哈特所主持的那一次。迄今为止，培训的成果初步显现：受训的交易员中有相当一批已经大幅减少了亏损，部分亏损数年乃至十数年的交易员开始扭亏为盈。虽然更长期的影响还有待观察，但无论如何，这次旷日持久的培训验证了本课程所要传授的技术系统与资金管理方案之确切无疑的可复制性与可传授性。

第2课　交易法则

第1节　保持简单，顺势而为

简易柔顺法则

交易法则是指交易者在交易行为中应该遵循的一系列规则。这些规则零星散见于前辈交易家的各种文献和著作典籍之中，未曾真正形成体系。今天，笔者集20年金融交易的经验与感悟，将这些我认为极端重要的内容归纳总结为一套清楚明了的规范，供后来者参考。交易法则共有四项，分别是简易柔顺法则、确定性法则、稳健性法则和成长性法则。这些内容在《金融交易学》第一卷略有提及，这里展开详谈。我们先从简易柔顺法则说起。

简，指交易系统简单明了。交易系统是指一整套进出场规则，是交易者交易技术的提炼和结晶，也是一种个性化的决策模式。它可能很简单，简单到只是某项指标；也可能很复杂，复杂到一般人难以理解。当然，简单的不等于无效，复杂的也不等于绩效良好。我个人认为，交易系统在不降低有效性的前提下应尽量保持简单。交易系统可以是目测的，也可以是计算机程序化的——后者又称为全自动交易系统，还可以是介于两者之间的，即半自动交易系统。交易系统确立以后，交易者应该把自己的观点放在一边，尽量按系统发出的买卖信号办事。如果经常自以为比交易系统更高明，就会干扰交易系统的工作并影响其绩效发挥。

易，指容易盈利的交易是好交易，或者说交易者只应交易容易盈利的市场及标的。容易盈利的市场类型有且仅有两种:(1)至少存在日线级别的趋势行情;(2)虽然日线处于无趋势状态,但日内波幅足够大。如果既无日线级别的趋势行情,日内波幅又太小,那么无论使用何种方法都无法盈利。盈利是否容易应该成为衡量市场波动大小和是否应该继续呆在场内交易的一个标准。如果市场整体上成交清淡或波动率偏低导致盈利奇难、亏钱至易,说明市道沉闷不适合交易,此时要么应该停止交易,要么转战其他市场。如果存在日线级别的趋势行情,则做日内交易的绩效将不如持仓不动,一路持盈。无论是哪种情况,容易赚取的利润都在提示我们应该继续呆在场内重复我们的盈利模式,直到"好日子"结束为止。

柔,是要求交易者保持心胸开放与头脑警觉,随顺市场而不与市场逞强斗狠。交易者要给自己足够的容错空间。因为我们认知市场的能力终归有限,预测就是预测,不能太刚性;当市场走势与预测不符的时候,要认真检查所有细节,及时纠正。绝对不能跟市场和钱过不去。一个优秀的交易者,应当具备及时认错的态度和完备的纠错体系。高手之所以为高手,就是善于向市场认错。这就像吃饭一样习以为常,像穿衣服一样快速迅捷。那些在交易市场上曾经取得过巨大成功的人士,往往会心生傲慢而轻视市场。在其职业生涯的某个诡异阶段,其操纵市场的欲望甚至会超过赚钱本身,这会导致他们忘记谨慎,进而覆灭。

顺,即顺应趋势的方向交易。没有比这更重要的事了。交易者首先应该具备识别趋势有无、大小及其方向的能力,这也是我一再强调交易技术重要性的原因。可惜这个市场上的绝大多数交易者都不具备这项基本的能力,否则不足以解释为什么一轮波澜壮阔的上升趋势,或一轮山崩地裂般的下跌趋势——两者都给无数不幸的逆势交易者造成天文数字般的损失——的运行途中,合约持仓量往往不降反升。《孙子兵法》中说:"若决积水于千仞之溪者,形也";"如转圆石于千仞之山者,势也"。意思是:"就像在万丈悬崖决开山涧的积水一样所向披靡,这就是形";"就像将圆石从万丈高山上推滚下来一样势不可挡,这就是势"。交易者必须明确,他们所顺应的是哪种时间级别的趋势,这是继续讨论的前提。

第 2 节　等待弯腰捡钱的时机

确定性法则

确定性法则可能是我从事金融交易 20 年来最重要的感悟之一。它的内容只有两句话：(1)趋势不确立不进场；(2)有疑问时离场。市场的价格运动是规律性与随机性的统一。貌似毫无章法的随机漫步，掩盖不了大量高可靠性、高确定性的交易机会。我在三卷《金融交易学》中也已经为读者介绍了大量高胜算的图形定式。理论上，只要我们将自己的全部交易都局限于这些大机会与好机会；或者说，如果我们自始至终都严格遵守确定性法则，获取可观的利润似乎并不难。但是为什么许多朋友，包括那些已经知道这一法则的朋友都没有从这个市场中赚到真正像样的钱呢？最为可能的原因是，当“大好机会”来临的时候，他们手头的资金要么深套在半死不活的品种上不愿止损，要么已经在大量的劣质交易或者说垃圾交易中损失殆尽，因而只能眼巴巴地看着一场与己无缘的盛宴从开始进行到结束。

反思我们交易生涯中海量的亏钱经历，绝大多数都与趋势正式确立之前的“抢跑”有关。那是因为我们头脑中的交易系统还不固定、不清晰，心里总在想着如何取得“成本优势”，于是就在盈利压力的驱使下不停地开仓和平仓，从而造成大量不必要的止损。《孙子兵法》中有些话，是对确定性法则的最好诠释：“昔之善战者，先为不可胜，以待敌之可胜。不可胜在己，可胜在敌。故善战者，能为不可胜，不能使敌之必可胜。故曰：胜可知而不可为……古之所谓善战者，胜于易胜者也。故善战者之胜也，无智名，无勇功。故其战胜不忒，不忒者，其所措必胜，胜已败者也。故善战者，立于不败之地，而不失敌之败也。是故胜兵先胜而后求战，败兵先战而后求胜。善用兵者，修道而保法，故能为胜败之政。”

如果把这段话翻译成交易界的语言，就是：“历史上那些伟大的交易家，从不轻易出手，而是静待市场良机自己送上门来。是否交易在于自己，有无机会在于市场。所以赢家们，能够做到不亏大钱，但能否赚大钱取决于市场是否配合。所以说，高胜算的交易机会能够看得出来，但若无此机会，任何人都不能强行盈利……善于交易的人，永远只做容易获利的交易，所以他们成功之后，您会觉得平淡无奇，从中既看不出高深复杂的技术，也缺乏惊心动魄的刺激。但他们总是稳赚，之所以稳赚，是因为他们总是看准了再动手，因此绝少出错。他们总是稳扎稳打、步步为营地向前推进，同时抓住市场的漏洞予以攻击。他们总是在交易之前就有了很高的胜算，而输家们却总是先一头扎进交易里，然后再绞尽脑汁地想办法解套。真正的赢家总是精研交易之道，耐心等待时机，所以能在市场上主宰自己的命运。”

关于确定性法则，类似的说法还有一些——斯坦利·克罗：“除非在你看来行情已经简单得就像弯下腰捡起墙角的钱一样简单，否则什么也别做。”吉姆·罗杰斯：“除非你真的了解自己在干什么，否则什么也别做。除非等到一个完全对自己有利的时机，否则不要贸然进场。除非你知道自己能掌握市场情势，否则不要轻举妄动。”麦可·马可斯：“如果对市况不确定，不知道该怎么办，你最好立刻离场，毕竟，你还有再进场的机会。有疑惑的时候，干脆就离场回家睡个好觉。我常常这么做，到第二天，一切都会明朗。”布鲁斯·柯凡纳：“只要市况与我的分析有所出入，我就立刻离场。从事交易的第一条原则就是千万别让一个摸不清个中缘由的市场变化逮个正着，让自己糊里糊涂地遭受重大损失。”

有些朋友在心存疑虑的情况下并没有离场，而是持仓不动进而获利，这种情况的确经常发生。那么人们究竟什么时候应该坚守原来的判断和仓位，什么时候应该反思自己可能错了呢？当人们有疑虑的时候，肯定是头寸要么面临套牢，要么面临利润的大幅缩水，总之是市场状况正对交易者构成威胁。但每个人对后市判断的正确率都不一样，其信心、耐心更是千差万别。当一个人顺利度过危机并且取得胜利，我们通常会赞扬他有信心、有耐心，或技术、眼光高人一筹等等；如果他挺不过去最终认输出局（此时的损失可能已经数倍于及时止损造成的损失或及时止盈造成的利润回吐），我们通常会指责他顽固不化，违背了止损法则与止盈法则。没

错，我们这些世俗之人，就是喜欢这样以结果和成败论英雄的。

解决这个问题有两个原则：一是您的疑虑最好不要是自己的无谓担忧，而是基于盘面的真实走势。二是每个人承受风险的能力都不一样。您应该自问，如果情势继续发展下去，所造成的后果您能否承受？如果不能，明智的选择当然是离场。您承受风险的能力一取决于您的心理素质，二取决于您的仓位轻重或杠杆大小，前者永远与后者成反比。有些后来被证明只是暂时不利的处境，如果当时仓位足够轻或杠杆倍率再低一点，我们原本是可以“挺过去”的，但过重的仓位或过高的杠杆总是扰乱我们的心智，将我们清洗出局。想必有不少交易者都曾经做过每年翻一倍，然后 7 年时间实现从 10 万做到 1 000 万的“复利之梦”。每年翻番似乎不难，在期货市场，利用 10 倍杠杆，抓住一波 10%的行情足矣！那么这样一个看起来合情合理、有着严谨的数学逻辑支持的“复利之梦”为什么很少有人实现呢？

答案并不复杂：是亏损和倒退，把复利这枚原子弹变成了一颗“哑弹”。复利固然是按原子裂变的速度增长的，但亏损和倒退同样如此。正是那些漫不经心、可有可无的交易所造成的损失最终把“复利增长”这样一个看上去简单的事实渐渐变为一个遥不可及的梦。如果说复利像一只爆竹，那么亏损和倒退就如小孩的一泡尿浇在这只爆竹上，剩下的只是一枚哑炮而已！在这个市场上摸爬滚打得越久，就越是深刻地体会到：金融交易，是世界上最艰难、最精细、最凶险的行业。如果赶上了“好时候”，赚大钱轻而易举；但是长期下来，多数人为什么会亏损？其中一个虽然简单但是很少有人能够避免的原因就是：人们闲不住，做了大量无任何意义的劣质交易！正是这种“勤劳”，这些劣质交易，不但把盈利赔光，还倒贴老本。交易员应该永远只做自己熟悉的、擅长的、最有把握的“模式内”的交易。

任何人，只要交易次数上升，劣质交易很快就会占据相当高的比例。盈利状态下，更是容易丧失警惕，草率交易——人的本性如此。有些交易者太急于盈利或扭亏，其信念就是分秒必争，绝不让资金闲置，并且一定要把最后的一兵一卒都投入战斗。还有些堪称“交易狂”的人，就是明知道交易时机欠佳，没有取胜的把握，也偏偏要去赌一把运气。对他们来说，确定性法则“听起来不错”，可是如果长期那样做，交易还有何乐趣可言？人生还有何乐趣可言？唯有亏光一切，才能让他们停止频繁交易和强行交易。没有人能抓住所有的波动。他们应该只赚他们能够赚的、十拿九稳的钱！这样做需要坚强的意志力，但却是成为赢家至关重要的一环。只有那些坚持赚属于自己的钱，赚自己看得懂的钱，对自己看不明白或没有把握的机会选择放弃的人，才能在这个吃人不吐骨头的市场里长久地存活下去。

第3节 精耕细作，步步为营

稳健性法则

我们把非保证金交易中的重仓交易和保证金交易中的高杠杆交易统称为过度交易。后者可能导致账户穿仓的速度以秒计，危害更大。过度交易者与频繁交易、强行交易者有着相同的心理动因，即速富思想。前者想的是“老子这回要捞把大的”，后者想的是“要抓住每个机会赶快赚钱”。殊不知金融交易讲究的是稳赚而不是快赚，那些铤而走险、孤注一掷的赌徒，即便偶尔一夜大赚，最终仍将会失去一切。须知市场上堆积了无数金钱，永远赚不完，但您有限的资金却很容易亏完。为了不被扫地出门，保住参赛资格，您应该做到不滥赌、不博傻，牢固树立“反速富思想”。无论何时，只要您脑子里出现“速富”的念头，您就完了。稳健性法则主张标准化控仓，反对过度交易，反对承担过量风险。恪守该法则将使交易者的交易生活变得轻松愉悦，从此告别各种压力和负面情绪，走出大起大落的泥潭。

中国有一个成语叫“欲速不达”，该成语出自《论语·子路》，原文是这样的：子夏为莒父宰，问政。子曰：“无欲速，无见小利；欲速则不达，见小利则大事不成。”子夏，姓卜名商，春秋时卫国人，是孔子的得意门生之一。莒父，是鲁国的一个县。上述引文的意思是：子夏被任命为莒父县县长，上任之前，向孔子请教怎样处理政务。孔子说：“不要只图快，只图快有时反而达不到目的；不要只顾眼前小利，只顾小利往往办不成大事。”这个典故告诉我们，任何客观事物都有其内在规律和发展阶段，人们必须予以尊重而不能强行逾越，否则只会适得其反。观察交易市场上大量的失败案例，不少人就是因为过度交易而一再爆仓，他们本人也一再陷入“破产—东山再起—再次破产”的怪圈里难以自拔。

稳健性法则承认并接受趋势行情的推进需要时间，而且承认并接受由贫变富的过程同样需要时间；主张放弃速富思维，反对急于求成；同时倡导控制仓位，不承担过量风险。由于每个人所能承担的风险大小不一样，所以“过量风险”是一个相对概念。不管是怎样的仓位比例或杠杆倍率，只要您感到紧张害怕，甚至忧愁到了寝食难安的地步，那么几乎可以肯定您已经承担了“过量风险”。解决的办法很简单：平掉部分或全部头寸，直到不再感到担心为止。即使在持有正确头寸的情况下，过度交易造成的压力也会严重影响交易者的身心平衡，动摇其持仓信念，致使其功败垂成。稳健性法则提倡标准化控仓，认为管住仓位就是管住自己。如果管不住自己，也就管不住仓位。稳健交易者也不是永远不敢重仓，但那是在浮盈保护下逐步加码的结果。换言之，稳健交易者的资金是在浮盈保护下分批进场的。

想想看，那些高杠杆满仓做多的赌徒们甚至无法容忍哪怕是一根正常调整的阴线；反之，则无法容忍哪怕是一根正常反弹的阳线。巨大的精神压力把这些可怜人变得脆弱无比，让他们在远未享受到期待中的暴利之前就先遭受巨亏之害。布鲁斯·柯凡纳曾说：“野心太大的交易员最后总会把交易弄砸，而且永远无法保住所赚得的利润。曾经有一位交易员，他的聪明才智之高是毕生仅见，他判断市场准确无比。然而我能赚钱，他却不能。他犯的错误是野心太大。我做 1 手合约，他却要做 10 手，最后不但没有赚钱，反而亏了本。”所以，您最好设定一个杠杆倍率的极限值，无论如何都不去冒犯它。您应该严格遵守与自己的约定，因为一个曾经毁灭了无数交易者的“死亡陷阱”，也在前面虎视眈眈地等待着您。仓位控制是资金管理的核心步骤。为此，我设计了“标准化控仓方案”供后人参考和借鉴。

顺势交易的理念说起来比较容易理解，但是应该顺哪个级别的势呢？我现在明确告诉您：移动平均线是天然趋势线，也是指示趋势方向的良好工具。其他情形暂不考虑（例如在股票交易中，遇N型结构有时允许逆20/30日均线的方向建仓），做多的时候，先顺5/10/20/30日均线的势。把这几条均线看成一组，可以20/30日均线的金叉多排或单根30日均线的托底向上代替之。简单说，就是当5/10/20/30日均线多排的时候不能做空；或者说，当20/30日均线多排上倾时不能做空。如若不然，就像一列火车正对着您撞过来，您能阻挡得了吗？您还没阻止住，就已被碾得粉身碎骨了。不管您做股票还是期货，它都要碾死您啊，滚滚车轮很无情的。您有多少钱经得起那样亏损？事实上，实战经验告诉我，不但在交易中不能逆5/10/20/30日均线的势，很多时候，就连60日均线的势也不能逆。

股票界有一种说法，叫“会买的是徒弟，会卖的是师父”，现在期货界也有人这么讲。其实股票叫买入、卖出，期货叫进场、离场。因为期货是双向交易，其进场不一定是买，也可能是卖。所以正确的说法是进场、离场，或开仓、平仓。进场点的选择与离场点同等重要。比如我们说开仓有个原则，就是开仓之后快速脱离成本区。您能做到吗？要达到这个程度，没有20年以上的历练是根本不行的。您首先得掌握临界点战法。临界点就是价格即将发生大幅波动的千钧一发的那个时点。怎么才能看出这个位置？就算有这个本事，您能熬到那一刻出现吗？如果在此之前，您按捺不住手痒进场了，经过连续止损，被伤害得体无完肤，那么等到临界点出现的时候，您还有钱吗？您有技术，不见得有耐心啊！所以，进场点的选择非常重要。至于离场点，您要是会进场了，离场那不就是赚多赚少的区别？很多交易盈亏的结果，在进场的瞬间就已经决定了。所以怎么能说进场需要的技巧比离场更少呢？

在交易这行有很多错误得离谱的奇谈怪论和思想观念。比如：“一个好的操盘手是没有观点的操盘手。”在我看来，没有观点是因为多数时间看不懂市场，没有胆子亮出观点。市场没表态可以没观点，市场表态了必须有观点。再比如:“在任何位置、任意方向上开仓都能赚钱。”听起来莫测高深,仿佛盈利如探囊取物,实际上无非是想同时开两个大小相等、方向相反的头寸,然后通过在“盈利的”头寸上加码来赚钱。可是市场并非总是立即就讲真话的。“盈利的”头寸也许只是暂时的。假以时日,当两个头寸盈亏逆转,自欺欺人的空想家们是否会手忙脚乱?事实是,他们在深思熟虑的方向和精心选择的位置上开仓都还赢不了。真有本事判断行情,又何须用如此蠢笨的办法?你们对这些大行其道实则谬种流传的言论一定要勤于思考、明辨是非。我从事交易20年来,一直独立思考,从不人云亦云。

频繁交易和强行交易已经给太多人造成伤害。表面上看,频繁交易和强行交易是因为我们长着一只下贱的手,不停地开仓和平仓。但实际上,我们那颗急于赚钱、下贱的心才是根源。确定性法则,就是要求相对苛刻地选择进场点,一定要让市场来迁就您,您不能迁就市场。这里面有技术系统是否成熟和固定的因素,也有经验因素。许多交易中的乱象,实际上都跟没有正确的系统有关。总而言之,实战历练和时间沉淀是少不了的,不能总想着“跨越”。面对市场,交易者都是残缺不全的;不是技术系统或资金管理方案残缺不全,就是心理建设方面残缺不全。比如很多交易者都能或多或少地辨认出一些高胜算的图形定式(或者叫特定图形、经典图形、完美图形、必做图形)。他们能认出来,但为什么不能遵守呢?可见识别出高胜算图形定式还不是最难的,最难的是只在高胜算图形定式出现时进场。

如果您在生活压力或者盈利压力的驱使下急切地想赚钱,那么当看到一些走势也不算太典型、胜算也不是很高的图形,您一声“嗨,将就吧”,杀进去了。您这一进场不要紧,前面说了,必须让市场迁就您,您不能迁就市场。现在您迁就市场了,OK,您赔钱吧。大家想想看是不是这样?任何时候,只要对进场信号降格以求,我总是赔钱。请大家记住:只在符合条件的图形出现时才进场,走势不符合条件就坚决不进场。很多人反复赔钱,就是因为他等不及。其实,交易与带兵打仗最相似,应遵循“胜兵先胜而后求战”,“合于利而动,不合于利而止”的制胜法则。我们是趋势跟踪一派，必须先确认是趋势才谈得上跟踪，没有趋势您跟踪个啥？趋势就是市场的漏洞，意味着不是多头战胜了空头，就是空头战胜了多头。只有看到市场门户洞开、有机可乘时，我们才指挥大军掩杀，加入赢方、追击输方。

美国交易家赖瑞·海特说过："只要能够控制风险，追随市场大势，就一定会赚钱。"可见趋势跟踪一派追随的应该是大势，不是小势。所谓"大势"，至少是指与重要日均线(5/10/20/30)方向一致的、日线级别的势，不是指微观图表或分时走势上的势。对股票交易来说，通常以周图为主，以日图为辅；趋势行情如能取得月图的支持，胜算更高。对期货交易来说，通常以日图为主，以微图为辅；趋势行情如能取得周图的支持，则胜算更高。从今以后，我把周线级别的主升浪或主跌浪统称为"主动浪"，这是我们创造利润的主战场；把与重要周均线方向相反的逆向波动统称为"反动浪"。"反动浪"结束之后如果重归之前的趋势，则构成一个周线级别的"形态"。在实战中要谨慎对待"形态"。不逆 5/10/20/30 日均线的方向持仓，不仅可以避免逆势，还可以用这些均线锁定盈利头寸，波段持盈。

实践证明，对于"主动浪"来说，盈利头寸不妨先用 10 日均线锁定。然后随着浮盈的不断增大可以依次过渡到用 20 甚至 30 日均线锁定。对于"反动浪"来说，一般 10 日均线"开锁"往往就意味着反动浪的结束。其中 10 日均线"开锁"有 3 个步骤：(1)收盘价突破天然趋势线——10 日均线；(2)5/10 日均线交叉；(3)10 日均线转向。注意这里所说的均线锁定或开锁同时适用于做多、做空两个方向。一般来说，系统化交易通常是顺势的，但如果您仓位太重，往往没办法坚守仓位。因为仓位太重，价格稍一波动，账户权益就巨幅震荡，如何拿得住？我们所说的"心态不好"，通常就是因为太重的仓位造成过大的心理压力，然后被三振出局。当然，当浮亏"达标"时不出局也是不对的，因为那样做违背资金管理规则，成了"死扛"。今后在交易中请大家要力戒以下四种行为：重仓、短线、逆势和死扛。

第 4 节　打出坏牌，留下好牌

止损法则

顺势、待机、控仓……这些关键词在开仓之前有用。而开仓之后，头寸要么盈利，要么亏损。接下来面临的问题就是，如何处理亏损或盈利的头寸？所有的开仓都必须平仓，所有的进场都必须离场，只不过有时带着亏损离场，有时带着利润离场。成长性法则专门针对离场环节，解决资金的自我保护与发展壮大问题。它可以分为 3 个子法则：止损法则、持盈法则和止盈法则。在金融交易这场尖锐对抗的游戏中，您既要千方百计保存自己的实力，又要想方设法蚕食对手的领地。所谓止损法则，就是“不必思考，在既定价位上无条件止损”。所谓止盈法则，就是“保住一部分利润不回吐，尽量不让盈利的交易以亏损收场”。所谓持盈法则，就是“在趋势行情中持有走势正常的盈利头寸不动摇，直至趋势结束”。

止损的最高境界，就是尽量减少止损的次数。但是如果没有正确的交易系统，那就只能一直不停地止损下去，至死方休。就算有了正确的交易系统，人非圣贤，还是难免会犯错。但发现了错误而不纠正，性质就严重了。因此止损法则绝对是超越一切的存在，是没有“取消”这回事的。我曾经听说过一种“永不止损”的策略，这种奇谈怪论如果正确必须有两个隐含的前提，一是存在一个永远不会犯错的人，二是错误交易导致的损失不会无限扩大。显然，这两个前提都不成立。就像有些人交易亏钱了喜欢加码摊平，他们这样做要想成功也有一个隐含的前提，就是他们的资金是无限的。既然没有哪个人的资金是无限的，所以这种做法必败无疑。数学上不成立的事，在现实生活中也一定不成立，这是起码的常识。

俗话说：“最初的损失就是最小的损失。”因此，止损应趁早。趁早是多早？这个问题因人而异。但我认为也不能太早。理论上，只要设置的止损位是科学合理的，那么不触发止损位通常情况下反而不应该出局。因为触发止损位之前，我们认为价格的逆向波动还在正常范围之内。止损太容易被触发可能跟止损宽度设置得太窄有关，也可能是交易者自己在随心所欲、毫无章法地割掉亏损的头寸，这样很快就会集多笔小亏为大亏。有些时候，如果头寸迟迟没有出现预期的利润，我可能认为预期落空，因而提前出局，这也算是一种变相的止损。如果对亏损头寸选择死扛，很多情况下也能“挺过去”并反败为胜；但这种违背“止损法则”的行为很可能会形成路径依赖，导致交易者在下一次类似的行动中遭受重创。

因为没有人能准确预料到损失究竟会扩大到何种程度，所以一定不能坚守亏损的头寸。止损永远是对的，错了也对；死扛永远是错的，对了也错。止损是无条件的，当价格达到预定的止损位，无论如何都要离场，没有讨价还价的余地。如果不当机立断，原本是小额的亏损最终可能会演变成一场灾难。市场是严厉的对手、裁判兼教练，它不知道我们的观点，也不关心我们做多还是做空。当它吹哨子告诉我们错了——也许只是暂时错了——但若我们拒不认错，它可能就会以抽水机的速度从我们的账户上提款，很少手下留情。经过 20 多年的历练和沉淀，我今天的止损法则很简单：当股票亏损 10％、期货亏损 3％、外汇亏损 1.5％、国债亏损 0.75％的时候，无条件离场。当然这是最大亏损，实际止损宽度可能更小。

止损是不得已的纠错行为，属于资金管理的范畴。要想减少止损次数，就必须提高胜率，而提高胜率只能依靠技术系统。技术系统和资金管理应该相辅相成，不可偏废。现在有一种说法，大意是否定和极端轻视胜率，说什么只要做好资金管理，靠掷飞镖决定开仓方向都无所谓。似乎通过魔术般的资金管理，赢家地位就唾手可得，胜率问题将从此变得无关紧要。持这种观点的人真是无知到极点。凡事就怕认真，我很想请上述论调的坚持者真的表演一下“飞镖开仓”，然后哪怕每次止损掉总资金的 1％，累计止损几十次之后看一看是什么结果？只有没能力提高胜率的人才会否定胜率，而否定胜率本质上就是否定交易技术。但是，交易技术永远处于最基本的地位，离开它，交易者将成为无头苍蝇，资金管理又从何谈起？

事实真相是，资金管理相对简单，而正确的技术系统，如果自己研究的话，可能需要耗费几十年的时间还未必能够找到，这才是让“飞镖论”者望而生畏，进而厚此薄彼的真正原因。止损法则能使您免于一次性受伤过重，但还不足以保证您成为赢家。频繁止损所造成的累计损失迟早会成为交易者无法承受之重，更何况税费损失也不容忽视。想成为赢家，提高胜率和让利润奔跑才是根本出路。止损法则固然重要，但它是交易失败之后的善后措施，不能拿来取消胜率。交易者应该尊重前人的经验教训，从一开始就养成尽早摆脱亏损头寸、不长期持有的良好习惯。倘若一味鼓吹死扛和“死亡加码者”侥幸脱逃甚至反败为胜的案例，会给自己将来遭受毁灭性打击埋下隐患。对于亏损头寸，最好的做法就是和它一刀两断。

持盈法则与止盈法则

多少次，当账户上出现了不错的浮盈，而我们汲取了以前的经验教训，正准备要死拿筹码不动摇，坚决把持盈法则贯彻到底的时候，市场风云突变，不仅转瞬间利润踪影全无，如果反应再迟钝一点，还可能倒亏出局。这样的经验重复多次以后，我们痛定思痛，下定决心今后无论取得多大利润都要及时地落袋为安，决不贪心。可是当下一次我们真的这么做的时候，行情却一骑绝尘再不回头，本来是一波可观的大行情，我们却只赚了一丁点可怜的蝇头小利，面对现实与期望之间巨大的反差，无边的沮丧在我们心里五味杂陈。几个回合下来，我们这些可怜人快被逼疯了。我们不禁大声自问：我们付出了那么多，为什么总是不得要领？究竟怎样做才是对的？究竟怎样做才能让市场先生满意，不再愚弄自己？

究竟什么时候应该“让利润奔跑”？什么时候应该及时落袋？交易者为什么有时候要贪心，有时候又不能？说什么“别人贪婪我恐惧，别人恐惧我贪婪”，在能够量化以前，不就是一句废话吗？显然，这一切问题的答案只能在交易技术中寻找。一般而言，对于趋势行情应该持盈，当多头趋势结束或行情超涨时平仓多头头寸，当空头趋势结束或行情超跌时平仓空头头寸；当行情回撤完毕、趋势再起时还可以再度进场。判断趋势的有无及其级别大小，完全依赖于交易技术。寻找正确的入场点和离场点更是交易技术的根本任务，我所介绍的全部交易技术，也都是为了解决这些问题而展开。没有交易技术的支持，交易者无论做什么或怎样做都是错的。我提出的"三步锁定头寸法"，就是为了解决问题而给出的答案。

我们一般通过设置跟随最新价格变动但又保持适当距离的"移动止盈点"以限制利润回吐，避免将利润的大部分或全部返还给市场。具体做法是将止盈单以条件单的形式下到场内。交易者尽量不要让一笔原本有不错利润的交易变成以亏损收场。因为这对他们来说意味着金钱和自信心的双重打击，其结果之糟糕甚至超过一开始就亏损的交易。避免的方法就是使用止盈单，并且要把进场价视为止盈价的"最后底线"。最后，无论何种行情，只要是短期内获得暴利就必须立即兑现，因为您不兑现别人会兑现，其他人的平仓行动会导致价格的大幅回撤，从而拿走您丰厚利润的大部分甚至全部。但无论怎样，完美的交易和交易者并不存在，遗憾无处不在。好在令人欣慰的是，我们不需要做到完美就能成为赢家。

所谓持盈法则，就是在趋势行情中，没有正当的技术性理由不得平仓那些处于盈利状态的头寸，而应该让其充分发展，直到交易系统发出趋势结束或逆转的信号为止。趋势的级别大小不同，用于锁定趋势的方法也不同。有时候，虽然日线级别的趋势结束了，但周线图和月线图所指示的中长期趋势并没有结束，虽然我们大部分或者全部仓位暂时退出了交易，但由于中长期趋势方向尚未改变，这样当日线图上再度出现与中长期趋势方向一致的进场信号时，我们还可以再度进场，即实现中长期趋势方向指导下的"长线短做"。短期趋势结束后，我们也可能继续保留少量仓位，因为我们不想失去与市场的联系。当人们平掉某个品种全部仓位的时候，也将失去对该品种的关心，这样可能完全错失该品种后续的行情。

注意持盈法则有两个前提条件：(1)头寸存在趋势行情；(2)头寸顺势且处于盈利状态。二者缺一不可。持盈法则承认趋势的完成需要时间，大级别的趋势需要漫长的时间这样一个客观事实，只要趋势不改变就不放弃手中已经处于盈利状态的头寸(其间可以增减仓)，学会让趋势、时间为自己赚钱，给利润以充分成长的机会，让滚动出一笔巨额利润的可能性存在。读者想必已经看出，恪守持盈法则本质上就是倡导中长线交易，至少是波段交易。但这是依靠交易技术对中长期趋势方向作出研判之后的中长线交易，有别于价值投资者以基本面为依据的“买进—持有”策略。换言之，一旦趋势结束，我们就会立即平仓，和头寸说再见。记住：除非能够持续带来利润，否则我们不应该“爱上”任何品种或头寸。

并非所有的头寸都能“活到”持盈阶段或带着利润出局。亏损是这个游戏中不可避免的一环。您要做的不是完全杜绝亏损，而是尽量减少亏损次数和单笔亏损金额。一般来说，股票逆向波动10%、期货逆向波动3%、外汇逆向波动1.5%、国债逆向波动0.75%就得止损。也许从结果来看，多数止损都是“不必要的”——交易者只要给头寸更长时间，并且忍受更多痛苦，往往不但能转危为安，还能倒打一耙、反败为胜。排除止损位设置不合理的因素，我想说的是，这种现象只是一种统计概率，而且是事后。事中呢？就算知道冬天过后必是春天，就一定能熬过严冬吗？如果面对亏损只要采取死扛的态度，就能渡过难关，那这个市场上就没有那么多的输家了。事实上很多人被套牢之后都喜欢拖延时间，不去面对；结果让一个小小的毛囊炎发展成碗口大的疮，并进一步导致截肢、截瘫，甚至送命。

头寸开立以前，要以自我为中心，它的走势不符合交易系统就坚决不进场。头寸开立以后，就只能以市场为中心了。首先，无论您是否情愿，也无论是有形的还是无形的，都得设定一道止损位，这一步叫作“止损价锁定”。当头寸度过危险期，取得初步利润的时候，例如股票正向波动10%、期货正向波动3%、外汇正向波动1.5%、国债正向波动0.75%……就可以把止损位移到成本价，这一步叫作“成本价锁定”。当利润继续奔跑，远离成本区的时候，则转入第三步——“均线锁定”。当趋势跑累了，在日线图上形成一个形态的时候，成交量会萎缩；当量能萎缩到极致，时间也已足够的时候，往往会以中大号K线结束形态的构筑再启趋势，此时应该果断加码。注意加码的正确位置是临界点，加码的头寸是否快速脱离成本区是评判加码是否成功的唯一标准。最好把加码视为一笔新交易来对待，即除非您愿意在一个位置开立新头寸，否则不要加码。错误的加码会弄巧成拙，效果还不如不加。

关于成长性法则，《金融怪杰》中的交易名家们是这样说的：

马丁·舒华兹："在遭到攻击时，绝对不能站着不动。你必须保存实力，卷土重来。我一直努力要改变自己的就是设法持盈，我觉得自己一直在这方面做得不够好。可能到我断气的那一天，我还是在寻找更好的改善方法。"麦可·马可斯："也许最重要的是，必须坚持手中的好牌，尽量减少手中的坏牌。假如不能坚持手中的好牌，又如何弥补坏牌造成的损失？你必须坚持让你手中的好牌持续为你赚钱，否则你一定无法弥补认赔了结所输掉的钱。"马可·威斯坦："要尽快阻止亏损扩大。大部分交易员都是在长期忍受亏损，因为他们只会一厢情愿地希望亏损不会扩大，他们同样也会过早获利了结，因为他们生怕胜利的果实在转眼之间就会溜走。这样的观念是不对的，他们应该停止亏损扩大，并让获利持续。"

第3课　选股程序化

第1节　选股程序的用法(1)

从本课开始，将讲解我发明的自动选领涨股和领跌股的程序“黑马集中营”的用法。关于该程序的详细介绍，请参见《金融交易学》第三卷“程序化选股”一章，这里只谈具体用法。这套程序从2013年10月开始编写，2018年1月定型，5年间经过无数次升级迭代，现在已经非常强大、成熟和完美。作为一个辅助选股的工具，用不用它取决于我们对它的信心。这个信心从哪里来呢？通过大量的测试，包括回溯历史与当下选股，看它选股的质量如何。信心就从这里来。最近一段时间以来，我们实战指导群里的朋友普遍反响良好，认为这套选股程序通过组合选股能选出我们想要的任意类型的股票。其中日线骁龙、周线骏马等程序的表现极其强悍和霸道，而且操作简单，完全能够满足我们在实战当中的需要。

“黑马集中营”选股程序的常规用法主要有如下3种：

1.“日线速龙(日线)＆周线黑马(周线)”，以下简称为“速黑战法”；

2.“日线速龙(日线)＆周线神牛(周线)”，以下简称为“速神战法”；

3."日线骁龙(日线)& 周线骏马(周线)",以下简称为"骁骏战法"。

"&"表示"and",即对两套程序的选股结果取交集或者说取公共部分,也就是"相与"。就选股结果而言,用法 3 基本上是用法 2 的子集,用法 2 基本上是用法 1 的子集。换言之,就选股数量而言,用法 3＜用法 2＜用法 1;就选股质量而言,用法 3＞用法 2＞用法 1。一般来说,选股条件越宽松,选股数量就越多,选股质量也越差;相反,选股条件越苛刻,选股数量就越少,选股质量也越高。性能优良的选股程序,必须在保证选股质量与控制选股数量之间取得平衡。表现最卓越的选股程序——如果存在的话——是达到"应选尽选,无一漏网;不应选则不入选,无一多余"这种只能无限接近,但实际上永远无法达到的境界。"黑马集中营"已经最大限度地实现了这一目标。注意凡是程序名中带有"日"字的,工作周期为日线;带有"周"字的,工作周期为周线。一般情况下请按规则使用,不要别出心裁。

为了简便起见,我们有时也会用"日线骁龙"单独选股。比如说 2017 年 4 月 26 日～2017 年 11 月 22 日领涨的龙头品种,中国平安(601318)。其走势如图 3－1 所示。需要说明的是,本书写作过程中"黑马集中营"经历过最后两次升级,插图是用不同版本截取的。比如最新版本的"日线骁龙"和"日线速龙"加入了剔除次新股的语句"IF(BARSCOUNT(C)＞240 OR C＝HHV(C,BARSCOUNT(C)),1,0)",即要求上榜个股"上市日期大于 240 日,除非创历史新高"。之所以这样规定,是因为次新股除非创历史新高,否则上榜的时候通常只有日均五顺级别,相当于用"日线神龙/日线飞龙"选出来的老股,其走势受套牢盘的重大影响,胜算较低;而次新股大量上榜又会对肉眼过滤构成干扰,所以最新版的"日线骁龙"和"日线速龙"作了如上处理。因此导致选股结果与截图中略有差异属于正常,主体一致就可以。

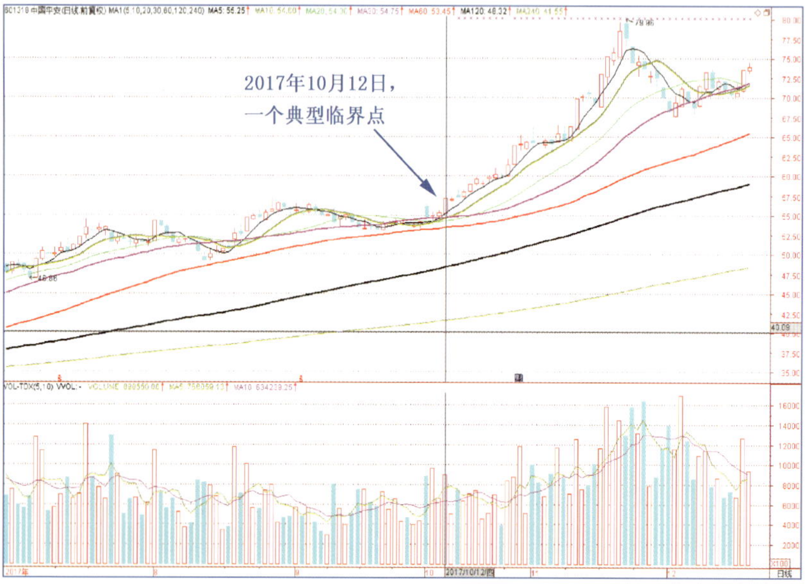

图 3—1　中国平安(601318)，2017 年 10 月 12 日，临界点是一波趋势行情的起点

首先找出 2017 年 10 月 12 日——这个位置称为临界点，是一个上升波段发动的起点，同时也是我们最想买入的点。一只牛股通常是由几段主升浪组成的。可能有一段主升浪，可能有两段主升浪，也可能有多段主升浪。每段主升浪的起点都是临界点。像美国股市从 2009 年初到现在连续牛了 9 年。在这之前，1982～2000 年，美国股市牛了 18 年。再往前推，1942～1966 年，还有一次持续 24 年的大牛市。所以美国出现了像巴菲特这样伟大的投资家。它的牛市规模特别大，我们的 A 股市场比不了。我们 A 股市场有个形象的说法叫牛短熊长、涨少跌多，这就更加凸显了选股程序的必要性和重要性。因为通常大多数股票表现不佳，只有少数板块和个股能走出上升趋势，选股程序就像网一样，能把那些“鱼”给打捞出来。

在通达信软件里按“Ctrl＋T”打开“条件选股”对话框(或者在主菜单上点“功能”—“选股器”—“条件选股”)，可以看到“黑马集中营”全部的选股程序，如图 3—2 所示。

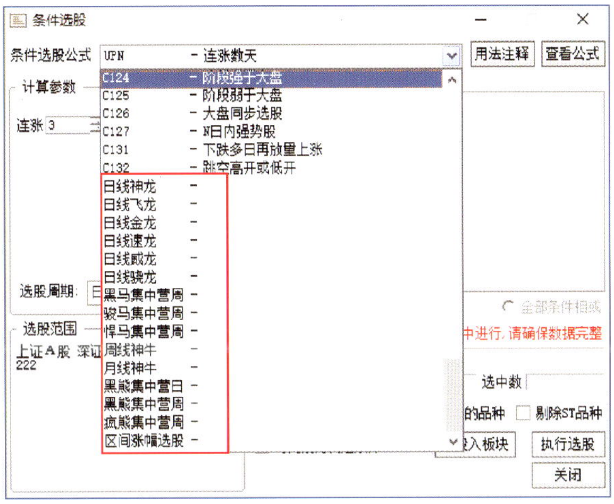

图 3—2 通达信软件,“条件选股”对话框

图 3—2 里面总共有 15 个选股程序。它们到底是干什么的?一时半会也许搞不清楚;其实也没必要非得搞清楚,只要学会下面介绍的用法就可以了。现在我们用“日线骁龙”,立即就能在 2017 年 10 月 12 日这个临界点上,把中国平安给选出来。选股范围是上证 A 股、深证 A 股和 222 板块。20 秒左右给出结果,快速、准确,毫不含糊,如图 3—3 所示。

图 3—3 沪深 A 股,2017 年 10 月 12 日,“日线骁龙”在临界点选出中国平安

从图3－3所显示的选股结果可以看出，中国平安赫然在列。如果不按“细分行业”排序，直接按代码排序，中国平安位列第6位。图3－3中的选股日期是2017年10月12日（请注意区分“选股日期”与“执行选股的日期”。对回溯历史来说，前者就是指回溯日期，后者是指点击“执行选股”按钮的日期；对当下选股来说，二者是一回事）。选股日期前面有个“时间段内满足条件”复选框，勾上就是回溯历史，不勾上就是当下选股。选股范围可以通过点击“改变范围”来调整。有些朋友喜欢选港股，那就点扩展行情，里面有香港主板、创业板可以勾选。还有人喜欢选美股，那就勾选美国股票，但必须下载扩展行情数据。

如果认为选股数量过多，想减少选股数量、提高选股质量，那么很简单，只要加载“周线骏马”，让它和“日线骁龙”联合选股、结果相与就可以了，如图3－4所示。

图3－4 沪深A股，2017年10月12日，“日线骁龙 & 周线骏马”在临界点选出中国平安

将图 3－4 与图 3－3 相比较，选股数量明显减少。中国平安依然在榜上，位列第 3 位。当然，凡事有一利必有一弊。这样做，选股数量固然会减少、选股质量也肯定会提高，但也有可能把一些“好孩子”连同洗澡水一起倒掉了。换言之，如果中国平安的周图不符合“周线骏马”的要求，那么用“日线骁龙 & 周线骏马”联合选股的时候，它会被“枪毙”掉。在这里，“周线骏马”是被当作滤网配合“日线骁龙”来使用的。实际上，它们彼此互为滤网，而且都是功能强大、绩效卓越的选股程序。其中“日线骁龙”负责在日图上把关，“周线骏马”负责在周图上把关。我们规定今后凡是当下选股，一律要求日周联合，以提高胜算。

中国平安还有其他的临界点。比如我们继续往前看，2017 年 4 月 26 日与 2017 年 5 月 10 日，接连出现一前一后两个临界点，同时也是一波上升趋势的起点。让我们先来看一看在 2017 年 5 月 10 日能不能选出来。临界点及其选股结果分别如图 3－5 与图 3－6 所示。

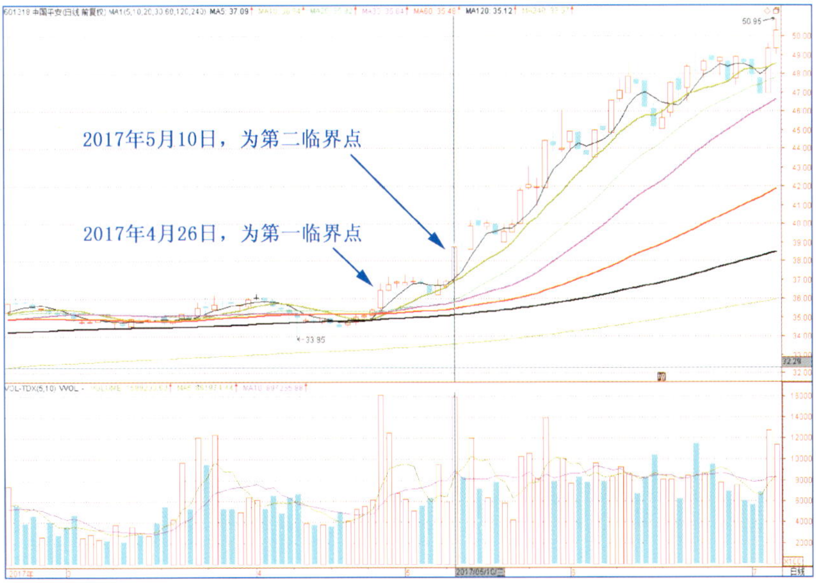

图 3－5　中国平安(601318)，2017 年 5 月 10 日，临界点是一波趋势行情的起点

图 3—6　沪深 A 股,2017 年 5 月 10 日,“日线骁龙”在临界点选出中国平安

图 3—6 显示 2017 年 5 月 10 日共选出 17 只股票,在 3 624 个品种里(除沪深 A 股以外,还包含自定义板块 222 里面的板块指数)占比约 0.5%,就是平均 200 只股票只需要关注 1 只,其他的不用管。在选股结果上点一下“细分行业”,让选股结果按“细分行业”排序,就把同板块个股放在一起了。我们看到中国平安果然在榜上,位列第 13 位。并且保险指数(880473)也上榜了。这意味着保险就是热点板块,与保险指数同步上榜的 3 只保险股——中国人寿(601628)、新华保险(601336)、中国平安(601318)就是热点板块的领头羊。

图 3—7 是“日线骁龙”在中国平安的第一个临界点——2017 年 4 月 26 日的选股结果。总共有 37 只股票上榜,占比 1%;意思是每 100 只股票只需要关注 1 只,其余的不必看更不必管。按“细分行业”排序后,中国平安依然出现在榜上,位列第 24 位。并且保险指数(880473)再次上榜。这说明早在 2017 年 4 月 26 日,保险指数就已经是热点板块,开始领涨上证 50、中证 100 和沪深 300 等大盘股指数了。除中国平安以外,还有一只保险股——中国人寿也同时出现在榜上。另外还有三只银行股——建设

银行、工商银行、农业银行也在榜上。尽管银行指数(880471)没有上榜,但是这种属于同一板块的多只个股集体上榜的现象,应该引起重视。只要批量上榜的同板块个股足够多,就可以视为与板块指数上榜的效果等同。

图3—7　沪深A股,2017年4月26日,“日线骁龙”在临界点选出中国平安

综上所述,我们已经分别在中国平安的三个临界点——2017年4月26日、2017年5月10日和2017年10月12日,用做多型选股程序“日线骁龙”将其选出,堪称圆满地完成了任务。虽然我们是用回溯历史的方法选出来的,但实际上这三天当下选股也照样能够选出来,而且选股结果与回溯历史的结果一样。关于这一点,“黑马集中营”的熟练玩家们都曾亲身经历过。“事后能在某个时点上回溯出什么,当时就能选出来什么”,即回溯历史与当下选股的结果相同,这个特点是由选股程序基于“形态特征”的编写方法决定的。

2017年的“白马股”行情令人印象深刻。现在我们来考察与保险板块同步上涨的另一个领导板块——银行指数(880471)及其龙头品种招商银行(600036)的表现。

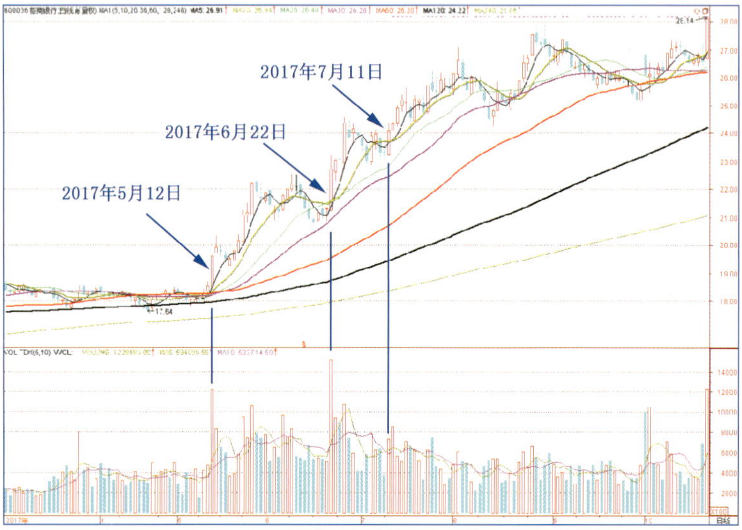

图 3－8　招商银行(600036)，2017 年 5 月 12 日，2017 年的几个典型临界点

图 3－8 显示了招商银行的三个临界点，分别是 2017 年 5 月 12 日、2017 年 6 月 22 日和 2017 年 7 月 11 日。其中 2017 年 5 月 12 日是起涨临界点，后面两个是中继临界点。图 3－9～图 3－11 是在这三天分别用"日线骁龙"进行选股的结果。前两个临界点的选股结果中，招商银行都在榜上。第三个临界点也就是 2017 年 7 月 11 日不在榜上，这是为什么呢？

图 3－9　沪深 A 股，2017 年 5 月 12 日，"日线骁龙"在临界点选出招商银行

图 3—10 沪深 A 股，2017 年 6 月 22 日，“日线骁龙”在临界点选出招商银行

图 3—11 沪深 A 股，2017 年 7 月 11 日，银行指数及 11 只银行股在“日线骁龙”扫描下上榜

图3－11显示，2017年7月11日的选股结果招商银行虽然不在榜上，但银行指数（880471）及11只银行股登榜。上榜的银行股如此之多，说明银行板块是当之无愧的领涨板块。招商银行没上榜的原因其实很简单，就是当天它的10日均线是下倾的（遇N1定式则允许10日均线下倾）。事实上，“日线骁龙”的源代码打印出来有16页A4纸之多，这意味着它对个股的走势有大量的规定，个股只要有一条规定不符合就会被滤除。比如创N日以来的新高不达标、换手率不达标等等。考虑到日线骁龙选股质量极高，也就是不缺牛股，所以对于个股在那些“看起来是临界点”的日子为什么不上榜，我们也就不去细细深究了。

通过以上讨论我们对于板块指数已经有所了解，并且知道了2017年的“白马股”行情至少有银行和保险两大板块指数在引领上证50、中证100和沪深300等大盘股指数上涨（同期，各中盘股指数——如深证综指、中证500指数，以及各小盘股指数——如创业板综指、中证1000指数……它们的走势却很不理想，这意味着2017年错过了“白马股”就错过了一切）。图3－12与图3－13分别是银行指数（880471）和保险指数（880473）2017年的日线图，从中可以看出，它们的临界点分别与其龙头股招商银行、中国平安的临界点高度重合。

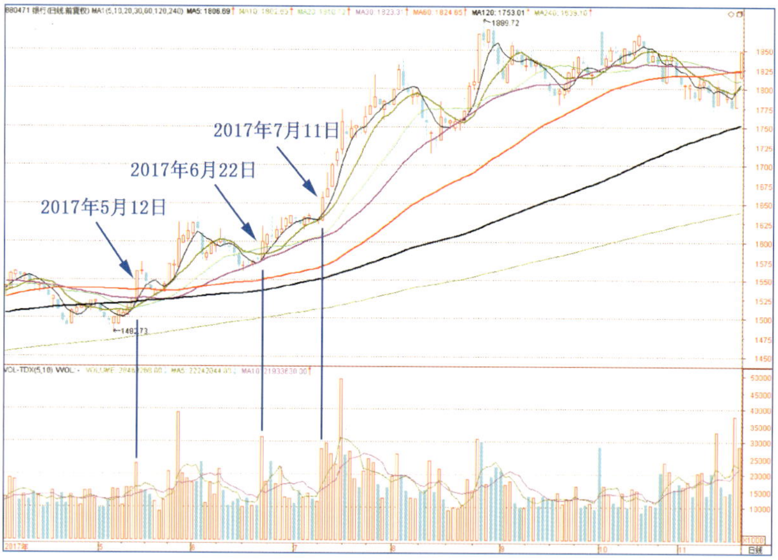

图3－12　银行指数（880471），2017年领导“白马股”行情日线图及其临界点

图 3—13　保险指数(880473),2017 年领导“白马股”行情日线图及其临界点

前面我们研究了银行、保险指数及其领头羊品种招商银行和中国平安 2017 年的走势。无论是对板块指数还是领涨股的临界点,“日线骁龙”无不一网打尽,尽显其强悍、高超的选股能力。下面继续研究同期白酒指数(880381)及其领导股贵州茅台(600519)的走势。它们的上涨行情起于 2017 年 1 月 4 日,终于 11 月 16 日。如图 3—14 和图 3—15 所示。

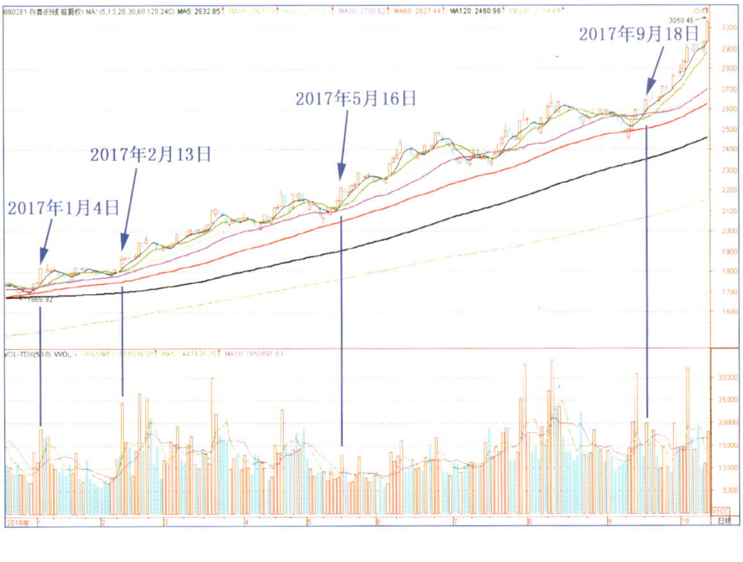

图 3—14　白酒指数(880381),2017 年 1 月 4 日～11 月 16 日,日线图及其临界点

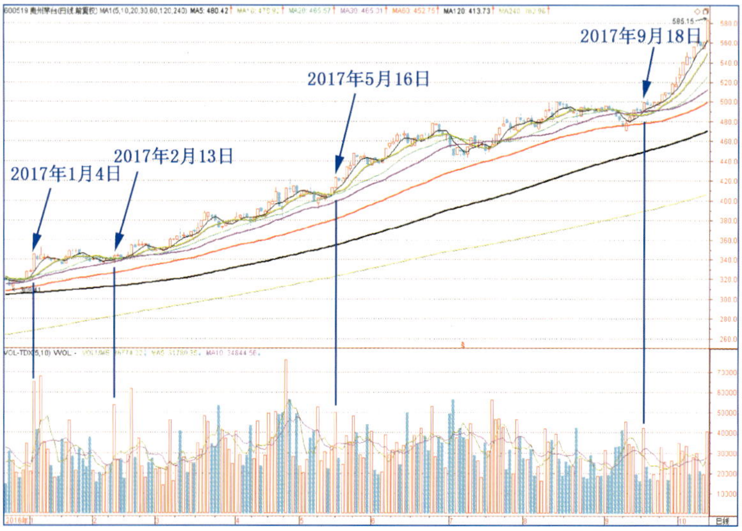

图 3－15　贵州茅台(600519),2017 年 1 月 4 日～11 月 16 日,日线图及其临界点

在图 3－14 和图 3－15 中,白酒指数(880381)及其领导股贵州茅台(600519)分别显示了 4 个共同的临界点:2017 年 1 月 4 日、2 月 13 日、5 月 16 日和 9 月 18 日。下面给出在这 4 天分别用“骁骏战法”选股的结果,如图 3－16～图 3－22 所示。

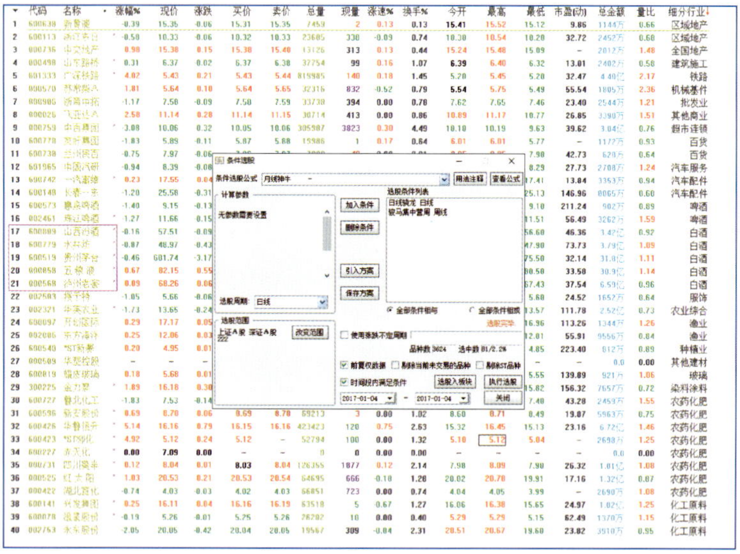

图 3－16　沪深 A 股,2017 年 1 月 4 日,“日线骁龙 & 周线骏马”

选出白酒指数及白酒股(之一)

图3—17 沪深A股，2017年1月4日，“日线骁龙 & 周线骏马”选出白酒指数及白酒股（之二）

图3—18 沪深A股，2017年2月13日，“日线骁龙 & 周线骏马”选出白酒指数及白酒股（之一）

图 3－19　沪深 A 股，2017 年 2 月 13 日，“日线骁龙 & 周线骏马”选出白酒指数及白酒股（之二）

图 3－20　沪深 A 股，2017 年 5 月 16 日，“日线骁龙 & 周线骏马”选出白酒指数及白酒股（之一）

图 3—21 沪深 A 股，2017 年 5 月 16 日，“日线骁龙 & 周线骏马”

选出白酒指数及白酒股（之二）

图 3—22 沪深 A 股，2017 年 9 月 18 日，“日线骁龙 & 周线骏马”

选出白酒指数及白酒股

从2017年1月4日、2月13日、5月16日和9月18日的选股结果中，可以看到在这四天皆有白酒指数(880381)及相应的白酒股同时登榜。以上选股结果说明，在白酒板块领涨过程中，白酒指数及其领头羊个股的每一个临界点出现时，它们都会被选股程序选出。所以盘中运行“黑马集中营”选股程序能够恰如其分地揭示热点板块，并及时向交易者推送热点板块的领头羊。有这套程序的朋友平时应该多选股，盘中选、盘后选，用得多了，经验和信心自然就能够建立起来。这个功课大家要自己做。你要是太懒，不愿意做，我也代替不了你。希望有心人花点时间把那些历史上的牛股全都找出来，反复回溯。看一看当时我们买了没有？如果没买，原因何在？是没有运行选股程序，还是选股程序当时把那些牛股刷出来了，但出于某种原因，比如说恐惧，或者其他的一些杂念干扰了你的判断？这样通过反复选股并验证选股效果，形成反馈，就可以不断提高我们肉眼过滤的水平和盘中决策的效率。

细心的读者可能已经发现，在上述四个临界点中，后面三个的选股结果里面都没有贵州茅台，不过好在2017年1月4日上榜了。前面我们已经说过，由于选股程序的各项规定太复杂，同时我们也不缺牛股，因此不必关心个别股票在一些较为明显的临界点为何不上榜。但因为贵州茅台是一只极具影响力的个股，所以这次我们还是希望把原因搞明白。尤其是2017年9月18日这一天，贵州茅台显著放量站上所有均线，结束形态、升势再起，选不出来似乎毫无道理。但实际上，这天贵州茅台的走势特征完全符合要求，它之所以没有上榜，唯一的原因就是换手率没有达标。“黑马集中营”对于股票的换手率有一些规定，这些规定是硬指标，必须满足，否则就不会被选出。也就是说，“黑马集中营”要求上榜的股票有起码的成交活跃度，低于规定的活跃度就会被滤除。另外对乖离率也有限制，只不过乖离率限制范围定得比较宽，一般不会被突破。如果对上榜个股的规定不严格，就会导致大量的我们不需要的垃圾股挤进来，上榜的股票太多又会加重肉眼过滤的工作量，影响判断和抉择。所谓乱花渐欲迷人眼，选股数量太多，人就会糊涂。现在上榜的股票一般只有几十只，还是能够接受的。

“黑马集中营”选股程序对个股和板块指数的换手率有如下要求：

1. 流通盘大于100亿股的，要求换手率大于0(即不作要求，只要不休市即可)；

2. 流通盘大于10亿股、小于等于100亿股的(十几或几十亿股)，要求换手率大于0.5%；

3. 流通盘大于1亿股、小于等于10亿股(几亿股)的，要求换手率大于1%；

4. 流通盘小于等于1亿股(几千万股)的，要求换手率大于1.5%。

贵州茅台现在的流通盘有12.6亿股，适用于第2条。而在上述四个临界点，贵州茅台的换手率分别为0.52%、0.43%、0.40%、0.34%。显然，只有第一个临界点能选出贵州茅台，其他三个临界点都会因为换手率不达标而被滤除。但因为有别的白酒股上榜，故而影响有限。

关于换手率，“黑马集中营”对于流通盘不一样的股票分段处理、区别对待。你要是定了一个比较高的标准，比如要求所有股票的换手率都大于1%，那么银行股中的四大行就很难有机会上榜了。因为超级大盘股的换手率总是比中小盘股要低。从这件事可以看出，程序化选股符合条件就是符合、不符合就是不符合，完全是一刀切的。反过来说，“黑马集中营”是否有必要为了照顾贵州茅台上榜而放宽对换手率的限制呢？回答是否定的。因为如果那样的话，你会发现永远都有个股需要照顾和放宽标准，最终会演变成取消一切规则和规定。

下面我们介绍另一个选股程序：“区间涨幅选股”。编写该程序的目的并非为了条件选股，而是为了给交易者的研究统计工作提供工具和便利。该程序有三个可调参数：起始时间、终止时间和N。如果令其分别等于170512、180128和55，那么含义就是：要求选出2017年5月12日～2018年1月28日，涨幅大于55%的股票。选股结果如图3－23～图3－26所示。

图 3—23 沪深 A 股,“区间涨幅选股”选出 2017 年 5 月 12 日～2018 年 1 月 28 日涨幅大于 55%的股票(之一)

图 3—24 沪深 A 股,“区间涨幅选股”选出 2017 年 5 月 12 日～2018 年 1 月 28 日涨幅大于 55%的股票(之二)

图 3—25 沪深 A 股,“区间涨幅选股”选出 2017 年 5 月 12 日～2018 年 1 月 28 日涨幅大于 55%的股票(之三)

图 3—26 沪深 A 股,“区间涨幅选股”选出 2017 年 5 月 12 日～2018 年 1 月 28 日涨幅大于 55%的股票(之四)

选股之前先点击“选股入板块”—“777”(如果自定义板块 777 里面原来存有股票,则会提示说只要点“确定”,就会先清空 777 板块,再存入最新的选股结果。点“确定”即可)。或者先直接选股,然后右键单击选股结果,点“批量操作”—“是”—“全选中”—“加入到板块”—“777”,同样可以把选股结果存入 777 板块。如果没有 777 板块,就先新建之。方法是:点击通达信主菜单“工具”—“自定义板块设置”—“新建板块”,在“板块名称”一栏输入“777”,再点“确定”即可。在“自定义板块管理”选项卡里,可以看到一个叫作“临时条件股”的板块,这个板块就是每次运行“条件选股”之后,专门用来存放选股结果的地方。该板块的内容在每次运行“条件选股”之后都会被更新。如果不小心退出了选股结果页面,那么不需要重新选股,只需要在键盘上敲击“TJG”(即“条件股”的汉语拼音首字母)再回车,就能重新看到最近一次的选股结果了。因为接下来我们要对选股结果按区间涨幅大小排序,所以不能把选股结果放在“临时条件股”板块,而是存入 777 板块。

现在点击通达信主菜单“报价”—“历史行情,指标排序”,通达信会对所有 A 股按默认指标进行排序。排序完毕之后,我们再对排序的结果进行调整。调整方法如下:

1. 更改排序范围。即将排序范围从整个 A 股改为 777 板块。方法是在系统书签“自定”上点一下,再在弹出的菜单上点一下“777”,软件就会以 777 为排序范围重新计算。

2. 更改排序指标。在排序结果上右键单击,再在弹出的菜单上点“更改排序指标”,然后拖动滑块到底端,选择“区间涨幅排序”,并且将右侧的起始时间改为 170512,将终止时间改为 180128,使之与“区间涨幅选股”的起止时间保持一致,然后点“确定”。

历史行情.指标排序 777 日期: 2018-02-14,三 指标: 区间涨幅排序(170512,180128) 使用1000个数据 前复权 点右键操作 F8计算

	代码	名称	涨幅%	收盘	成交量	总金额	区间涨幅排序↓
1	601313	江南嘉捷	9.94	63.24	4046万	25.2亿	386.096
2	300618	寒锐钴业	-2.08	243.31	305.3万	7.41亿	305.093
3	300649	杭州园林	0.26	26.55	113.9万	3015万	282.999
4	000830	鲁西化工	2.01	21.28	5772万	12.3亿	245.799
5	600516	方大炭素	2.21	28.69	7282万	20.7亿	209.293
6	601155	新城控股	-0.10	33.77	1707万	5.77亿	202.900
7	150118	房地产B	0.47	0.646	1805万	1173万	173.824
8	150270	白酒B	0.53	1.329	290.0万	383万	169.580
9	600507	方大特钢	7.36	19.25	8148万	15.1亿	149.921
10	002714	牧原股份	1.14	51.30	237.8万	1.21亿	149.511
11	600782	新钢股份	5.01	7.54	7535万	5.56亿	147.697
12	300176	鸿特精密	2.43	125.50	771516	9542万	140.942
13	600779	水井坊	1.03	45.07	555.5万	2.50亿	140.086
14	000732	泰禾集团	0.54	27.95	2333万	6.50亿	138.632
15	601012	隆基股份	2.20	32.96	1193万	3.92亿	136.228
16	600460	士兰微	-1.44	13.70	5350万	7.35亿	134.432
17	002001	新和成	0.78	38.18	959.2万	3.66亿	132.964
18	000932	*ST华菱	3.74	9.43	4709万	4.45亿	130.576
19	600346	恒力股份	0.60	15.13	677.9万	1.03亿	130.454
20	150290	煤炭B级	0.90	0.560	3463万	1893万	129.630
21	600809	山西汾酒	-0.53	58.47	473.1万	2.76亿	127.627
22	601100	恒立液压	2.65	31.77	221.1万	7006万	127.530
23	603799	华友钴业	4.22	99.99	2853万	28.3亿	122.618
24	603505	金石资源	5.30	19.86	513.3万	1.01亿	122.094
25	300630	普利制药	1.62	65.40	143300	930万	121.450
26	000537	广宇发展	1.38	13.23	1400万	1.82亿	120.976
27	601233	桐昆股份	1.41	24.53	940.5万	2.32亿	119.870
28	000002	万科A	1.34	33.17	2702万	8.84亿	117.019
29	002230	科大讯飞	0.12	49.95	1560万	7.81亿	115.729
30	600702	舍得酒业	1.08	38.36	316.4万	1.21亿	114.429
31	600438	通威股份	4.08	10.20	2994万	3.02亿	113.884
32	000703	恒逸石化	-	-	-	-	112.674
33	600426	华鲁恒升	-0.81	17.04	1338万	2.27亿	103.862
34	000063	中兴通讯	2.56	30.50	5687万	17.3亿	102.312
35	600740	山西焦化	1.32	12.24	4880万	5.89亿	100.840
36	000858	五粮液	2.00	76.60	2080万	15.7亿	99.954
37	600230	沧州大化	1.14	43.50	465.2万	2.01亿	99.922
38	300110	华仁药业	-9.96	9.04	568100	514万	98.994

图 3—27　按“区间涨幅排序”指标对 2017 年 5 月 12 日～2018 年 1 月 28 日涨幅大于 55%的股票进行排序（之一）

历史行情.指标排序 777 日期: 2018-02-14,三 指标: 区间涨幅排序(170512,180128) 使用1000个数据 前复权 点右键操作 F8计算

	代码	名称	涨幅%	收盘	成交量	总金额	区间涨幅排序↓
39	600887	伊利股份	0.15	32.25	2396万	7.75亿	97.042
40	150228	银行B	0.00	1.074	3873万	4135万	96.734
41	601318	中国平安	2.79	68.89	6465万	44.0亿	96.539
42	002320	海峡股份	9.99	20.37	1283万	2.47亿	95.851
43	601636	旗滨集团	3.30	6.89	4612万	3.12亿	95.477
44	600569	安阳钢铁	2.29	4.92	6206万	3.02亿	95.472
45	600048	保利地产	0.60	15.20	8099万	12.2亿	93.799
46	150288	钢铁B	5.37	0.902	712.0万	622万	92.990
47	601888	中国国旅	3.31	51.80	925.1万	4.73亿	92.003
48	600519	贵州茅台	0.91	718.45	305.5万	22.0亿	91.731
49	601005	*ST重钢	1.90	2.15	1108万	2356万	90.598
50	000671	阳光城	1.09	8.37	6286万	5.18亿	89.907
51	601600	中国铝业	-	-	-	-	89.906
52	300274	阳光电源	0.93	14.96	774.5万	1.15亿	89.531
53	600176	中国巨石	2.58	15.49	1575万	2.43亿	89.049
54	000786	北新建材	1.25	22.65	1160万	2.62亿	88.979
55	002110	三钢闽光	3.88	22.21	2481万	5.41亿	88.737
56	601933	永辉超市	3.97	10.48	8905万	9.32亿	87.974
57	603993	洛阳钼业	2.43	6.74	8680万	5.83亿	86.571
58	000651	格力电器	3.51	54.24	4796万	25.6亿	84.605
59	000789	万年青	2.19	10.26	2363万	2.41亿	83.926
60	300308	中际旭创	0.91	61.25	440572	2730万	83.659
61	880381	白酒	1.18	3510.11	-	58.4亿	83.655
62	600801	华新水泥	2.94	13.30	1149万	1.51亿	82.524
63	601225	陕西煤业	3.49	8.89	4733万	4.15亿	81.516
64	150197	有色B	1.77	1.147	1598万	1821万	81.178
65	600036	招商银行	1.49	31.37	3349万	10.4亿	80.724
66	300142	沃森生物	0.00	18.18	496.4万	8957万	80.109
67	600231	凌钢股份	1.54	4.63	2267万	1.04亿	80.071
68	300487	蓝晓科技	-1.21	22.00	1493万	3.31亿	80.067
69	000663	永安林业	-	-	-	-	78.800
70	600585	海螺水泥	2.87	32.93	2060万	6.67亿	78.319
71	300601	康泰生物	2.83	42.90	981543	4170万	76.626
72	000338	潍柴动力	1.36	8.19	3265万	2.67亿	76.378
73	601699	潞安环能	3.45	12.29	5391万	6.45亿	76.162
74	002078	太阳纸业	0.09	11.32	2250万	2.57亿	75.692
75	600487	亨通光电	1.40	35.39	1504万	5.30亿	75.526
76	002856	美芝股份	-4.38	25.10	416.0万	1.06亿	75.504

图 3—28　按“区间涨幅排序”指标对 2017 年 5 月 12 日～2018 年 1 月 28 日涨幅大于 55%的股票进行排序（之二）

历史行情.指标排序 777 日期: 2018-02-14,三 指标: 区间涨幅排序(170512,180128) 使用1000个数据 前复权 点右键操作 F8计算

	代码	名称	涨幅%	收盘	成交量	总金额	区间涨幅排序↓
77	002430	杭氧股份	1.24	13.02	328.2万	4271万	75.113
78	000488	晨鸣纸业	0.06	16.79	1680万	2.67亿	74.570
79	300009	安科生物	0.18	21.72	396.5万	8580万	74.263
80	002760	凤形股份	-10.01	24.10	428800	1014万	73.944
81	600309	万华化学	–	–	–	–	73.321
82	000333	美的集团	2.91	56.92	2196万	12.4亿	73.088
83	600188	兖州煤业	4.84	16.25	4094万	6.42亿	72.946
84	600019	宝钢股份	2.90	10.28	1.16亿	11.8亿	71.555
85	000717	韶钢松山	4.34	7.21	5249万	3.69亿	71.042
86	600179	安通控股	–	–	–	–	71.011
87	002008	大族激光	1.02	50.40	970.4万	4.88亿	70.937
88	603019	中科曙光	2.39	37.70	1197万	4.50亿	70.491
89	002061	浙江交科	0.53	15.09	487.7万	7335万	70.313
90	600216	浙江医药	0.67	14.93	791.1万	1.18亿	69.757
91	300401	花园生物	1.56	43.73	217.3万	9442万	69.531
92	000503	海虹控股	–	–	–	–	69.434
93	002027	分众传媒	1.22	14.06	2820万	3.96亿	69.283
94	601003	柳钢股份	3.62	7.16	2465万	1.75亿	68.910
95	002202	金风科技	0.13	15.92	755.4万	1.20亿	68.498
96	601939	建设银行	0.71	8.48	1.07亿	8.96亿	68.357
97	002742	三圣股份	–	–	–	–	68.178
98	600596	新安股份	1.46	11.81	1706万	2.02亿	68.145
99	000513	丽珠集团	1.81	68.68	362.8万	2.47亿	67.732
100	000886	海南高速	10.10	5.78	3475万	1.93亿	67.699
101	600690	青岛海尔	2.91	19.81	3613万	7.08亿	67.513
102	600872	中炬高新	1.93	26.96	267.2万	7184万	67.248
103	000725	京东方A	0.00	5.53	3.56亿	19.6亿	67.021
104	603939	益丰药房	-1.61	43.27	235500	1025万	66.836
105	002493	荣盛石化	0.59	15.32	1008万	1.53亿	66.819
106	600197	伊力特	-0.75	21.11	480.8万	1.01亿	66.404
107	002081	金螳螂	2.05	13.96	728.9万	1.01亿	66.329
108	002313	日海通讯	2.69	25.57	481.1万	1.23亿	65.953
109	600276	恒瑞医药	0.98	71.93	557.9万	4.01亿	65.950
110	300015	爱尔眼科	4.00	35.10	795.4万	2.76亿	65.728
111	002012	创新股份	5.38	104.94	133.9万	1.40亿	65.595
112	002044	美年健康	1.38	22.10	410.5万	8967万	64.783
113	000001	平安银行	0.50	12.00	8642万	10.3亿	64.520
114	600282	南钢股份	2.52	5.28	1.14亿	5.96亿	64.174

图 3—29 按"区间涨幅排序"指标对 2017 年 5 月 12 日～2018 年 1 月 28 日涨幅大于 55%的股票进行排序（之三）

历史行情.指标排序 777 日期: 2018-02-14,三 指标: 区间涨幅排序(170512,180128) 使用1000个数据 前复权 点右键操作 F8计算

	代码	名称	涨幅%	收盘	成交量	总金额	区间涨幅排序↓
115	002304	洋河股份	1.22		333.5万	4.14亿	63.901
116	002251	步步高	–	–	–	–	63.457
117	000418	小天鹅A	0.53		134.9万	9293万	63.448
118	300251	光线传媒	2.20		5109万	6.13亿	63.203
119	300413	快乐购	-2.00		626.1万	2.14亿	62.469
120	300122	智飞生物	0.53		444.2万	1.16亿	62.379
121	002422	科伦药业	-0.08		273.1万	6789万	61.935
122	002415	海康威视	0.59		1885万	7.42亿	61.796
123	600971	恒源煤电	0.60		1501万	1.51亿	61.686
124	150131	医药B	1.74		1705万	984万	60.633
125	600763	通策医疗	-0.21		140.6万	4774万	60.633
126	880373	乳制品	-0.05		–	10.1亿	60.308
127	000596	古井贡酒	1.60		109.1万	6782万	60.091
128	300316	晶盛机电	0.92		753.7万	1.23亿	59.921
129	600295	鄂尔多斯	-1.07		629.8万	7526万	59.862
130	000933	神火股份	2.04		2810万	2.09亿	59.839
131	600260	凯乐科技	0.66		279.7万	7635万	59.726
132	603288	海天味业	1.01		157.4万	8437万	59.650
133	000661	长春高新	-1.34		853342	1.39亿	59.447
134	000792	盐湖股份	3.04		3498万	4.22亿	59.417
135	603986	兆易创新	–	–	–	–	59.219
136	300474	景嘉微	-1.02		186.7万	4363万	58.916
137	600787	中储股份	-0.44		624.4万	5652万	58.699
138	000426	兴业矿业	-0.94		1659万	1.97亿	58.683
139	000504	南华生物	0.13		448303	1007万	58.534
140	000868	安凯客车	-1.51		2289万	1.36亿	58.412
141	000016	深康佳A	0.52		644.5万	3712万	58.391
142	600741	华域汽车	1.36		765.2万	1.99亿	58.333
143	000690	宝新能源	-0.40		559.8万	4162万	57.739
144	600345	长江通信	0.85		223.8万	5575万	57.565
145	600859	王府井	0.46		216.8万	4274万	57.213
146	600383	金地集团	-1.03		4019万	5.00亿	57.004
147	000735	罗牛山	10.01		5200万	3.73亿	56.951
148	601398	工商银行	1.18		1.81亿	12.3亿	56.809
149	600141	兴发集团	0.66		868.3万	1.33亿	56.373
150	002626	金达威	1.73		955.3万	1.71亿	55.783
151	150201	券商B	-23.53		1.36亿	1.49亿	55.474
152	601899	紫金矿业	3.85		3.25亿	14.8亿	55.414

图 3—30 按"区间涨幅排序"指标对 2017 年 5 月 12 日～2018 年 1 月 28 日涨幅大于 55%的股票进行排序（之四）

排序结果如图 3－27～图 3－30 所示。注意所有上榜个股都是靠自己的“真本事”涨起来的，即已经剔除上市之后连续多次涨停的次新股，然后再按区间涨幅从大到小排序。如果想保存这一结果，不妨右键单击排序画面，点“批量操作”—“是”—“全选中”—“加入到板块”—“888”，这样就可以把选股结果按区间涨幅从大到小的顺序存入 888 板块。

从图 3－26 可以看出，白酒是除乳制品以外唯一入选的指数，并且入选的白酒股有 8 只，贵州茅台只是因为价格高才受人关注，论区间涨幅它并不是最大的，水井坊、山西汾酒和五粮液的涨幅都超过它。下面，我们继续研究另一个领涨板块——家用电器（880387）及其领导股美的集团（000333）和格力电器（000651）的走势，如图 3－31～图 3－33 所示。

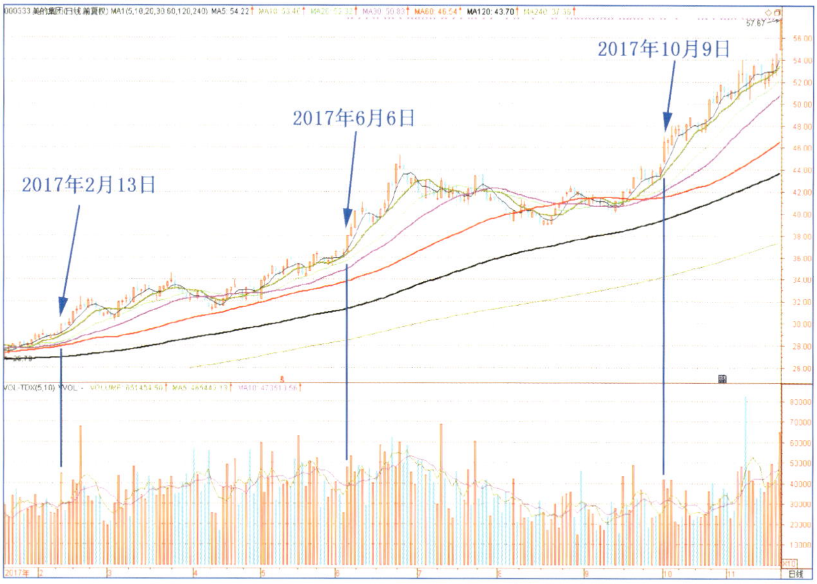

图 3－31　美的集团（000333），2017 年 2 月 13 日～11 月 21 日，日线图及其临界点

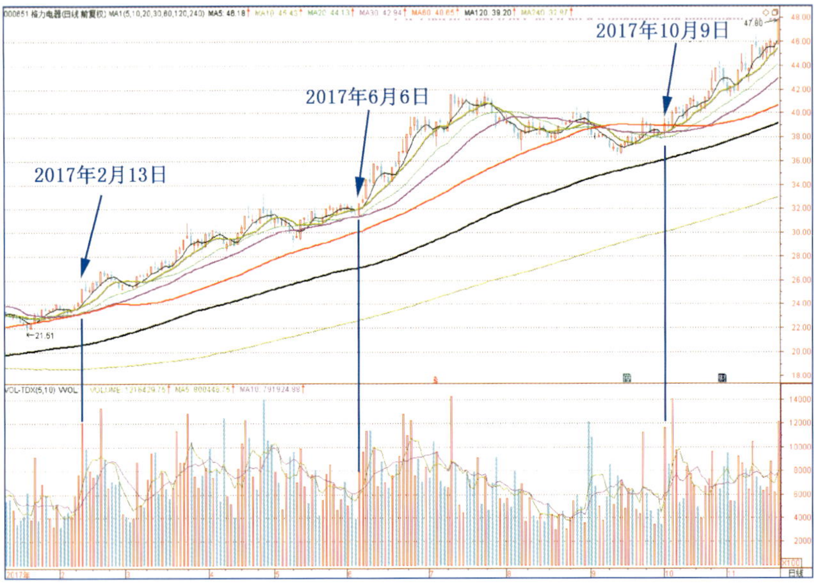

图 3－32　格力电器(000651),2017 年 2 月 13 日～11 月 21 日,日线图及其临界点

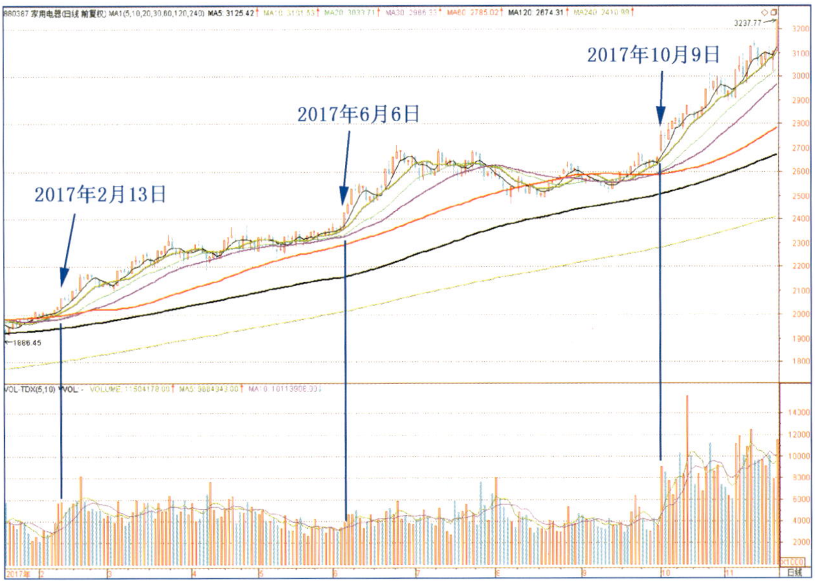

图 3－33　家用电器(880387),2017 年 2 月 13 日～11 月 21 日,日线图及其临界点

图 3－31～图 3－33 中标识出了美的集团、格力电器和家用电器共同的 3 个临界点——2017 年 2 月 13 日、6 月 6 日和 10 月 9 日。下面先

给出 2017 年 10 月 9 日，用“日线骁龙 & 周线骏马”进行选股的结果，如图 3—34 和图 3—35 所示。

图 3—34　沪深 A 股，2017 年 10 月 9 日，“日线骁龙 & 周线骏马”选出领涨股(之一)

图 3—35　沪深 A 股，2017 年 10 月 9 日，“日线骁龙 & 周线骏马”选出领涨股(之二)

图 3—34 和图 3—35 显示，在 2017 年 10 月 9 日这个临界点的选股结果中，家用电器（880387）及其领涨股美的集团（000333）、格力电器（000651）均在榜上。按“细分行业”排序后，在 48 个上榜品种中分别位列第 47、第 41 和第 40 位。

下面给出 2017 年 6 月 6 日的选股结果，如图 3—36 所示。

图 3—36 沪深 A 股，2017 年 6 月 6 日，“日线骁龙 & 周线骏马”选出领涨股

图 3—36 显示，在 2017 年 6 月 6 日这个临界点的选股结果中，领涨股美的集团（000333）、格力电器（000651）双双登榜。但遗憾的是家用电器（880387）并未上榜，精力所限，我们也就不去深究原因了。至于 2017 年 2 月 13 日这个临界点的选股结果，已经显示在图 3—19 中了。这一天也是美的集团和格力电器双双登榜，但家用电器（880387）没有上榜。

综上所述，“黑马集中营”选股程序有能力将 2017 年“白马股”行情的四大领涨板块银行、保险、白酒、家电及其领导股招商银行、中国平安、贵州茅台、水井坊、五粮液、山西汾酒、泸州老窖以及美的集团和格力电器一网打尽，并且在上升趋势运行途中的多个临界点令其再三上榜，具备极高的实战价值。更加意味深长的是，“黑马集中营”开辟了一条迥异于价值投资并且完全秒杀价值投资的新道路和新战法，实际上开启了一个全新的时代。

第2节　选股程序的用法(2)

前面研究过的银行、保险、白酒、家电都属于高市值、大权重板块。就是说，它们的上涨能够直接撬动指数，尤其是上证50、中证100和沪深300等大盘股指数。而且上证50和沪深300指数存在股指期货，所以主力资金在拉升"白马股"的同时，还能通过做多股指期货赢得"双丰收"。这一点跟上证50和沪深300指数成分股独特的权重分布有关。

上证50和沪深300指数前十大权重股的权重分配如表3—1和表3—2所示。

表3—1　　上证50指数前十大权重股

代码	成分股	行业	权重(%)
601318	中国平安	保险	16.06
600519	贵州茅台	白酒	7.34
600036	招商银行	银行	5.88
601166	兴业银行	银行	4.26
600016	民生银行	银行	3.97
600887	伊利股份	乳业	3.78
601328	交通银行	银行	3.38
601601	中国太保	保险	2.94
600030	中信证券	证券	2.85
600000	浦发银行	银行	2.83

表3—2　　沪深300指数前十大权重股

代码	成分股	行业	权重(%)
601318	中国平安	保险	6.79
600519	贵州茅台	白酒	3.10
600036	招商银行	银行	2.49
000333	美的集团	家电	2.05

续表

代码	成分股	行业	权重(%)
000651	格力电器	家电	1.89
601166	兴业银行	银行	1.80
000002	万科 A	地产	1.69
600016	民生银行	银行	1.68
600887	伊利股份	乳业	1.60
601328	交通银行	银行	1.43

表 3－1 是上证 50 指数前十大权重股，从中可以看出中国平安在上证 50 指数中的权重竟然达到了惊人的 16.06%！而排名前三位的中国平安、贵州茅台和招商银行，合计权重接近 30%。也就是说，只要控制了这三只股票，基本上就能左右上证 50 指数的走势了！表 3－2 是沪深 300 指数前十大权重股。虽然与上证 50 指数比，各成分股的权重分布更加分散——这意味着操纵沪深 300 指数比操纵上证 50 指数的难度要大——但排名前五位的成分股合计权重也超过了 16%，前十大成分股的合计权重则接近 25%。难怪主力资金喜欢反复炒作这些大权重股票。明白了这一点，2017 年“白马股”行情诞生的逻辑也就不难理解了。另外，在 2017 年“白马股”行情演绎过程中，还有一些小市值、低权重的板块指数及其领头羊品种走出了不错的上涨行情，具备不容忽视的交易价值，比如机场指数和机场股。

图 3－37～图 3－39 分别是机场指数、白云机场和上海机场 2017 年的日图。我们在这些图上取三个时间点，分别是 2017 年 3 月 13 日、4 月 12 日和 6 月 6 日。从现在开始，我们将看到个股与个股之间，以及个股与板块指数之间有所分化，也就是走势不完全合拍一致的现象。观察图表可知，并且选股结果也进一步证实，2017 年 3 月 13 日是白云机场和机场指数共同的临界点，但上海机场这一天却并未上榜(原因是 240 日均线下倾)。4 月 12 日是上海机场的典型临界点，但同一天上榜的白云机场后续走势欠佳，另一只上榜的机场股深圳机场后续走势更差，令人大跌眼镜。但实际上这属于肉眼过滤的范畴，不是选股程序的职责。何况我们有标准化控仓方案和止损措施的保护，不影响算总账能赢的结果。同理，

6 月 6 日是白云机场的典型临界点，却不是上海机场的临界点。今后我们要习惯这种个性差异。

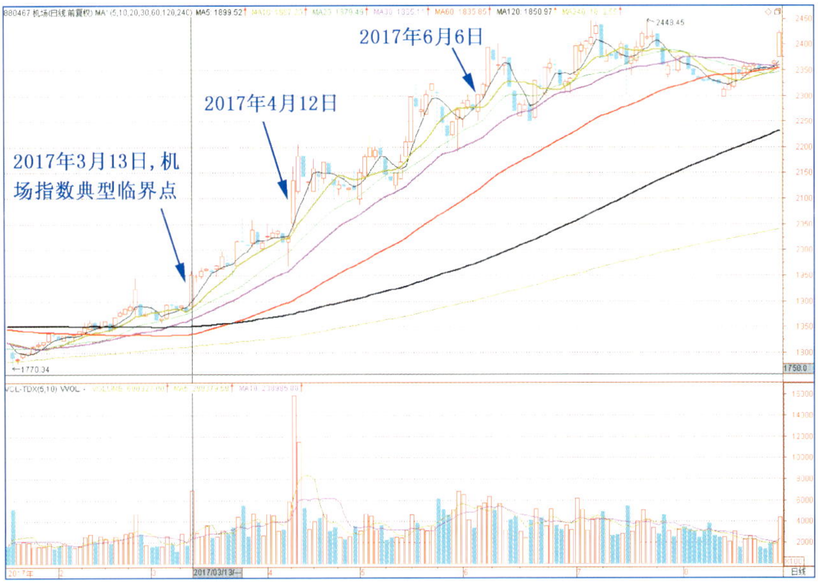

图 3—37　机场指数(880467)，2017 年 3 月 13 日，日线图及其临界点

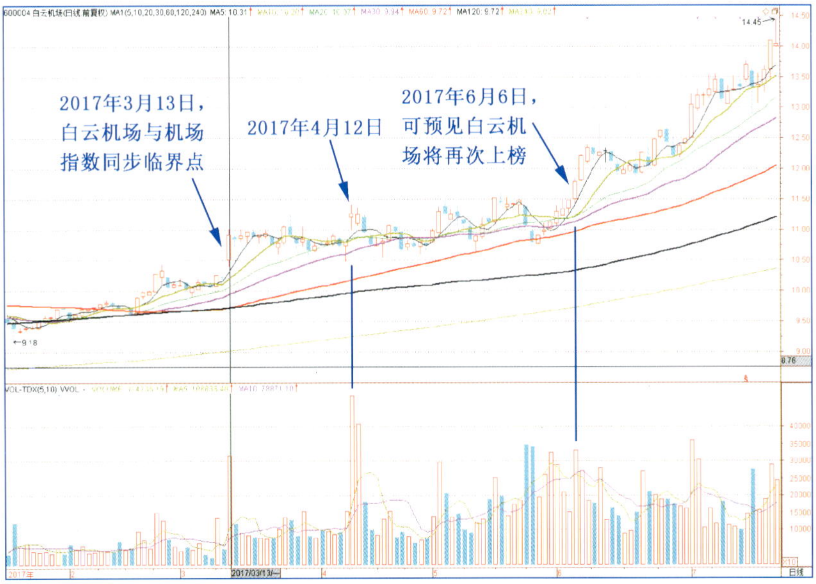

图 3—38　白云机场(600004)，2017 年 3 月 13 日，日线图及其临界点

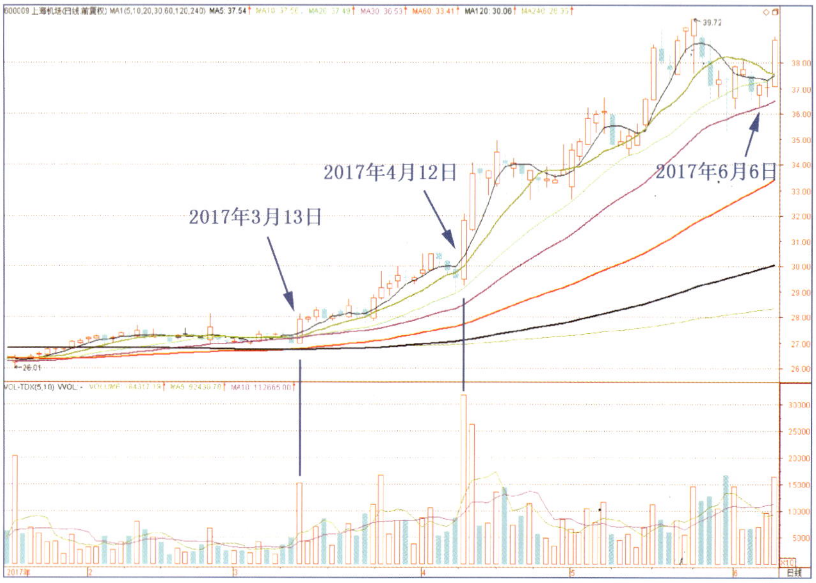

图 3—39　上海机场(600009),2017 年 3 月 13 日,日线图及其临界点

图 3—40 和图 3—41 是 2017 年 3 月 13 日的选股结果。可以看到,白云机场和机场指数皆在榜上。但上海机场因 240 日均线下倾,在这一天并未现身(后面则会经常上榜)。

	代码	名称	涨幅%	现价	涨跌	买价	卖价	总量	现量	涨速%	换手%	今开	最高	最低	市盈(动)	总金额	量比	细分行业
1	600638	新黄浦	0.20	15.38	0.03	15.39	15.40	4728	4	0.39	0.08	15.35	15.45	15.26	9.88	727万	0.40	区域地产
2	600376	首开股份	-1.16	9.34	-0.11	9.33	9.34	36551	2	-0.10	0.14	9.49	9.49	9.29	19.79	3431万	0.88	区域地产
3	600325	华发股份	-0.84	7.09	-0.06	7.09	7.10	94771	1	-0.13	0.50	7.15	7.16	7.09	13.01	6747万	0.70	区域地产
4	600266	北京城建	-2.62	13.03	-0.35	13.00	13.08	154858	100	1.01	0.99	13.39	13.39	12.85	31.76	2.02亿	1.54	区域地产
5	002146	荣盛发展	0.00	8.70	0.00	8.69	8.70	194349	6643	0.58	0.50	8.67	8.77	8.59	10.17	1.69亿	1.06	全国地产
6	001979	招商蛇口	0.15	19.41	0.03	19.41	19.42	107737	766	0.09	0.57	19.38	19.58	19.32	30.95	2.09亿	0.62	全国地产
7	603828	柯利达	0.40	10.04	0.04	10.03	10.04	9426	20	-0.09	0.87	10.00	10.08	10.00	63.42	946万	0.55	装修装饰
8	600068	葛洲坝	2.08	8.33	0.17	8.32	8.33	491602	62	0.12	1.07	8.16	8.45	8.13	11.11	4.10亿	1.41	建筑施工
9	300237	美晨生态	0.82	15.95	0.13	15.95	15.96	23449	323	-0.12	0.36	15.80	16.12	15.76	26.32	3745万	0.87	建筑施工
10	600004	白云机场	-0.94	14.68	-0.14	14.67	14.69	103828	10	0.07	0.50	14.82	14.97	14.64	19.36	1.53亿	0.91	机场
11	300472	新元科技	0.87	27.26	0.24									27.23	334.76	2005万	1.22	专用机械
12	300249	依米康	9.99	8.48	0.77									8.19	78.23	3083万	1.37	专用机械
13	002530	金财互联	-1.45	22.47	-0.33									22.47	55.77	1634万	0.73	专用机械
14	600592	龙溪股份	0.83	9.74	0.08									9.61	50.44	5399万	1.14	机械基件
15	601933	永辉超市	-1.85	10.60	-0.20									10.23	54.64	21.7亿	0.77	超市连锁
16	600771	广誉远	0.33	39.34	0.13									38.97	100.57	3504万	0.58	中成药
17	600332	白云山	0.00	32.14	0.00									—	26.38	0.0	0.00	中成药
18	603306	华懋科技	-1.48	28.67	-0.43									28.51	27.21	2183万	2.11	汽车配件
19	600660	福耀玻璃	0.56	28.59	0.16									28.32	25.09	2.83亿	1.20	汽车配件
20	002765	蓝黛传动	1.78	9.15	0.16									8.80	39.22	2797万	3.15	汽车配件
21	002434	万里扬	0.77	10.36	0.08									10.31	18.29	2852万	0.83	汽车配件
22	002126	银轮股份	-0.52	9.52	-0.05									9.49	23.81	4053万	0.77	汽车配件
23	601579	会稽山	-0.43	11.70	-0.05									11.59	44.34	1625万	0.94	红黄药酒
24	600702	沱牌舍得	-2.12	45.25	-0.98									44.80	119.90	3.12亿	1.08	白酒
25	000858	五粮液	-1.91	80.58	-1.57									80.00	32.94	28.4亿	0.96	白酒
26	000799	酒鬼酒	-2.10	28.02	-0.60									27.90	58.66	2.05亿	0.90	白酒
27	000568	泸州老窖	-3.14	66.12	-2.14									65.93	36.37	9.14亿	1.33	白酒
28	600872	中炬高新	1.19	24.60	0.29									24.38	41.44	9011万	0.69	食品
29	002507	涪陵榨菜	—	—	—									—	32.67	0.0	0.00	食品
30	600137	浪莎股份	2.68	25.64	0.67									25.10	90.78	1.31亿	1.14	服饰
31	603889	新澳股份	1.59	14.73	0.23	14.71	14.72	76671	4	0.00	5.34	14.55	14.86	14.49	27.33	1.12亿	2.44	纺织
32	300344	太空板业	0.36	11.26	0.04	11.23	11.26	111036	6210	1.72	5.74	11.36	11.49	11.07	—	1.25亿	0.59	其他建材
33	002271	东方雨虹	2.17	38.54	0.82	38.53	38.54	63129	360	0.00	1.11	37.60	39.08	37.47	29.34	2.44亿	1.83	其他建材
34	300225	金力泰	3.15	16.69	0.51	16.68	16.69	123778	1992	0.36	2.64	16.19	16.72	15.92	161.25	2.03亿	1.77	染料涂料
35	603033	三维股份	-1.02	18.45	-0.19	18.44	18.48	2826	6	-0.15	0.51	18.50	18.58	18.41	58.99	521万	0.69	橡胶
36	002258	利尔化学	0.49	16.54	0.08	16.54	16.55	109927	821	-0.11	2.10	16.46	16.99	16.22	28.41	1.83亿	0.90	农药化肥
37	002827	高争民爆	-0.06	16.98	-0.01	16.96	16.98	11839	375	0.12	1.87	16.97	17.16	16.91	26.13	2018万	0.97	化工原料
38	002497	雅化集团	0.91	13.31	0.12	13.31	13.32	370221	3136	0.00	4.54	13.15	13.59	13.07	58.23	4.96亿	1.33	化工原料
39	002002	鸿达兴业	0.14	6.93	0.01	6.93	6.94	38630	289	0.00	0.19	6.93	6.98	6.88	15.68	2674万	0.50	化工原料
40	600971	恒源煤电	0.00	10.15	0.00	10.14	10.15	134769	240	-0.38	1.35	10.15	10.30	10.14	8.00	1.38亿	0.73	煤炭开采

图 3—40　沪深 A 股,2017 年 3 月 13 日,“日线骁龙 & 周线骏马”选出机场股(之一)

图 3—41　沪深 A 股，2017 年 3 月 13 日，“日线骁龙 & 周线骏马”选出机场股（之二）

图 3—42 是 2017 年 4 月 12 日的选股结果，共有三只机场股和机场指数一起上榜。其中深圳机场后续走势较差。个股之间的这种差异性实际上不可避免。也就是说，面对选股程序的选股结果，根据技术规则和经验结合市场氛围进行肉眼过滤是非常重要的一环。

图 3—42　沪深 A 股，2017 年 4 月 12 日，“日线骁龙 & 周线骏马”选出机场股

现在机场股还剩最后一个时间点——2017 年 6 月 6 日的选股结果有待考察。实际上，图 3－36 已经给出了这天的选股结果。不难发现，白云机场和机场指数皆在榜上。

下一个有待研究的“小板块”，是空运指数和几只空运股在 2017 年底的表现。图 3－43～图 3－45 分别是空运指数（880462）、中国国航（601111）和南方航空（600029）的日线图。我们在这三幅图上分别取两个时间点——2017 年 11 月 1 日和 2017 年 11 月 14 日。然后在这两个时间点上分别运行选股程序，不难发现上述三个品种两次都是同时登榜。虽然空运板块不是什么大市值、高权重的“大板块”，但空运股并非小盘股，它们的启动对人气有提振作用，同时对拉抬指数也有积极正面的影响，因而其市场地位和影响力不容忽视。

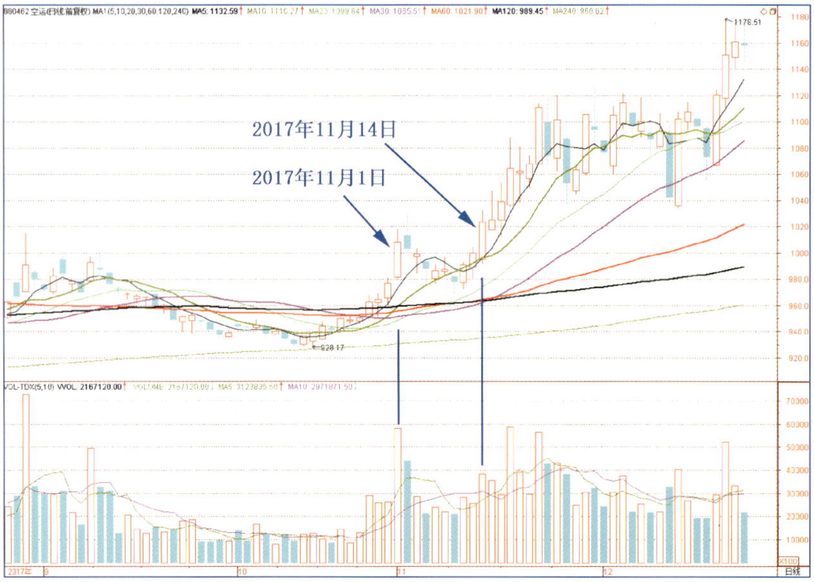

图 3－43　空运指数（880462），2017 年 11 月 1 日与 11 月 14 日，日线图及其临界点

图 3—44　中国国航（601111），2017 年 11 月 1 日与 11 月 14 日，日线图及其临界点

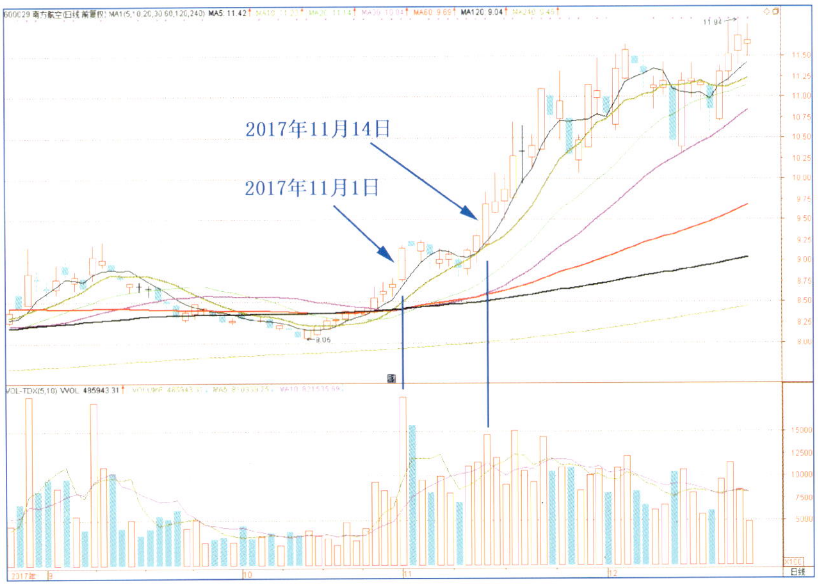

图 3—45　南方航空（600029），2017 年 11 月 1 日与 11 月 14 日，日线图及其临界点

2017 年 11 月 1 日和 11 月 14 日的选股结果如图 3—46 和图 3—47 所示。

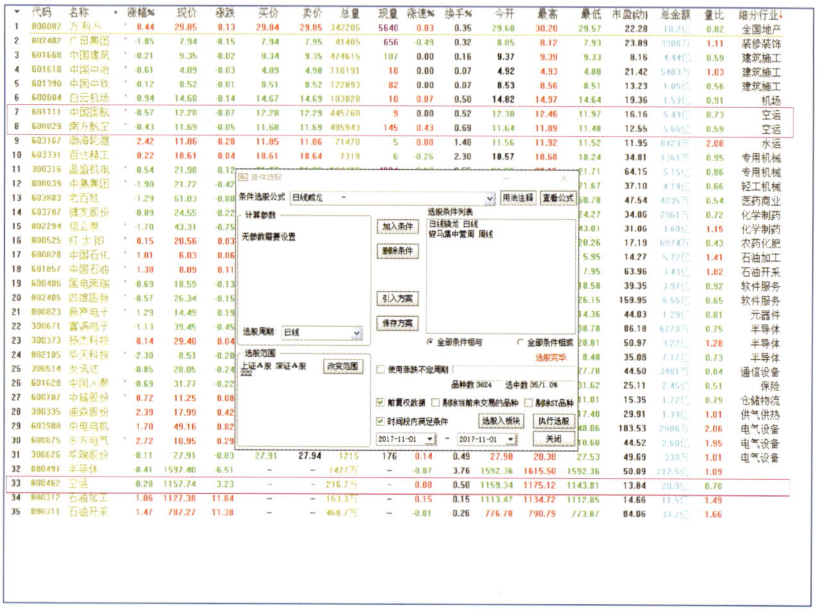

图 3—46　沪深 A 股，2017 年 11 月 1 日，“日线骁龙 & 周线骏马”选出空运股

图 3—47　沪深 A 股，2017 年 11 月 14 日，“日线骁龙 & 周线骏马”选出空运股

下面继续研究下一个在 2017 年表现不错的“小板块”——超市连锁(880408)和它的代表品种永辉超市(601933)。二者的日线走势如图 3—48 和图 3—49 所示。

图 3—48　超市连锁(880408),2017 年 9 月 15 日,日线图及其临界点

图 3—49　永辉超市(601933),2017 年 9 月 15 日,日线图及其临界点

从图 3—48 和图 3—49 中不难看出，超市连锁(880408)和它的代表品种永辉超市(601933)的临界点都位于同一天——2017 年 9 月 15 日。图 3—50 和图 3—51 是这天的选股结果，不难看出二者同时登榜。不仅

图 3—50　沪深 A 股，2017 年 9 月 15 日，“日线骁龙 & 周线骏马”选出超市连锁股(之一)

图 3—51　沪深 A 股，2017 年 9 月 15 日，“日线骁龙 & 周线骏马”选出超市连锁股(之二)

如此，我们发现乳制品指数(880373)和它的龙头股伊利股份(600887)也在榜上！图3—52和图3—53是两者的日线图。

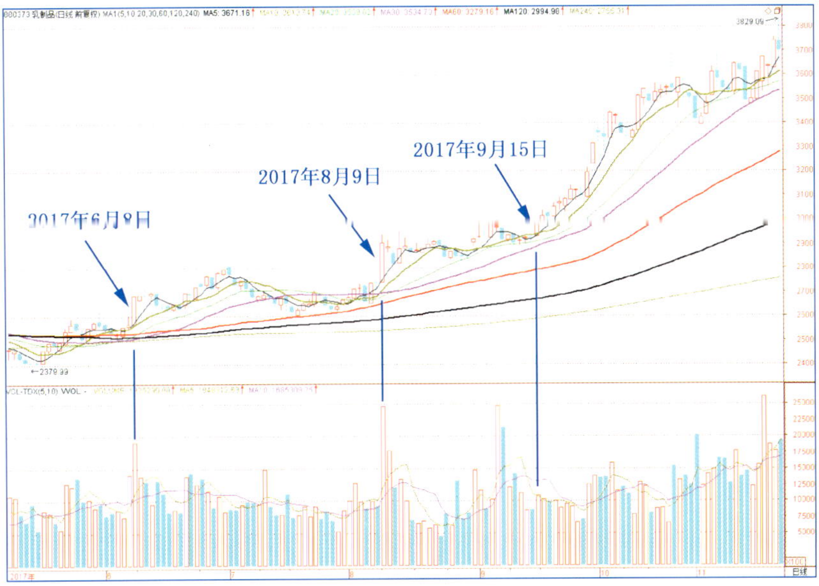

图3—52 乳制品指数(880373)，2017年日线图及其临界点

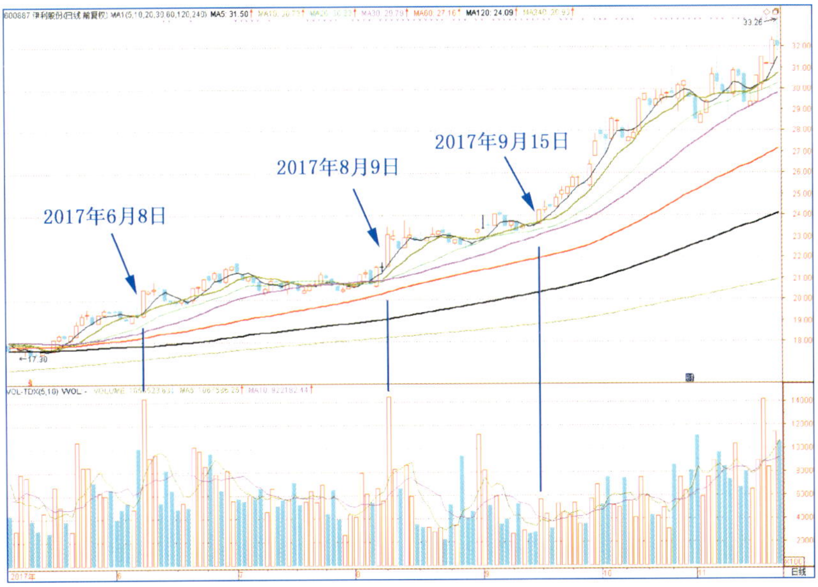

图3—53 伊利股份(600887)，2017年日线图及其临界点

除了2017年9月15日这个临界点，顺藤摸瓜，我们还找出了乳制品指数和伊利股份的另外两个临界点——2017年6月8日和8月9日。图3—54和图3—55是这两天的选股结果。不难看出，在这两个临界点上，乳制品指数和伊利股份两次都是双双登榜。

图3—54　沪深A股，2017年6月8日，“日线骁龙 & 周线骏马”选出乳制品股

图3—55　沪深A股，2017年8月9日，“日线骁龙 & 周线骏马”选出乳制品股

下一个 2017 年度表现较好且值得研究的“小板块”是旅游服务(880425)及其龙头股中国国旅(601888)。图 3—56 和图 3—57 是两者的日线图及其临界点。

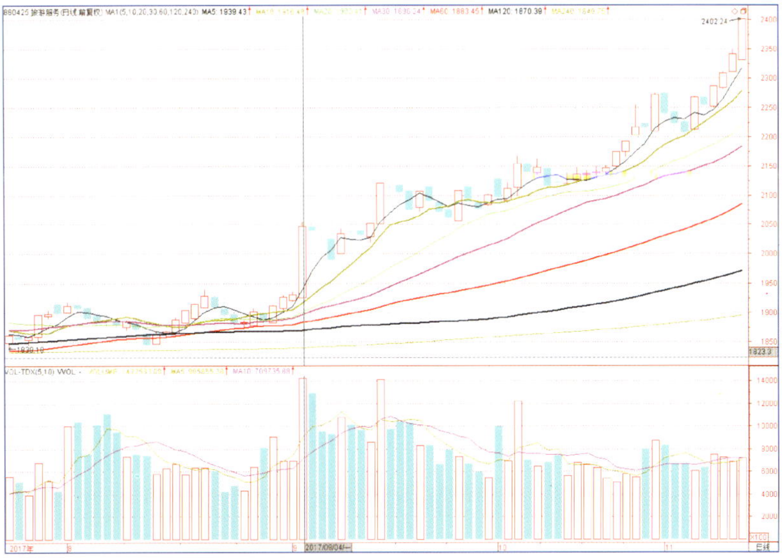

图 3—56　旅游服务指数(880425),2017 年 9 月 4 日,日线图及其临界点

图 3—57　中国国旅(601888),2017 年 9 月 4 日,日线图及其临界点

从图3—56和图3—57不难看出，旅游服务指数及其龙头股中国国旅的临界点均位于2017年9月4日。图3—58给出了这天的选股结果。二者同样是双双登榜。

图3—58 沪深A股，2017年9月4日，“日线骁龙 & 周线骏马”选出旅游服务股

图3—58显示，2017年9月4日有两只旅游服务类股登榜，分别是中国国旅和曲江文旅(600706)。前者后续走势良好，后者则小涨后再跌回去，之后走势受小盘股指数下跌的影响更是一塌糊涂。类似曲江文旅这种走势，应当从以下几方面着手应对：

1. 加强对大盘指数的研判，在排除系统风险隐患的前提下再来选股。

2. 加强肉眼过滤，对选股程序的选股结果按照既定的规则精挑细选。

3. 标准化控仓。不管多看好的标的，永远只买1或2个标准头寸。不试图依靠集中重仓持有某只或某几只个股来赚钱，而是依靠“持股组合”的综合表现来赚钱。

4. 对于曾经获利10%左右的品种，当跌回到成本价时保本退出。

5. 对于那些一进场就亏损的品种，当亏损幅度达到10%时予以斩首处理。

……

交易是关于胜算的游戏，从来就没有100%的胜算或者“完美无缺”这回事，相反倒可以说是遗憾无处不在。在交易中追求完美其实是成为赢家的障碍。只要移除了这个障碍，允许失败的发生和遗憾的存在，永远追求大概率事件，对买对的标的实施“有风使尽帆，好马任它跑”的持盈策略，对亏损或回撤达标的标的采取坚决果断的止损和止盈措施，那么就是在交易中占据了赢面、拥有了胜算。这样下去，算总账的结果就一定是赢家。

2017年的“白马股”行情后来一直延续到2018年初。2018年1月10日和1月15日，上证50、中证100指数放巨量收阳，谁干的？如何快速定位领涨板块及其领头羊？很简单，直接从这两天的选股结果中就可以找出“元凶”，如图3—59和图3—60所示。

图3—59 沪深A股，2018年1月10日，“日线骁龙 & 周线骏马”选出银行指数及银行股

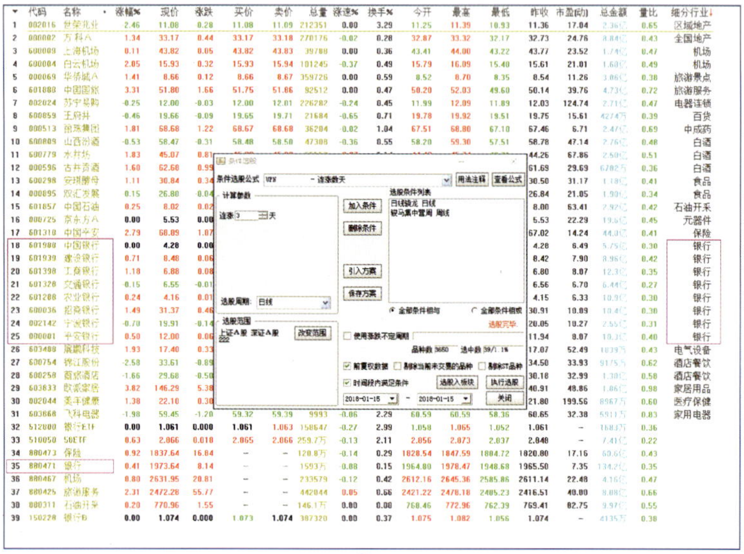

	代码	名称	涨幅%	现价	涨跌	买价	卖价	总量	涨速%	换手%	今开	最高	最低	昨收	市盈(动)	总金额	量比	细分行业
1	002016	世荣兆业	2.46	11.08	0.28	11.08	11.09	212351	0.00	3.29	11.25	11.39	10.93	11.36	17.04	2.36亿	0.65	区域地产
2	000002	万科A	1.34	33.17	0.44	33.17	33.18	270176	-0.02	0.28	32.87	33.32	32.17	32.73	24.76	8.84亿	0.43	全国地产
3	600009	上海机场	0.11	43.82	0.05	43.82	43.83	39788	0.00	0.36	43.41	44.00	43.22	43.77	23.52	1.74亿	0.47	机场
4	600004	白云机场	2.05	15.93	0.32	15.93	15.94	101245	-0.37	0.49	15.79	16.09	15.40	15.61	21.01	1.60亿	0.49	机场
5	000069	华侨城A	1.41	8.66	0.12	8.66	8.67	359726	0.00	0.59	8.52	8.70	8.35	8.54	11.26	3.06亿	0.38	旅游景点
6	601888	中国国旅	3.31	51.80	1.66	51.75	51.86	92512	0.00	0.47	50.20	52.03	49.60	50.14	39.76	4.73亿	0.72	旅游服务
7	002024	苏宁易购	-0.25	12.00	-0.03	12.00	12.01	226282	-0.24	0.45	11.99	12.09	11.89	12.03	124.74	2.71亿	0.47	电器连锁
8	600859	王府井	-0.46	19.66	-0.09	19.65	19.71	21684	-0.65	0.71	19.78	19.92	19.51	19.75	15.61	4274万	0.39	百货
9	000513	丽珠集团	1.81	68.68	1.22	68.67	68.68	36204	-0.02	1.04	67.51	68.80	67.10	67.46	6.71	2.47亿	0.69	中成药
10	600809	山西汾酒	-0.53	58.47	-0.31	58.48	58.50	47308	-0.36	0.55	58.20	59.30	57.51	58.78	47.14	2.76亿	0.48	白酒
11	600779	水井坊	1.83	45.07	0.81									44.26	67.86	2.50亿	0.51	白酒
12	000596	古井贡酒	1.60	62.68	0.99									61.69	29.69	6782万	0.36	白酒
13	600298	安琪酵母	1.11	30.84	0.34									30.50	31.17	1.18亿	0.41	食品
14	000895	双汇发展	0.15	26.80	0.04									26.84	21.05	1.90亿	0.34	食品
15	601857	中国石油	0.25	8.02	0.02									8.00	63.41	2.92亿	0.42	石油开采
16	000725	京东方A	0.00	5.53	0.00									5.53	22.29	19.6亿	0.45	元器件
17	601318	中国平安	2.79	68.89	1.07									67.02	14.24	44.0亿	0.41	保险
18	601988	中国银行	0.00	4.28	0.00									4.28	6.49	5.75亿	0.30	银行
19	601939	建设银行	0.71	8.48	0.06									8.42	7.90	8.96亿	0.42	银行
20	601398	工商银行	1.18	6.88	0.08									6.80	8.07	12.3亿	0.35	银行
21	601328	交通银行	-0.15	6.55	-0.01									6.56	6.70	6.44亿	0.27	银行
22	601288	农业银行	0.24	4.16	0.01									4.15	6.33	10.9亿	0.30	银行
23	600036	招商银行	1.49	31.37	0.46									30.91	10.09	10.4亿	0.30	银行
24	002142	宁波银行	-0.70	19.91	-0.14									20.05	10.27	2.55亿	0.31	银行
25	000001	平安银行	0.50	12.00	0.06									11.94	8.07	10.3亿	0.40	银行
26	603488	展鹏科技	1.93	17.40	0.33									17.07	52.49	1039万	0.43	电气设备
27	600754	锦江股份	-2.58	33.61	-0.89									34.50	33.93	9175万	0.62	酒店餐饮
28	600258	首旅酒店	-1.66	29.68	-0.50									30.18	32.99	1.30亿	0.58	酒店餐饮
29	603833	欧派家居	3.82	146.29	5.38									40.91	48.86	1.06亿	0.98	家居用品
30	002044	美年健康	1.38	22.10	0.30									21.80	199.56	8967万	0.60	医疗保健
31	603868	飞科电器	-1.98	59.45	-1.20	59.32	59.39	9993	-0.06	2.29	60.59	60.59	58.36	60.65	32.38	5911万	0.83	家用电器
32	512800	银行ETF	0.00	1.061	0.000	1.061	1.063	158647	-0.27	2.99	1.058	1.065	1.052	1.061	–	1683万	0.36	
33	510050	50ETF	0.63	2.066	0.018	2.065	2.066	259.7万	-0.13	2.11	2.056	2.073	2.037	2.048	–	7.41亿	0.22	
34	880473	保险	0.92	1837.64	16.84	–	–	120.8万	-0.14	0.29	1828.54	1847.59	1804.72	1820.80	17.16	60.6亿	0.43	
35	880471	银行	0.41	1973.64	8.14	–	–	1593万	-0.08	0.15	1964.80	1978.47	1948.68	1965.50	7.35	134.2亿	0.35	
36	880467	机场	0.80	2631.95	20.81	–	–	233579	-0.12	0.42	2612.16	2645.36	2585.86	2611.14	22.48	4.16亿	0.47	
37	880425	旅游服务	2.31	2472.28	55.77	–	–	442044	0.05	0.66	2421.22	2478.18	2405.23	2416.51	40.00	8.08亿	0.66	
38	880311	石油开采	0.20	770.96	1.55	–	–	146.1万	0.00	0.00	768.46	772.96	762.39	769.41	82.75	9.97亿	0.55	
39	150228	银行B	0.00	1.074	0.000	1.073	1.074	387320	0.00	0.37	1.075	1.082	1.056	1.074	–	4135万	0.38	

图 3—60　沪深 A 股，2018 年 1 月 15 日，“日线骁龙 & 周线骏马”选出银行指数及银行股

图 3—59 中有 5 只银行股与银行指数（880471）一起上榜。图 3—60 中则有 8 只银行股与银行指数一起上榜。考虑到银行股在上证 50 与中证 100 指数中权重极大，显然这就是上述两大股指在这两天放量收阳的主要原因。银行指数当时的日线图如图 3—61 所示。

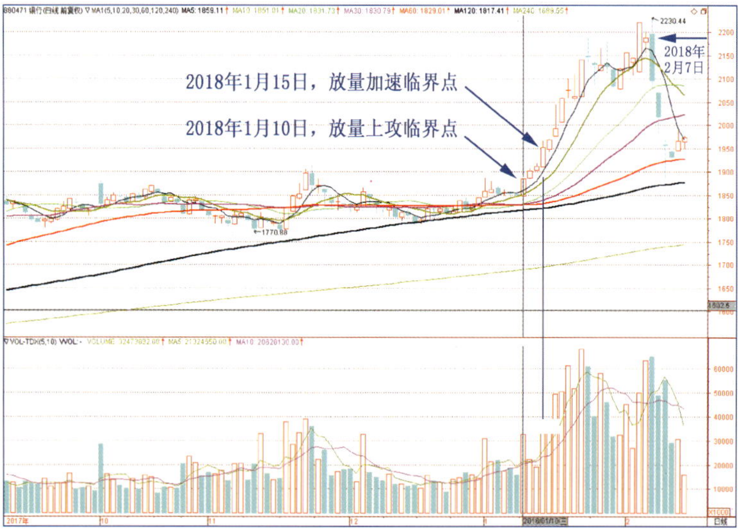

图 3—61　银行指数（880471），2018 年 1 月 10 日与 2018 年 1 月 15 日，日线临界点

图3－61显示，银行指数(880471)分别于2018年1月10日和1月15日收出放量上攻临界点及放量加速临界点。前一个临界点导致5只银行股上榜，后一个临界点导致8只银行股上榜，同时带动上证50和中证100指数放量收阳。也就是说，银行板块是上证50和中证100指数在2018年2月7日出现大跌之前最后一波上涨行情的热点板块，上榜的银行股就是热点板块的领头羊。“黑马集中营”竟连这等小级别的行情都不放过，更不必说中级行情与大牛市了，届时必定会大显神威。以上案例已将其“竭泽而渔”的本质暴露无遗。

2018年1月10日与1月15日上榜的9只银行股之日线图如图3－62～图3－70所示。

图3－62　中国银行(601988)，2018年1月15日，日线临界点

图 3—63　建设银行(601939),2018 年 1 月 15 日,日线临界点

图 3—64　工商银行(601398),2018 年 1 月 15 日,日线临界点

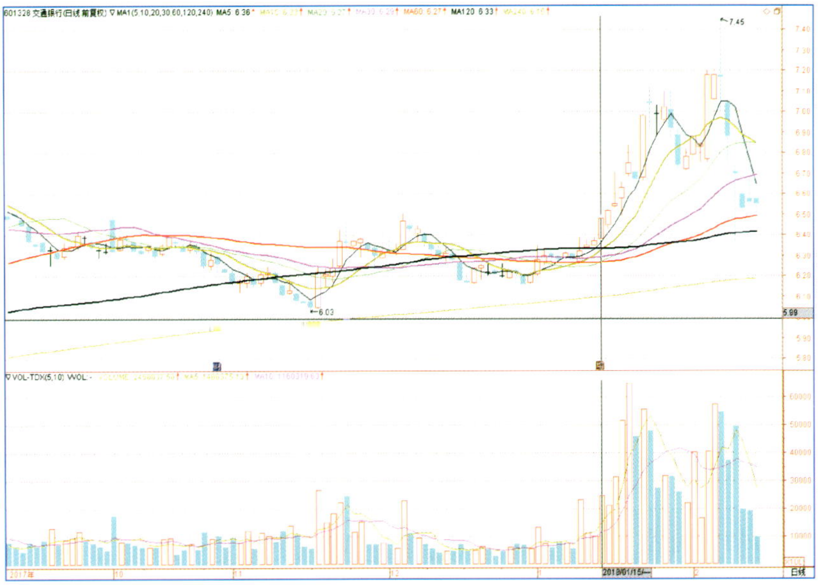

图 3－65　交通银行(601328),2018 年 1 月 15 日,日线临界点

图 3－66　宁波银行(002142),2018 年 1 月 15 日,日线临界点

图 3－67　平安银行(000001),2018 年 1 月 15 日,日线临界点

图 3－68　农业银行(601288),2018 年 1 月 10 日,日线临界点

图 3—69　招商银行(600036),2018 年 1 月 10 日,日线临界点

图 3—70　兴业银行(601166),2018 年 1 月 10 日,日线临界点

因为建设银行(601939)是这一波低价大盘银行股行情的绝对龙头，细心的读者也许会问2018年1月10日建设银行为何不上榜？这是因为“日线骁龙”要求成交量大于前一交易日的1.2倍或(今天的)量比大于1.5。2018年1月10日建设银行的成交量显然不大于前一交易日的1.2倍。关于量比这一块，因为截至2018年1月10日，建设银行日图的“形态特征”完全符合“日线骁龙”的要求(同时，周图也符合“周线骏马”的要求)，所以在我选股并截图的当下，如果建设银行的量比大于1.5，它就会在选股结果当中显示出来，否则不会显示。但这不是重点，重点是在2018年1月10日盘中进行“当下选股”的时候，它当时的量比从开盘到收盘有很长时间都大于1.5，所以它会一再地出现在榜上！

还有的读者会问，以上上榜的9只银行股，是不是需要全部买入？如果不是，应该怎样从中优中选优？这个问题需要参考个股周图才能作出决定，如图3－71～图3－79所示。

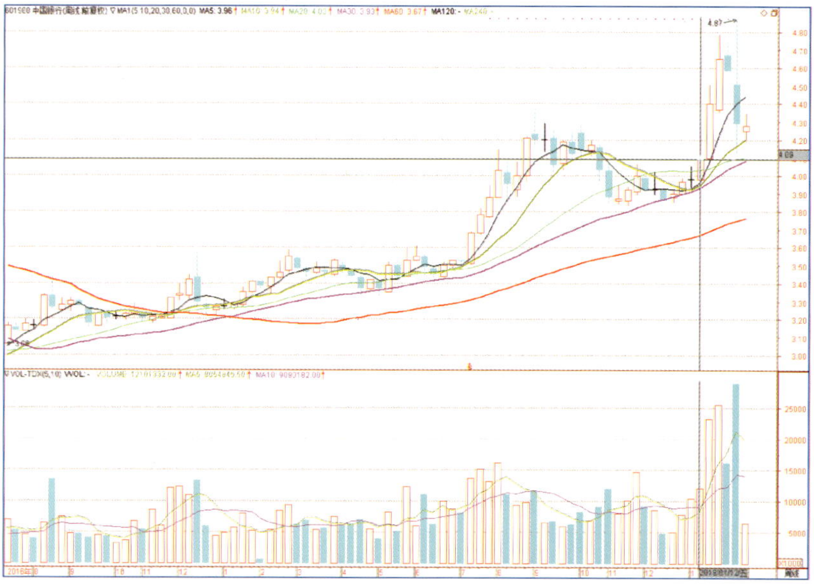

图3－71　中国银行(601988)，2018年1月12日所在周，周线临界点

图 3—72　建设银行(601939),2018 年 1 月 12 日所在周,周线临界点

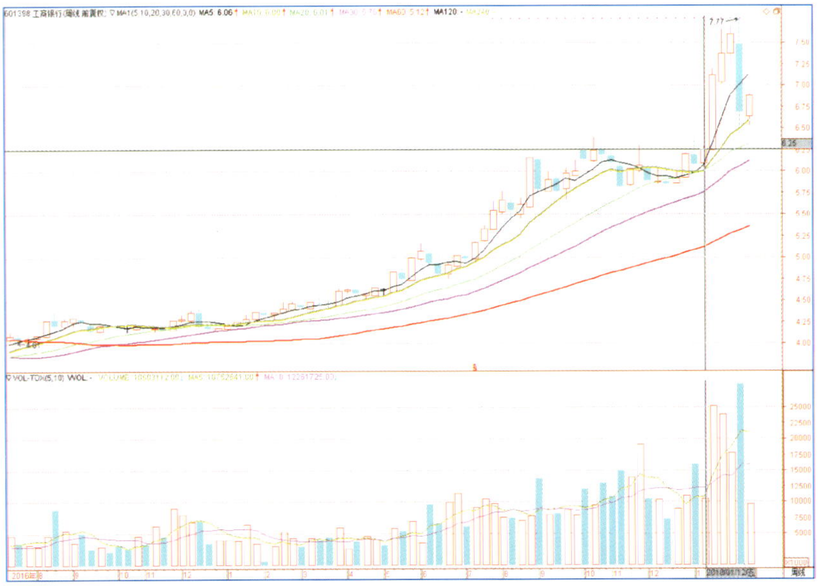

图 3—73　工商银行(601398),2018 年 1 月 12 日所在周,周线临界点

图 3—74　交通银行(601328),2018 年 1 月 12 日所在周,周线临界点

图 3—75　宁波银行(002142),2018 年 1 月 12 日所在周,周线临界点

图 3—76　平安银行(000001),2018 年 1 月 12 日所在周,周线临界点

图 3—77　农业银行(601288),2018 年 1 月 12 日所在周,周线临界点

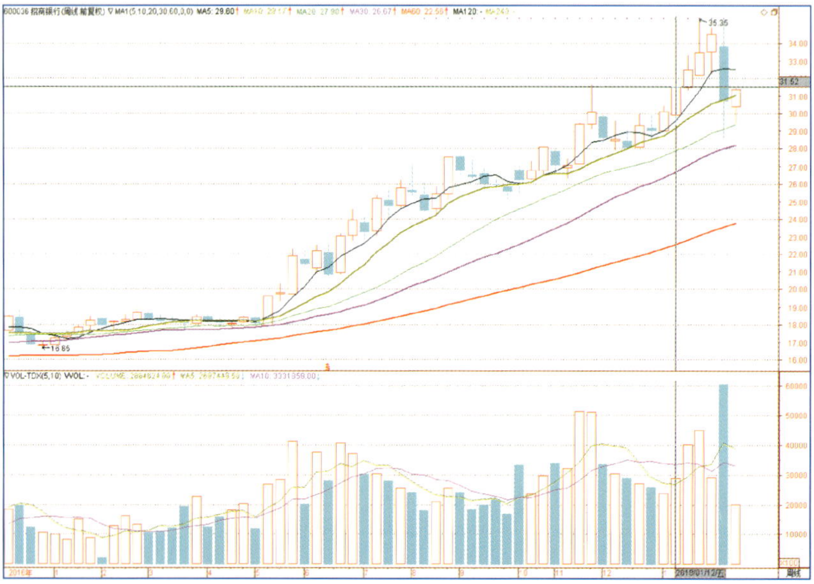

图 3—78　招商银行(600036),2018 年 1 月 12 日所在周,周线临界点

图 3—79　兴业银行(601166),2018 年 1 月 12 日所在周,周线临界点

从图 3—71～图 3—79 所示的周图可以看出,中国银行(601988)、建设银行(601939)、工商银行(601398)、农业银行(601288)、交通银行

(601328)5 只低价大盘银行股是优良的交易标的，而宁波银行(002142)、平安银行(000001)、招商银行(600036)、兴业银行(601166)4 只银行股则等而下之，可以淘汰。它们被淘汰的理由有如下几种：

1. 周 K 线所在的位置不是临界点；
2. 虽然是临界点，但是级别偏小；
3. 累计涨幅太大、调整时间太短；
4. 图形丑陋或在图中的位置过高；

……

第 3 节　选股程序的用法(3)

以上证 50 和中证 100 指数出现上升趋势为标志，始于 2017 年 5 月 12 日、终于 2018 年 1 月 28 日的“白马股”行情，由于在 A 股市场上造成了严重的两极分化而令人侧目。然而这种分化终归有限度。2018 年 1 月 15 日，就在以“四大行”为首的“白马股”奋力拉抬，致使上证 50 和中证 100 指数放量收阳的同时，一根中大号的阴线出现在以创业板综指(399102)和中证 1000(000852)为代表的小盘股指数上，同时也出现在以中证 500(399905)、深证综指(399106)和中小板综指(399101)为代表的中盘股指数上，致使以上指数下跌空间洞开，场内多头的处境立即变得岌岌可危。在挣扎反弹了 9 个交易日之后，2018 年 1 月 29 日，一根宣告“everything is over”的阴线再度出现在上述指数上，并且波及大盘股指数。有经验的技术分析派应能看出，小盘股的持有者即将面临腥风血雨的洗礼。

果不其然，后面随着美股的大跌，小盘股指数迅速展开一轮暴跌，一周之内接连几天重创钟爱并持有它们的投资者。其中，深陷亏损和负面传闻的乐视网(300104)连续 11 次跌停；宣称自己“不知道亏损多少”的保千里(600074)则连续出现 29 次跌停。2018 年 2 月 7 日，上证 50、中证 100、沪深 300 和上证指数的走势图中出现一根“不太友好”的大阴线。刹

那间，笑容凝固在仍然滞留于“白马股”中流连忘返的投资者脸上。面对灾难，他们再也没有心情嘲笑小盘股的持有者了。覆巢之下安有完卵，他们这才发现冰火两重天的行情终归病态，难以走远。在同一个市场中操作，他们的命运与其他人难有本质不同，说到底不过是轮流亏损罢了。幸运的是大跌之前，我在微信公众号“龙韬资管”和“华枝满投顾”上开设了“刀锋解盘”栏目，每天发布一期音频解盘节目，带领大批听众逃之夭夭，故而毫发无损。

A股此次大暴跌表面上看似乎是受了美股的“拖累”；但实际上，就小盘股指数而言，不过是自2015年6月起由“股灾”引发的大熊市的延续而已。而所谓的“白马股”行情，不过是上证50、中证100和沪深300成分股在熊市中出现的一轮反弹罢了。当一切都结束以后，大盘股又与小盘股一道踏上漫漫寻底之路。话虽如此，仍然不能否定为期7个月的“白马股”行情的交易价值。图3－23～图3－26显示，2017年5月12日～2018年1月28日，有152只个股涨幅大于55%。即便剔除生拉硬拽、缺乏扎实底部因而难以把握的个股，“真正的牛股”仍然超过100只。如果按照标准化控仓的要求，每只股票使用1%的资金，则同时持有100只股票可以创造50%的收益。虽然资金分批进场会降低收益，但考虑到融资的存在，也就是最终持股数量会超过100只，故此结论仍然成立。有人会问何不集中重仓持有1～5只类似贵州茅台那种股票，收益反而更高？这是因为在交易失败的情况下，那种做法无法守住清盘线，因此专业玩家绝对不会那样做。关于此类问题今后就不再解释了。

实际上，“黑马集中营”选股程序还有更加重要的应用。那就是通过在下跌市道中选取领跌股，备战即将到来的股票认沽(看跌)期权。对于股票认购(看涨)期权而言，如果还没上市，我们可以通过直接买入正股来代替。但对于做空个股来说，融券的成本、便利性和获利能力与股票认沽期权相比，完全不在一个层面上。也就是说，通过选股程序选出领跌股，再买入其认沽期权，盈利将变得非常简单，而且赚钱能力十分惊人，是一座不折不扣的巨大金矿。一般来说，在正确选择合约的前提下，股票期权的真实杠杆一般不低于10倍。当正股下跌10%的时候，认沽期权通常就已经翻倍了;若正股下跌 50%,认沽期权能赚 5 倍。可以说习惯了操作期权,就会对正股交易不再热衷。现在各大券商已把场外期权业务开展得如火如荼,预示着股票期权上市的步伐正在加快,广大股票投资者应该为此作好准备。

图 3－80 是 A 股市场小盘股的代表——中证 1000 指数的周线图。从中可以看出,2018 年 1 月 29 日(对应的周收盘日是 2018 年 2 月 2 日)开始的这波跌势的确是自 2015 年 6 月起由"股灾"引发的大熊市的延续。换言之,这波持续了两年半的大熊市并未结束,目前依然走在寻底的路上。除了 2018 年 2 月 2 日所在周的周 K 线是中证 1000 指数周图上的看跌临界点,在此之前的 2018 年 1 月 19 日所在周、2017 年 11 月 17 日所在周、2017 年 11 月 3 日所在周、2017 年 4 月 14 日所在周、2017 年 3 月 31 日所在周的 5 根周 K 线也都是该指数周线级别的看跌临界点。如果用"周线疯熊"来选领跌股,任何一周之内周一～周五的选股结果都是相同的。也就是说,对于同一周最多 5 个交易日而言,默认的选股日期是周收盘日所在的那一天。当然,"周线疯熊"或"周线黑熊"只能将"标志性周阴线"定位到周图,要想把"标志性日阴线" 定位到日图,则需加载"日线黑熊"进行日周联合选股。

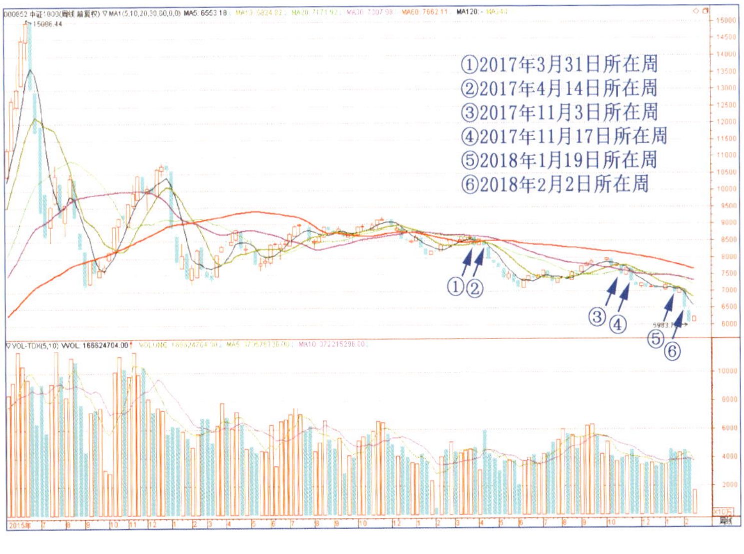

图 3－80　中证 1000 指数(000852),2015 年 6 月～2018 年 2 月,周线全景图

《金融交易学》第三卷的读者，想必已经通过书中所列举的 2001 年 7 月的行情案例，初步了解了做空型选股程序选取领跌股的方法和过程，并且初步认识了股票认沽期权。这里我们将以 A 股市场 2017 年 3 月～2018 年 2 月的下跌行情为例，继续讲解用做空型选股程序选取领跌股的方法，进一步熟悉股票认沽期权。在上述 6 个周线级别的临界点，如果直接用“周线疯熊”单选领跌股的话，那么 2017 年 3 月 31 日所在周能选出 418 只，在 3 650 只个股与板块指数组成的选股范围中占比 11%。2017 年 4 月 14 日所在周能选出 450 只，占比 12%。2017 年 11 月 3 日所在周能选出 1 024 只，占比 28%(占比 28%的选股数量虽多，但是别忘了仍有高达 72%的股票是“不必管的”)。2017 年 11 月 17 日所在周能选出 1 437 只，占比 40%。2018 年 1 月 19 日所在周能选出 973 只，占比 26%。2018 年 2 月 2 日所在周能选出 1 545 只，占比 42%。我们知道选股数量的多寡体现了行情的冷暖，试问这种行情是什么性质?

显而易见，“周线疯熊”在上述临界点选股数量如此之多，说明整体市道羸弱不堪，已经有大批股票加入领跌股的行列，并且还在持续增加。请注意这一过程是与“白马股”行情的演绎同步进行的。如前所述，最终有 152 个品种的涨幅大于 55%。152/3 650＝4%！什么意思呢？就是 100 只股票当中仅有 4 只成功展开了上升趋势，其余 96 只基本都在下跌！倘若没有选股程序的帮助，想把走上升趋势的 4 只股票给“揪出来”是不可想象的。另外，做空型选股程序选出的领跌股数量太多，也让我们一一列举这些股票变得困难。要是用条件相对宽松的“周线黑熊”来选，选股数量恐怕还会更多。如果加载“日线黑熊”，令日、周选股程序联合作战，选股数量无疑会显著下降。图 3－81 是中证 1000 指数 2017 年 3 月～2018 年 2 月的日线图。从中可以看出，上述 6 个周图临界点所对应的日图临界点，分别为 2017 年 3 月 30 日、4 月 14 日、10 月 30 日、11 月 17 日，和 2018 年 1 月 15 日及 1 月 29 日。

图 3—81　中证 1000 指数(000852),2017 年 3 月～2018 年 2 月,日线全景图

如果用"日线黑熊(日线)& 周线疯熊(周线)"在中证 1000 指数上述 6 个日线临界点选领跌股(实际上,对于服务实战的当下选股来说,在指数下跌趋势运行途中每天都可以选领跌股,这和在指数上升趋势运行途中每天都可以选领涨股是一样的。而回溯历史是为了举例子和说明问题,之所以专门挑选在指数临界点进行选股,是为了让选股结果更典型,方便控制篇幅),那么 2017 年 3 月 30 日的选股结果为 351 只,占比 10%。2017 年 4 月 14 日的选股结果为 292 只,占比 8%。2017 年 10 月 30 日的选股结果为 634 只,占比 17%。2017 年 11 月 17 日的选股结果为 789 只,占比 22%。2018 年 1 月 15 日的选股结果为 672 只,占比 18%。2018 年 1 月 29 日的选股结果为 389 只,占比 11%。与"周线疯熊"单选的结果相比,减少的部分就是被"日线黑熊"过滤掉的。因此说,选领跌股与选领涨股一样,日周联合,一个负责在日图上把关,一个负责在周图上把关,能控制选股数量、提高选股质量。

图 3—82～图 3—87 是在中证 1000 指数上述 6 个日线临界点上运行做空型选股程序选领跌股的结果。为了节约篇幅,每张图片只显示出了

第一页的内容，供读者参考。

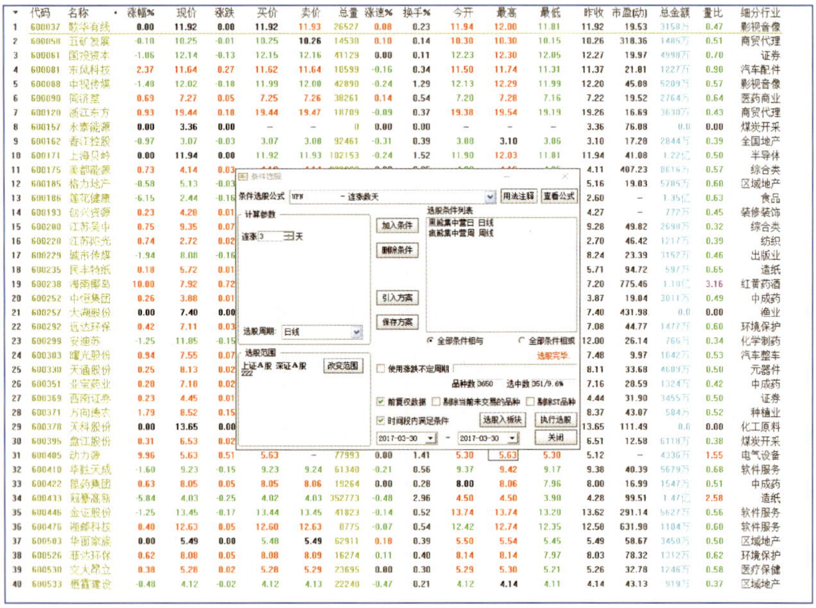

图 3—82　沪深 A 股，2017 年 3 月 30 日，“日线黑熊 & 周线疯熊”选出领跌股

图 3—83　沪深 A 股，2017 年 4 月 14 日，“日线黑熊 & 周线疯熊”选出领跌股

图 3－84　沪深 A 股，2017 年 10 月 30 日，“日线黑熊 & 周线疯熊”选出领跌股

图 3－85　沪深 A 股，2017 年 11 月 17 日，“日线黑熊 & 周线疯熊”选出领跌股

图 3—86　沪深 A 股，2018 年 1 月 15 日，“日线黑熊 & 周线疯熊”选出领跌股

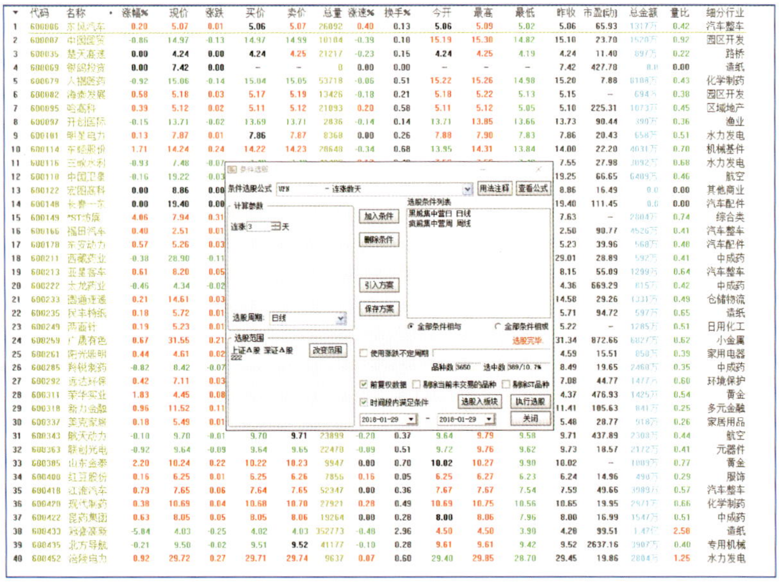

图 3—87　沪深 A 股，2018 年 1 月 29 日，“日线黑熊 & 周线疯熊”选出领跌股

图 3—82～图 3—87 中有不少图形漂亮、下跌趋势顺利展开的品种，也有一些遭遇剧烈回撤，但最终在下一个临界点引导下回归跌势的品种，还有下跌趋势发展完全失败的品种。后两种情形空单会触发止损线，其

中第二种情形空单还有机会再进场，第三种情形则无。无论怎样，后两种情形告诉我们，做空其实和做多一样，必须采取防守措施，即实施标准化控仓和执行止损规则。那些不采取任何防守措施而混进赢家队伍的人，意味着他们在盈利的同时承担了过大风险，是一帮地道的外行，就像《海龟交易法则》一书中所说的"交了好运的平庸之辈"。这类人很常见，他们不懂交易的事实与其取得了多大的成绩和名气无关。

图3－88～图3－104是从图3－82中提取的几只典型个股，分别代表跌势发展一帆风顺（即没有遭遇大的回撤），跌势发展有点不顺，但最终克服困难回归跌势（即遭遇了持续时间短——比如1～3周、逆向波动幅度小的回撤），以及跌势发展完全失败的品种。对于第二种情形，还展示了日图以及日图临界点，将其与周图对应，也就不难明白下跌趋势发展过程中在空间上辗转腾挪、在节奏上抑扬顿挫的道理。其实下跌趋势展开的过程，除了不需要成交量放大的配合，其他细节层面完全可以通过把上升趋势反转180度得到。看懂了这些资金留下的"脚印"和"路标"，就意味着破解了金融市场的密码。从此以后，只有最无知的人才敢嘲笑技术分析。说价值投资和基本分析派能与我们这一派抗衡那就是一个笑话。

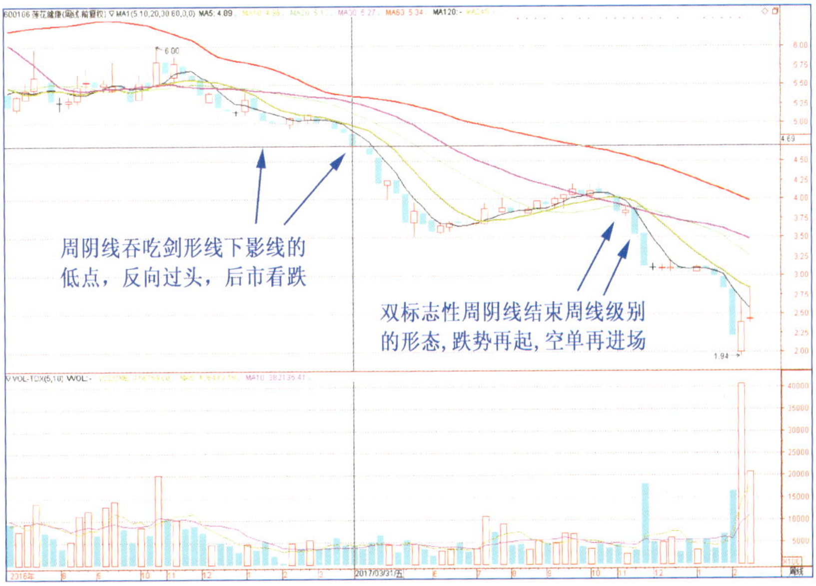

图3－88　莲花健康（600186），2017年3月31日所在周，跌势发展一帆风顺的领跌股

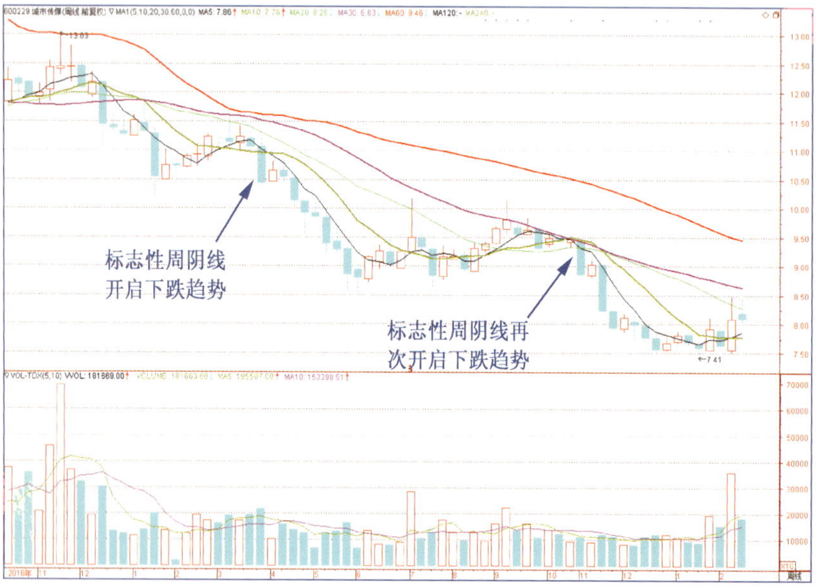

图 3—89　城市传媒(600229),2017 年 3 月 31 日所在周,跌势发展一帆风顺的领跌股

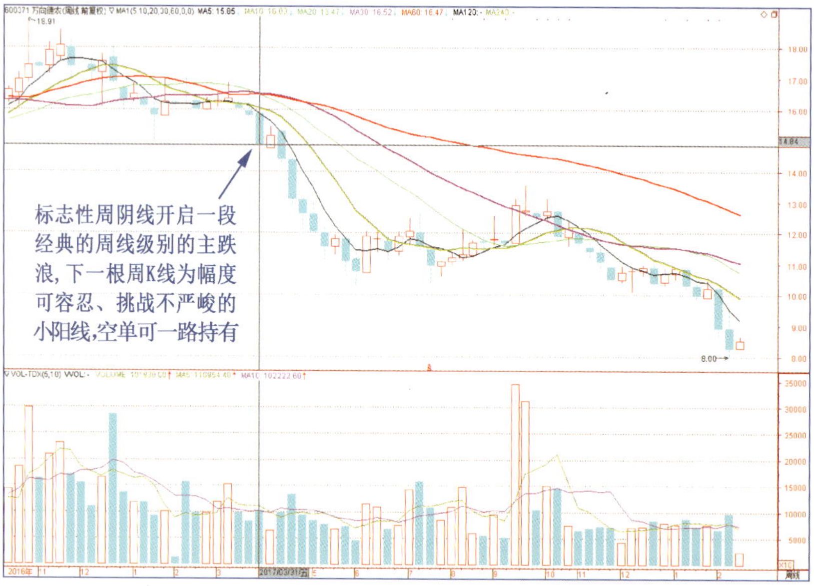

图 3—90　万向德农(600371),2017 年 3 月 31 日所在周,跌势发展一帆风顺的领跌股

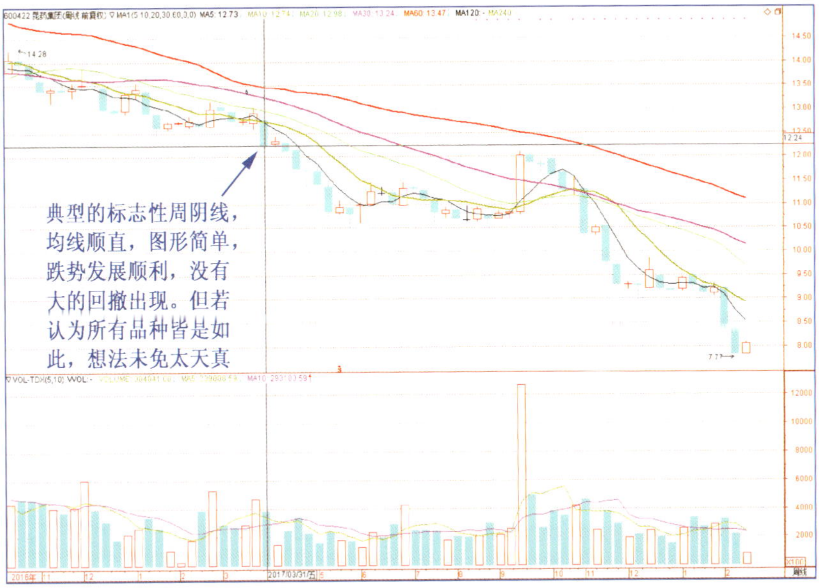

图 3—91　昆药集团（600422），2017 年 3 月 31 日所在周，跌势发展一帆风顺的领跌股

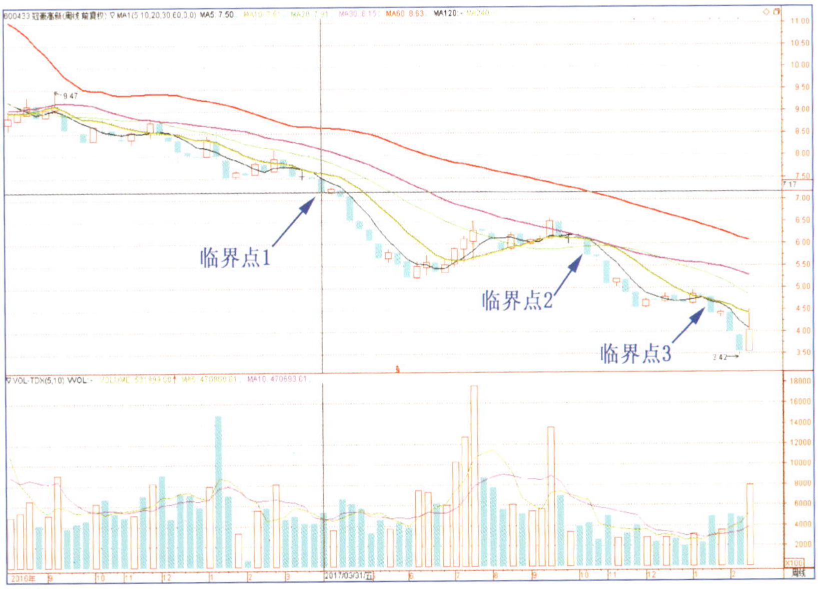

图 3—92　冠豪高新（600433），2017 年 3 月 31 日所在周，跌势发展一帆风顺的领跌股

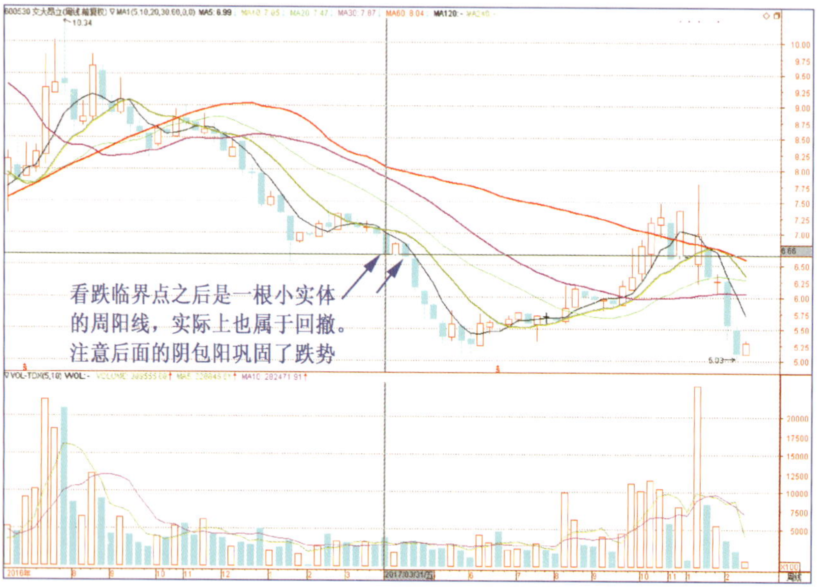

图 3—93　交大昂立(600530)，2017 年 3 月 31 日所在周，跌势发展一帆风顺的领跌股

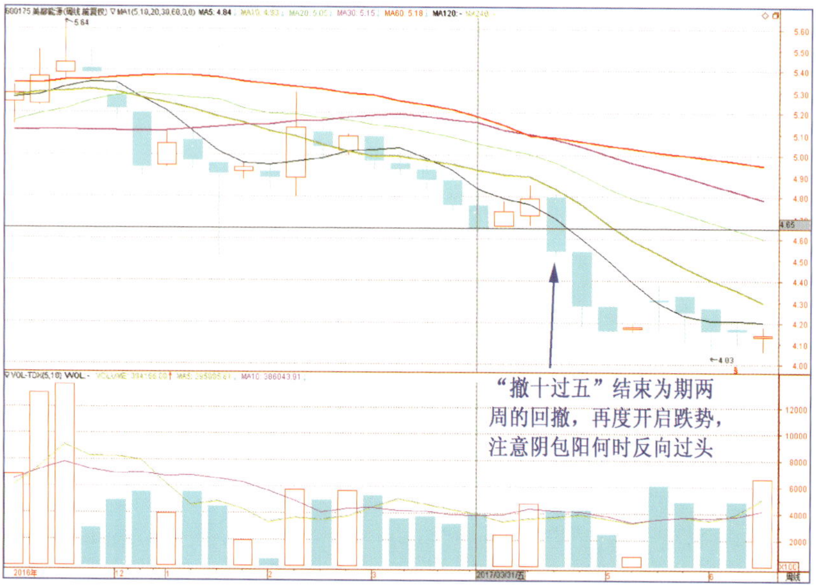

图 3—94　美都能源(600175)，2017 年 3 月 31 日所在周，下跌途中遭遇回撤的领跌股

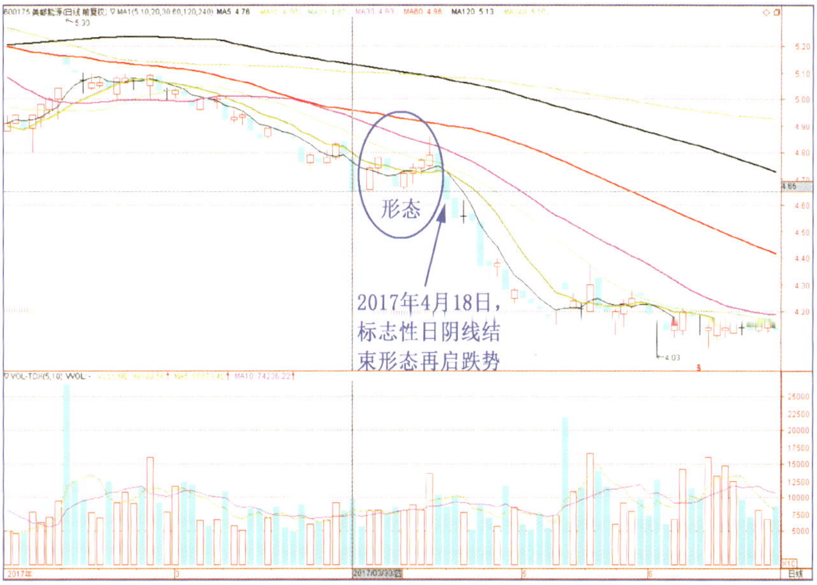

图 3—95　美都能源(600175)，2017 年 4 月 18 日，标志性日阴线结束形态再启跌势

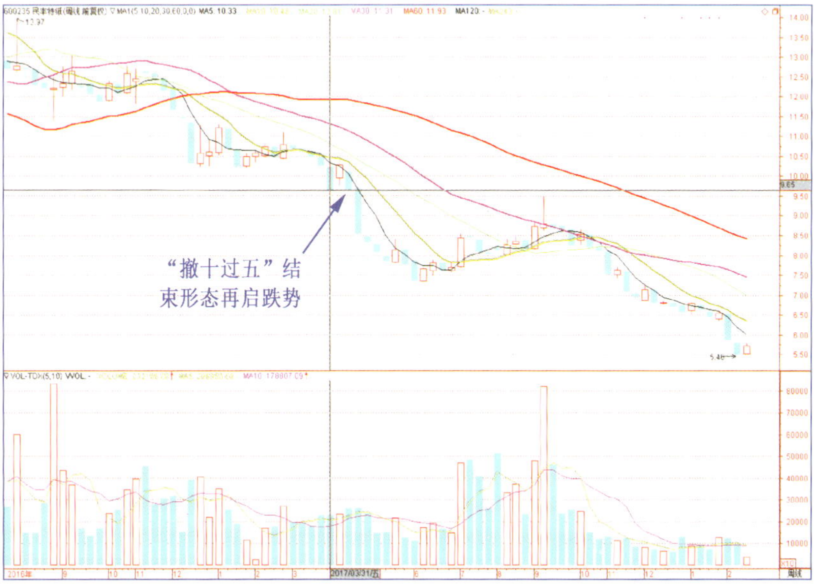

图 3—96　民丰特纸(600235)，2017 年 3 月 31 日所在周，下跌途中遭遇回撤的领跌股

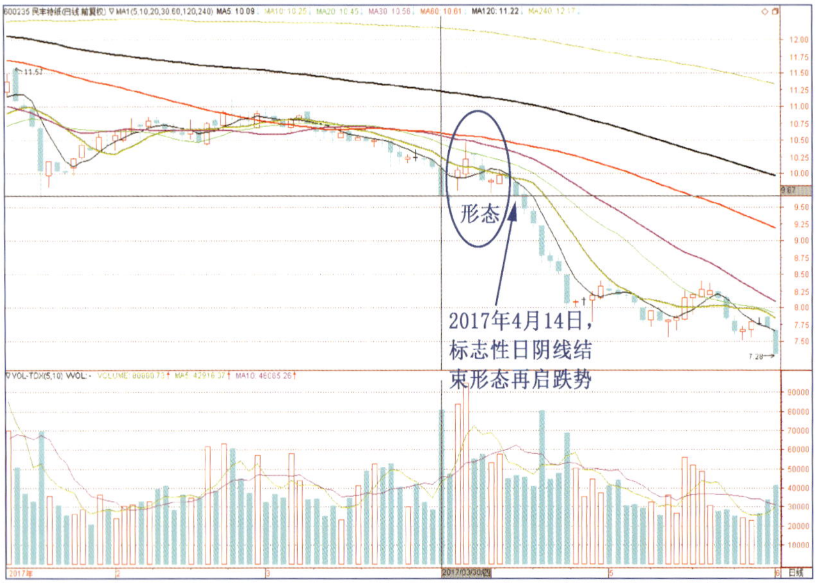

图 3－97　民丰特纸（600235），2017 年 4 月 14 日，标志性日阴线结束形态再启跌势

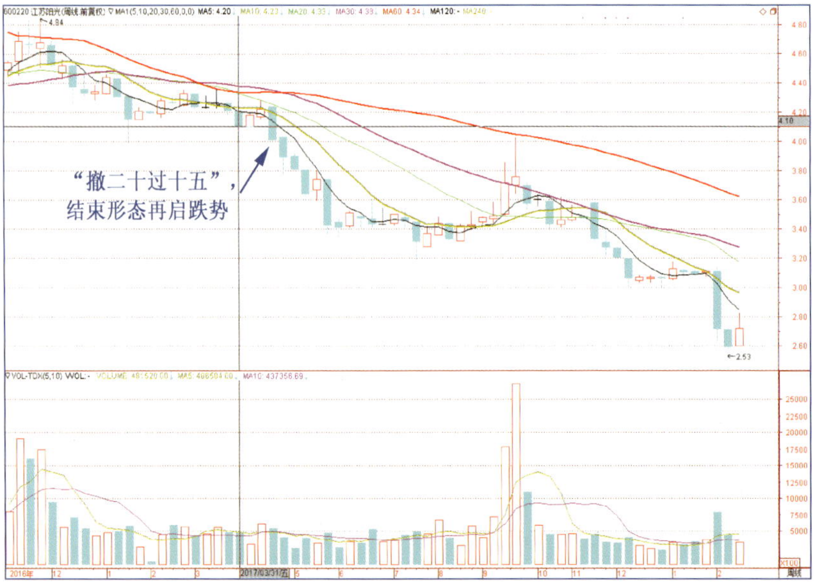

图 3－98　江苏阳光（600220），2017 年 3 月 31 日所在周，下跌途中遭遇回撤的领跌股

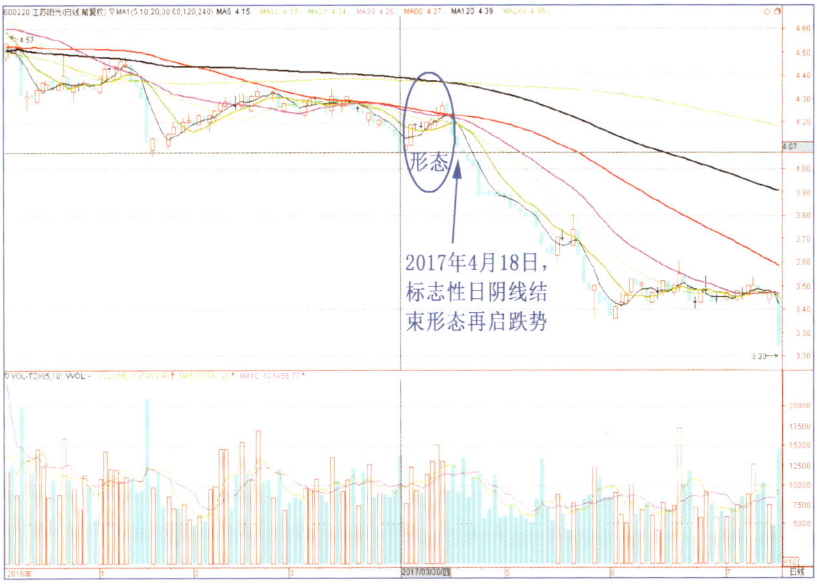

图 3—99　江苏阳光(600220)，2017 年 4 月 18 日，标志性日阴线结束形态再启跌势

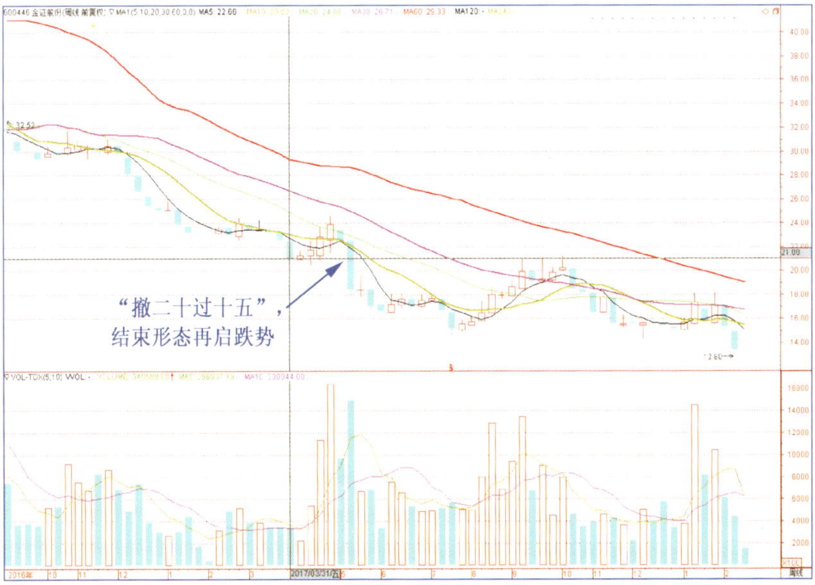

图 3—100　金证股份(600446)，2017 年 3 月 31 日所在周，下跌途中遭遇回撤的领跌股

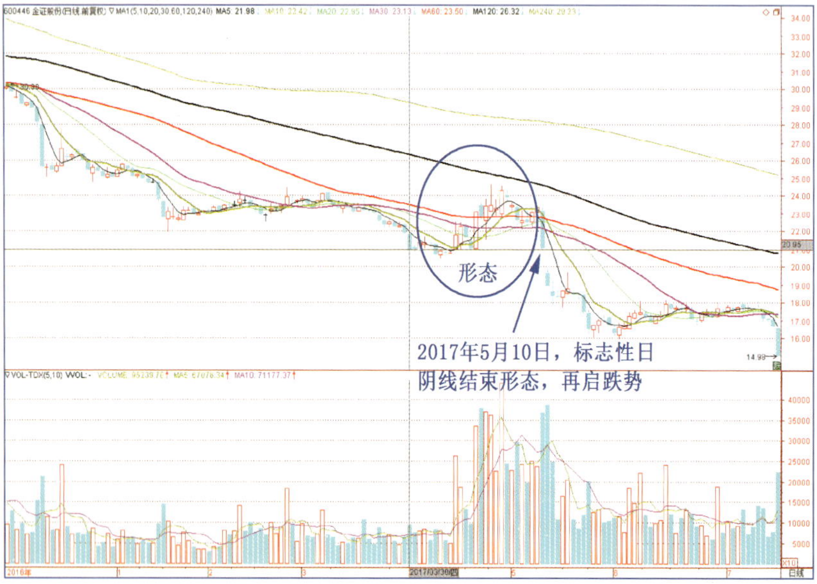

图 3—101　金证股份（600446），2017 年 5 月 10 日，标志性日阴线结束形态再启跌势

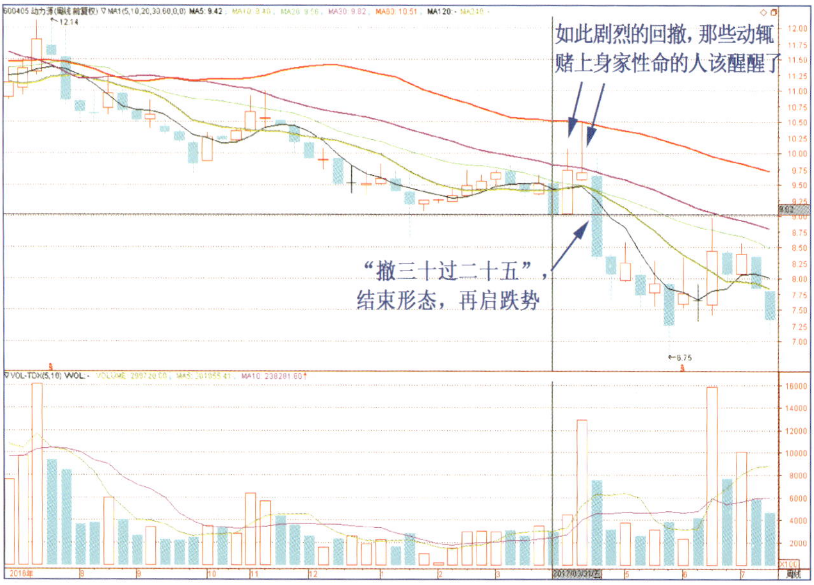

图 3—102　动力源（600405），2017 年 3 月 31 日所在周，下跌途中遭遇回撤的领跌股

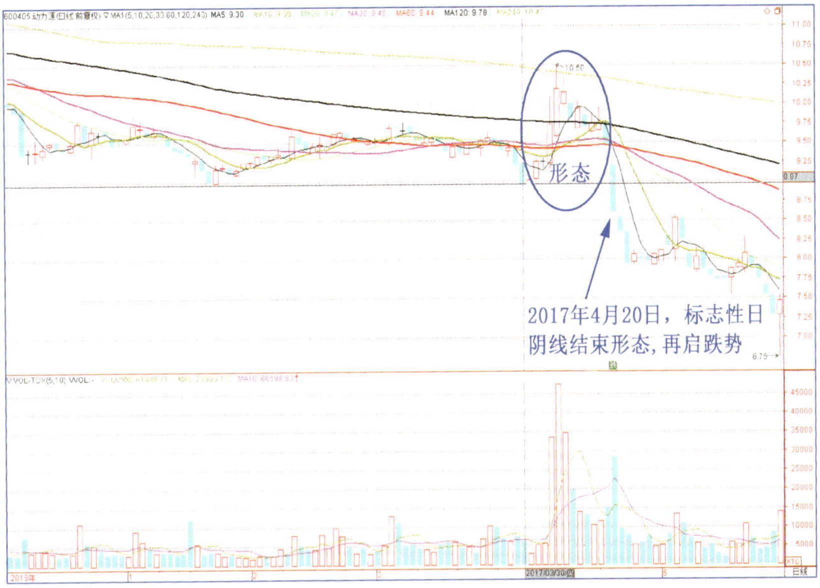

图 3—103　动力源(600405)，2017 年 4 月 20 日，标志性日阴线结束形态再启跌势

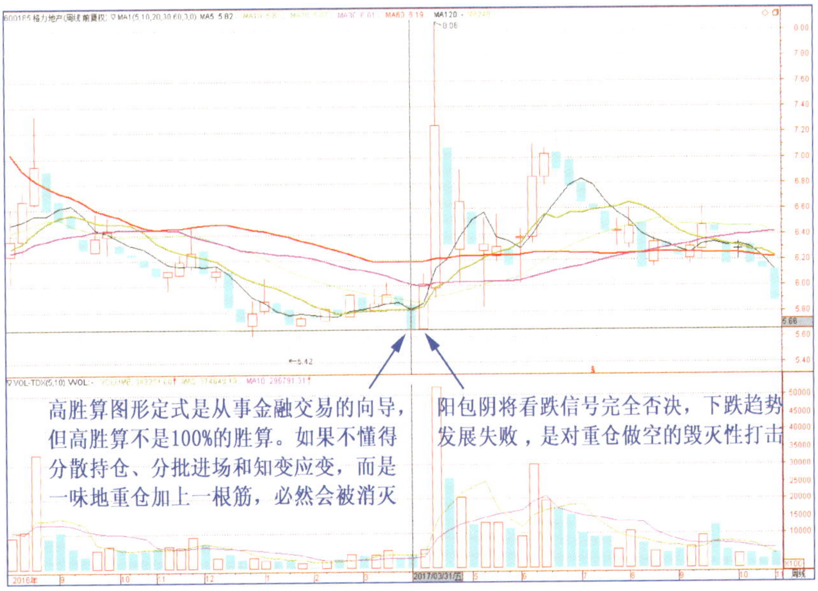

图 3—104　格力地产(600185)，2017 年 3 月 31 日所在周，下跌趋势发展失败的领跌股

第 4 节　选股程序的设置

本节讲解“黑马集中营”选股程序的设置。因为它是放在通达信软件里面的，只有设置好通达信才能正确使用选股程序。图表是我们每天都要看的东西，因此 K 线图可以说就是我们在市场上行走的坐标。既然是坐标，就不能变来变去，也不应千人千面，而应该整齐划一。也就是说，无论是图表页面的布局，还是均线的参数、颜色和线型，我要求所有学生都必须统一设置，即实现“K 线图的标准化”，不提倡“个性化”。不然，每个人眼中的图表都不一样，看图感觉和经验迟迟无法建立，最终会陷入视觉错误和思维混乱而无法盈利。

首先有数据才能选股票。我们要求从 1992 年 1 月 1 日开始下载数据。有些朋友下载的是最近 4 年的数据，不是从 1992 年 1 月 1 日开始下载的，所以他们选的股票跟我们有些出入。不过还好，大家不用担心这一步，最新版的“黑马集中营”选股程序已预装 1992 年 1 月 1 日～2018 年 5 月 31 日的历史数据。第一次执行条件选股时，系统会自动补充 2018 年 6 月 1 日及以后的数据。这些数据放在哪里呢？右键单击桌面快捷图标，点“属性”，可以看到类似“E:\Program Files (x86)\……\tdx_level2”这样的文字，这就是安装文件夹的路径。沿着路径一路双击打开文件夹，可以找到与 T0002 平行的 vipdoc 文件夹。

vipdoc 文件夹就是通达信软件专门用来存放股票历史成交数据的地方。也就是说，vipdoc 这个文件夹里面本来就有数据，你只需延长这个文件夹既有数据的截止日期到今天的数据就可以了。补充数据的时候，你也不需要刻意地去关心到底应该补充哪些天的数据，执行选股之前软件会自动补充，你只需要点击“确定”就可以了。在补充数据过程中，注意不要点击“取消下载”，也就是不要去干预它；软件会自动工作，而且速度很快。如果选股错乱或者你怀疑数据不全，也可以直接删除 vipdoc 文件夹，然后重新下载数据。

如果删除了 vipdoc 文件夹，再重新下载数据，软件会自动创建一个新的 vipdoc 文件夹接收和保存数据，整个过程无需人工干预。重新下载数据之前，应该点击主菜单“工具”—“系统设置”—“设置 1”，勾选“盘后数据下载仅下载 AB 股类数据”。这样就只下载 A 股、B 股、大盘指数和板块指数的数据，剔除了其他数据，下载数据的数量由差不多 30 000 个减少到 5 000 个左右，下载时间大为缩短。如果网络速度够快，大约半小时就能下载完毕。网速慢的话，可能需要三四个小时，甚至更长。下载数据的界面如图 3—105 所示。

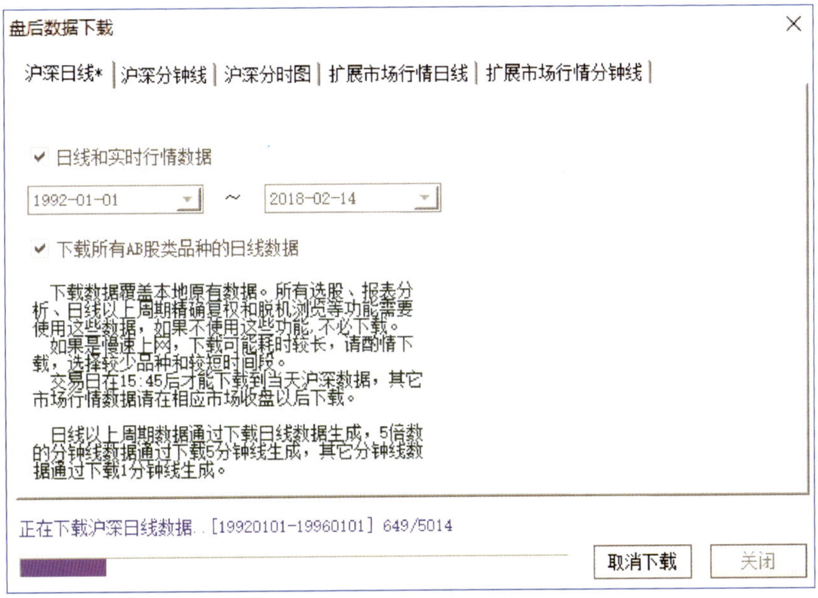

图 3—105 下载沪深日线数据或美股、港股日线数据

选股程序安装完毕之后，桌面上有个快捷方式，双击它开始登录。登录有两个按钮：一个是“收费高级行情登录”，另一个是“免费精选行情登录”，我们一般选择免费登录。在登录之前，需要点“通讯设置”—“更改网络区域”。如果你安装的是中国电信的宽带就点“中国电信”，如果是联通的就点“联通”，然后点“确定”。只有正确地“更改网络区域”之后才能保证你的软件是最快的。之后把“登录时查找最快主站”、“程序运行后自动登录”、“自动连接资讯主站”3 个复选框全部勾上，“自动连接扩展市场行

情主站”建议也勾上，当然前提是你的电脑配置够新、够高、够快，要是“老爷车”就算了。因为自动连接扩展行情毕竟会占用系统资源，包括占用CPU 和内存，会让电脑变慢。若是高配置电脑则无惧这种挑战。以上操作完成之后点“确定”，选择“免费精选行情登录”，再点“登录”。软件第一个反应就是查找最快的主站，然后自动连接扩展行情，也就是期货行情、美股行情、港股行情等等。

通达信软件的登录界面和“通讯设置”对话框分别如图 3－106、图 3－107 所示。

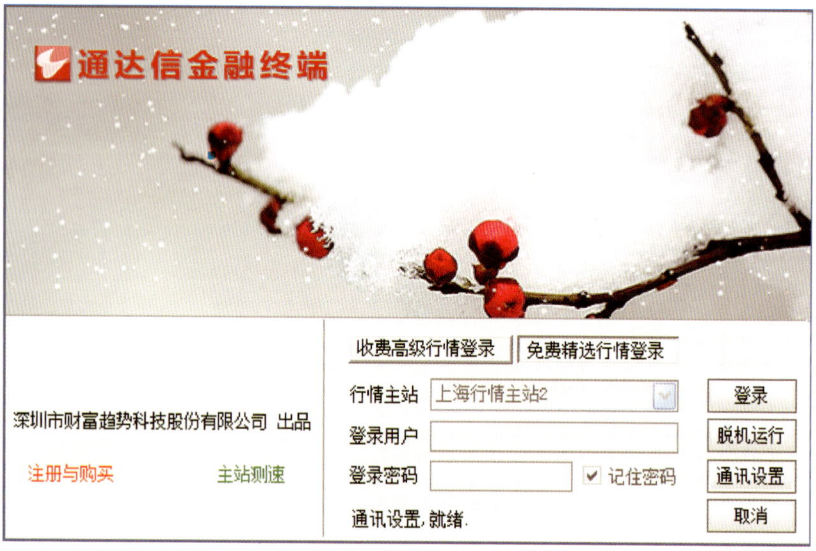

图 3－106 通达信软件登录界面

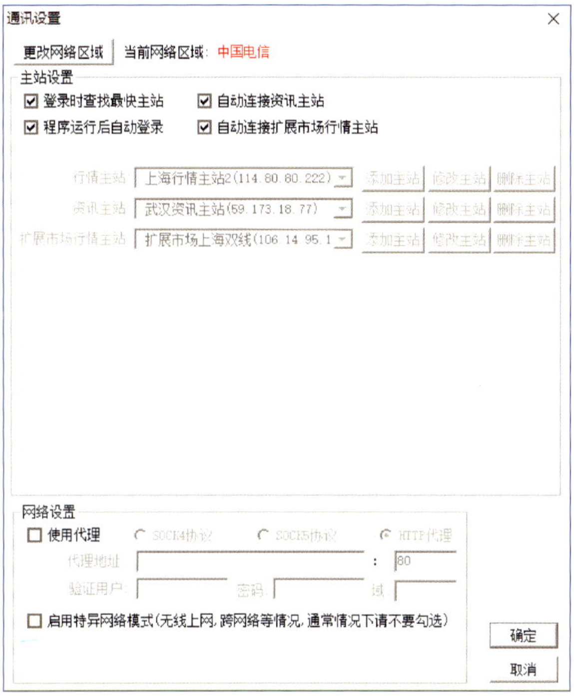

图 3－107　通达信软件“通讯设置”对话框

软件登录上以后，在预置股票池的情况下，应该在“是否进入策略股票池”的系统提示上点“否”，再关闭通达信的弹窗广告，然后本着极简主义的原则来设置软件，越简单越好(以下设置“黑马集中营”即便预先做好了，读者仍然应该学会设置的方法)。第一件事是关闭右侧的工具栏。方法是点击主菜单“工具”，把“工具栏”前面的钩去掉，工具栏就消失了。然后随便设置一只股票，比如：深康佳。先打开它的日线图来设置主图指标，也就是均线系统。方法是右键单击日线图中部(注意避开均线)，弹出一个有 25 行选项的“大菜单”——如果对准均线或者在日线图顶端的均线数值上右键单击，就会弹出一个只有 3 行选项的“小菜单”，分别是“指标用法注释”、“调整指标参数”、“删除当前指标”，而这里指“大菜单”。然后点“主图指标”—“选择主图指标”。这样就会打开“请选择主图的指标”对话框。将右侧的滑块拖到底端，选择 MA1，点“确定”即可加载 MA1 为主图指标。

以上步骤分别如图 3－108、图 3－109 所示。

图 3－108　在个股日线图上设置主图指标

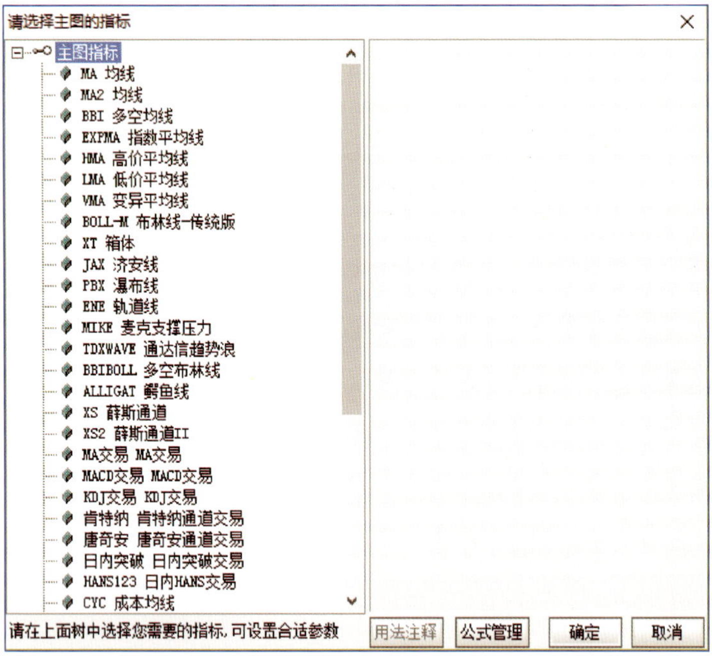

图 3－109　“请选择主图的指标”对话框

现在主图指标 MA1 已经加载上了。MA1 也叫"七均线"——5/10/20/30/60/120/240 七根均线，颜色分别是：白、黄、绿、粉、红、白、黄。其中 10/30/60/120 单位均价线被加粗了。MA1 指标是现成的，你只管用即可。至于均线族的参数、颜色、线型为什么这样规定？为什么是这样而不是那样？现在没什么好解释的，所以也不必多问，先把正确的看图标准和习惯建立起来是当务之急。那什么是主图呢？现在先右键单击日线图中部（注意避开均线），弹出那个有 25 行选项的"大菜单"，然后点"复权处理"—"前复权"。接着再次弹出"大菜单"，点"指标窗口个数"—"2 个窗口"。我们可以看到日线图的画面被分割成上下两个部分。上半部分为主图，就是价；下半部为副图，就是量。上价下量，其他如 MACD/RSI/KDJ……一概不予显示。如果副图不是量，键入"VOL-TDX"即可调出。

"VOL-TDX"是通达信编写的"虚拟成交量"指标。调出它的方法是：先在副图上点一下激活副图——记住今后不管做什么操作，操作主图之前点击主图，操作副图之前点击副图，总之一定要先点一下才能激活主图或副图，否则软件不响应——然后在英文状态下键入 VOL，再在键盘上按向下的箭头，选"VOL-TDX"虚拟成交量指标。它和 VOL 成交量指标的区别，就是盘中成交量会显示一个动态的虚框和一个实框。实框就是正在变化的真实成交量，虚框则是把今天的量跟前面的量相对比，预估今天全天的成交量。这个指标比较直观，所以要用它。右边显示五档行情和成交明细的地方叫作"盘口"。有的朋友喜欢用 LV2，看十档行情，那对做股票没有任何意义，这一点我可以肯定地告诉大家。五档行情就够了，看什么成交队列没有用。有用的话我会告诉你它有用，没有用我就实话实说，没有用。

然后我们从日图切换到周图，来设置周均线的参数。从日图切换到周图有 3 种方法：(1)在键盘上敲 08 再回车；(2)直接按 F8；(3)在英文状态下按键盘上中括号的右半边。用这 3 种方法都可以从日图切换到周图。切换成功之后，我们可以在左上角的股票名称后面看到"(周图前复权)"字样。这就表示我们当前看到的是前复权的周图。然后右键单击图表顶端位于"(周图前复权)"字样之后的 MA1 的均线数值，弹出有 3 行选项的“小菜单”，点第 2 项“调整指标参数”，把“MA6＝120、MA7＝240”改为“MA6＝0、MA7＝0”，再点“关闭”，即可显示 5 根周均线并且能被通达信所记忆，下次打开软件时无需重设参数。接下来继续通过键入 08、按 F8 或者键盘上中括号的右半边，从周图切换到月图。用同样的方法令月图显示前 5 根均线。即日图显示 7 根均线，周、月图显示 5 根均线。这样就设置完了，如图 3－110 所示。

图 3－110　MA1 指标参数的调整（周线）

通达信只要设置好一只股票，所有的股票就都设置好了，也就是股票只需要挑一个代表设置就可以了。指数也需要挑一个代表，随便哪一个指数都可以。比如：上证指数（999999），把前述操作重复一遍即可，方法与设置个股是一样的。一个指数设置完毕，其他的指数也就都设置好了。但是不包括新三板和美股、港股、期货、现货等隶属于“扩展行情”的品种。这些品种主图指标和均线参数的设置也与上面所述的方法相同，即只需要重复以上操作步骤即可，只不过需要单独设置一遍而已。从此以后，我们眼中看到的 K 线图，不管是股票还是期货，不管是内盘还是外盘，也不管是哪个时间级别的图表，我们的看图方法、标准和规则都是统一的。反过来说，我

们用同一套“审美观”来审视在不同交易所挂牌的一切交易标的。符合我们“审美观”的就操作，不符合就不操作，这就是“K 线图的标准化”。

MA1 指标的源代码及参数如图 3－111 所示，没有选股程序的朋友可以据此新建指标。该指标共有 M1～M7 7 个参数，图中只显示了前 4 个；另有 M5、M6、M7 3 个参数缺省值分别为 60、120、240，最小值均为 0.00，最大值均为 1 000.00，请自行设置。

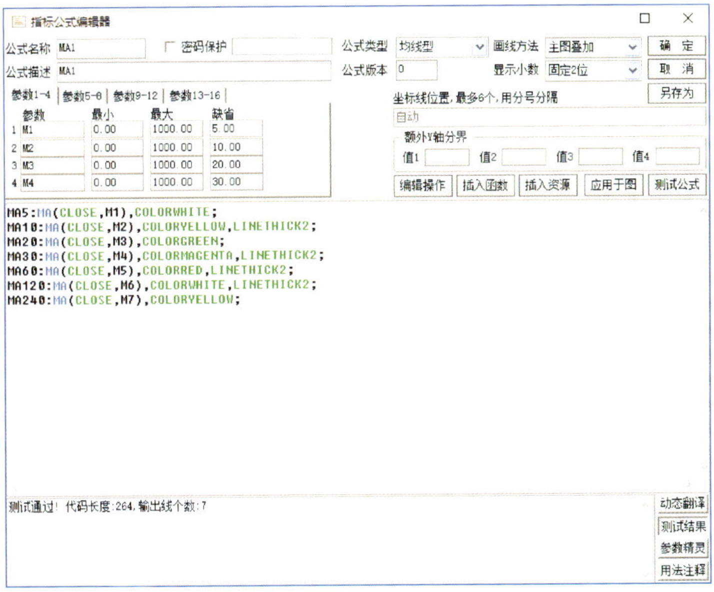

图 3－111　MA1 指标的源代码及参数

有些自作聪明的人说均线没用，主张看裸 K 线。这些人不懂常识，非常无知。举个例子：中证 500 股指期货，2016 年 1 月 4 日、2017 年 4 月 18 日和 2018 年 1 月 31 日是做空临界点。为什么说是做空临界点呢？因为图表告诉我们，它在这些位置是高胜算的做空定式。也就是说，做空依据可以概括为三大关系：(1)K 线与 K 线的位置关系；(2)K 线与均线的位置关系；(3)均线与均线的位置关系。这三大关系提示我们做空。所以说，移动平均线作为天然趋势线会对我们做交易起到很好的提示作用，所以必须用。凡是看裸 K 线的，我说过，最终就是裸奔；亏光一切为止，不会赚到一分钱的。没办法，因为他缺少智慧。这么好的工具为什么不用呢？我打过一个比方：均线就像鞋子。你走路可以不穿鞋子，但是我喜欢穿鞋子。这就是我对移动平均线这个工具用与不用的态度。愿意光脚的人就让他光脚吧。

下面说一下如何让 K 线图顶端的均线数值后面显示向上或向下的箭头。均线数值后面如果显示向上的红箭头，就代表均线向上挺升；如果显示向下的绿箭头，就代表均线向下挺进。怎么把箭头调出来呢？也很简单。我们点击“工具”—“系统设置”—“设置 3”，把“分析图中指标值显示涨跌箭头”前面的复选框勾上；同时，勾选“分析图中移动时显示行情小窗口”。如果上述选项已经处于勾选状态，则无需任何操作。然后再点“设置 1”，勾选“收市后退出系统时提示下载日线”和“盘后数据下载仅下载 AB 股类数据”。什么时候会提示下载日线数据呢？就是在 15:45 以后关闭软件，它会提示你；15:45 之前关闭软件，因为通达信还没准备好收盘数据，就不会提示。在不提示的情况下你没有下载当天的日线数据也没关系；第二天执行选股之前，软件会自动提示你补充数据，注意不要点“取消下载”就可以，软件自动补充完数据后会直接选股票。以上操作如图 3—112 和图 3—113 所示。

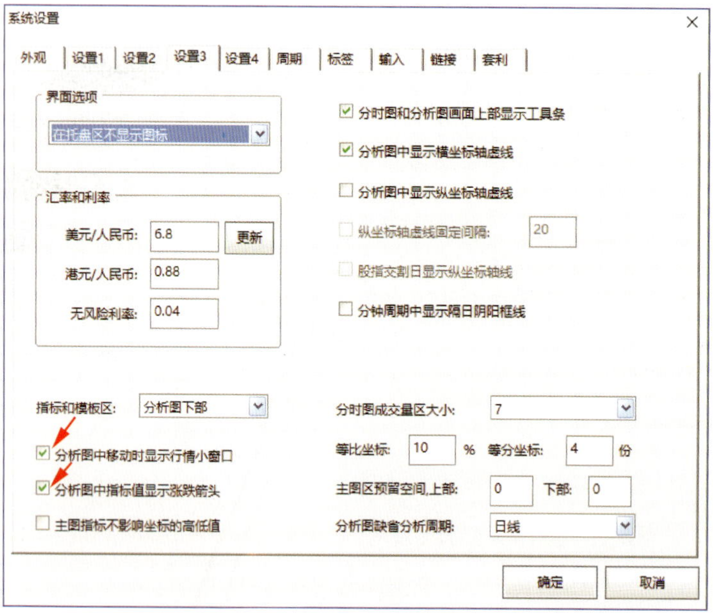

图 3—112　通达信“系统设置”—“设置 3”

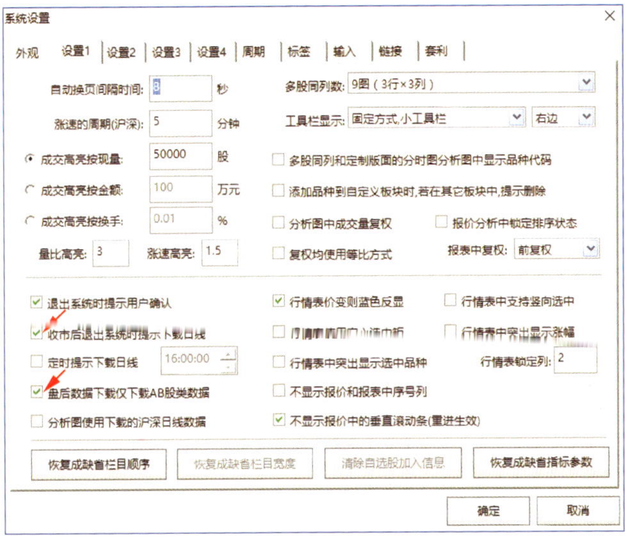

图 3—113　通达信“系统设置”—“设置 1”

有些朋友不喜欢新版的通达信把股票的代码和名称显示为白色字体，想改回经典的黄色。这也很简单。点“工具”—“系统设置”—“外观”，把右侧的滑块往下拖，找到“行情表品种代码和名称”；点一下选中它，再点下面的“其他颜色”按钮，选中浅黄色——还可以通过拖动右侧的滑块调节黄色的深浅——点“确定”。于是，行情表股票的代码和名称就变成黄色了——虽然可以设置成任意颜色，但是推荐黄色，如图 3—114 所示。

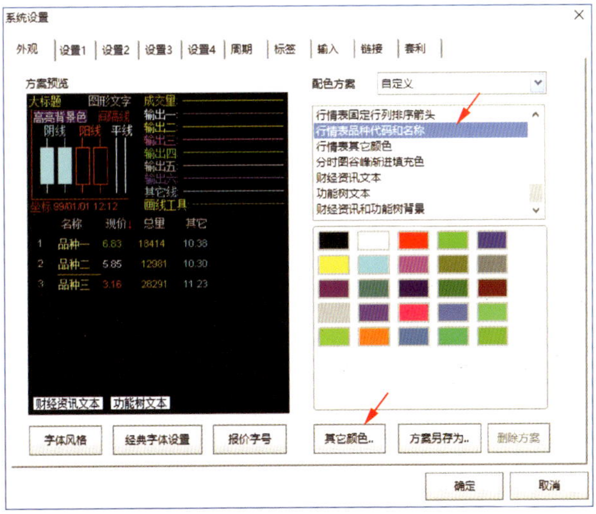

图 3—114　通达信“系统设置”—“外观”

第4课　成为专业玩家

第1节　如何显示持股成本线?

长期以来，我们希望通达信能直接显示持股成本线，但这件对投资者意义重大、看似举手之劳的事一直没有解决。我们还希望通达信上线类似文华财经睿期软件那种俗称“一带多”的跨券商多账户高端交易功能，可以让一名交易员同时操作多个账户，节约薪资成本并减少下单差错，这个愿望也迟迟没能实现。通达信“通赢版”曾具备“一带多”功能，设计思想比睿期差很多，但因为2015年6月A股市场发生“股灾”，迫于监管压力只好下线。从这件事可以看出，监管层反对在A股市场上进行程序化交易，以至于连“一带多”软件也要打压。这种思想观念应该转变。软件高端交易功能与操纵股价甚至蓄意破坏市场秩序之间没有必然联系。监管目标应该直接针对违法交易行为的过程与后果，而不是限制作为工具使用的软件功能。另外，T+0交易机制的缺失也阻碍了股票软件性能的提升，令其长期停滞不前。

鉴于这种现状，一些外挂软件纷纷出笼。其中一些优秀软件能够解决实际问题——例如显示成本线——因而受到投资者的喜爱。显示成本线可以让持股成本变得直观，避免手动画线的麻烦，还可以为何时加码提供参考，并且在减码之后自动刷新成本线……对专业投资者来说，不显示成本线是一件不可想象的事，因而必须解决。这里我用两样工具即可提供完美显示成本线的解决方案。一是“股票助手”收费软件，价格并不贵，七八百元可买两个证书(即 License. dat 文件),可以分别安装在两台电脑上。二是我编写的 MA3 主图指标。工作原理是:MA3 主图指标从“股票助手”外挂软件读取成本价数据后显示成本线,而“股票助手”的成本价数据直接从通达信交易软件里读取。因此,在正确显示成本线之前,必须新建或者导入 MA3 并加载为主图指标,然后用“股票助手”关联通达信交易软件。

令通达信软件可以显示出持股成本线的主要步骤如下:

1. 打开自己开立股票账户的券商官网,下载内含交易委托功能的通达信(即“券商版通达信”)。注意交易委托功能必须是券商版通达信自带的,不能是外挂。带交易委托功能的通达信收费版本也可以。安装完毕之后登录股票账户,要求至少持有 1 只股票。

2. 新建或者导入 MA3(注意有 tne、tn6 两种格式,后者适用于高版本),然后加载为个股主图指标。新建 MA3 指标的方法是按“Ctrl+F”打开“公式管理器”,选择“技术指标公式”—“均线型”,再点“新建”,即可打开“指标公式编辑器”。在“指标公式编辑器”中输入源代码和参数,点“测试公式”,通过测试后再点“确定”即可保存。MA3 主图指标的源代码如图 4－1 所示。删掉后四行,另存为 MA1,即可加载为指数的主图指标。

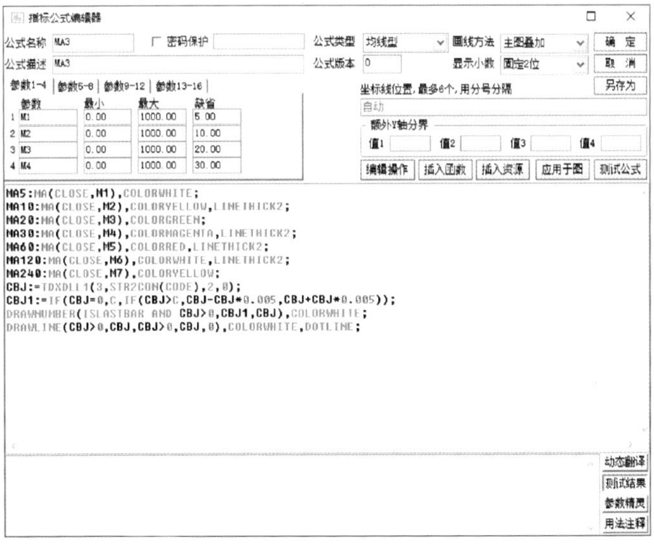

图 4－1　**MA3,能显示成本线的主图指标源代码**

图 4—1 只显示出了 MA3 指标的“参数 1—4”，“参数 5—8”如表 4—1 所示。

表 4—1　　　　　　　MA3 指标的“参数 1—4”与“参数 5—8”

	参数	最小	最大	缺省
参数 1—4	M1	0.00	1 000.00	5.00
	M2	0.00	1 000.00	10.00
	M3	0.00	1 000.00	20.00
	M4	0.00	1 000.00	30.00
参数 5—8	M5	0.00	1 000.00	60.00
	M6	0.00	1 000.00	120.00
	M7	0.00	1 000.00	240.00

3. 绑定 DLL。把“股票助手”文件夹“StockOrder”（该文件夹放在桌面即可）中的 Order. dll 文件复制到券商版通达信安装文件夹 T0002 里面的 dlls 文件夹中，然后按“Ctrl+F”打开“公式管理器”，找到“技术指标公式—均线型—MA3”，在 MA3 上点一下，再点右侧的“DLL 函数”按钮准备绑定 Order. dll 文件，如图 4—2 所示。

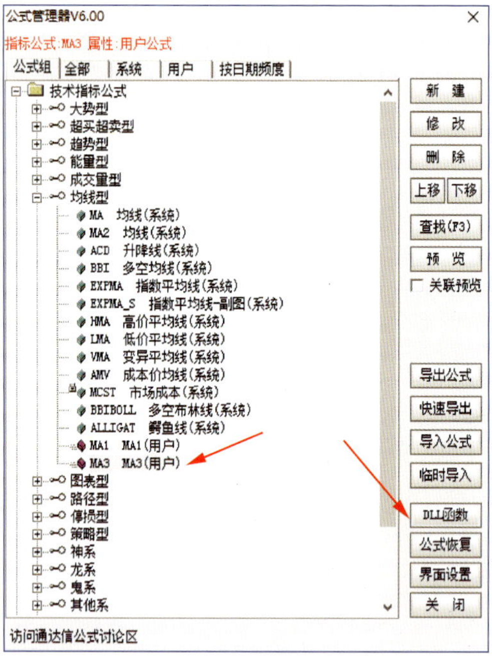

图 4—2　“公式管理器”对话框，准备绑定 DLL

图 4—3 是在“公式管理器”对话框点击“DLL 函数”按钮之后，打开“绑定 DLL 函数”对话框，绑定 DLL 之前的状态。点击右侧的“打开绑定”按钮，即可打开“请选择通达信函数 DLL 文件”对话框。先把“股票助手”文件夹“StockOrder”中的 Order. dll 文件复制到券商版通达信安装文件夹 T0002 里面的 dlls 文件夹中，如图 4—4 所示。

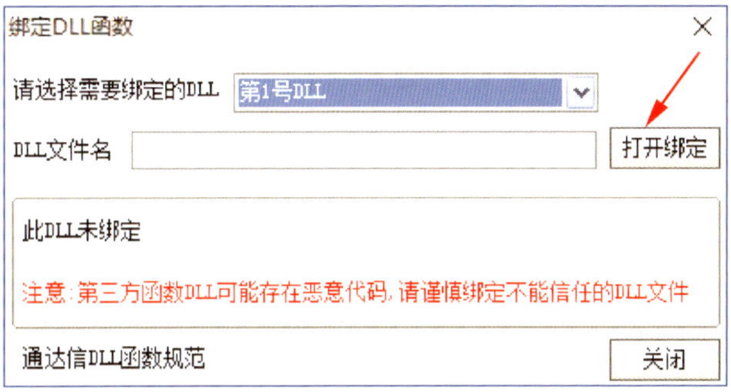

图 4—3 “绑定 DLL 函数”对话框，绑定 DLL 之前的状态

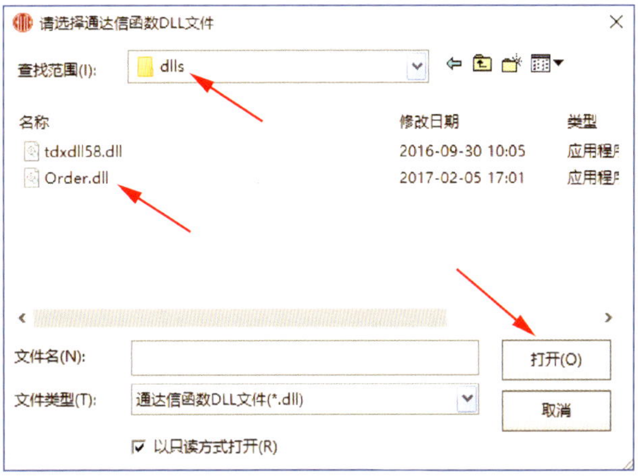

图 4—4 “请选择通达信函数 DLL 文件”对话框

选中 Order. dll 文件，点“打开”，会弹出一个提示：“如果此 DLL 文件是第三方提供，可能存在恶意代码，您确认信任它吗?”点“确定”即可绑定成功，如图 4—5 所示。

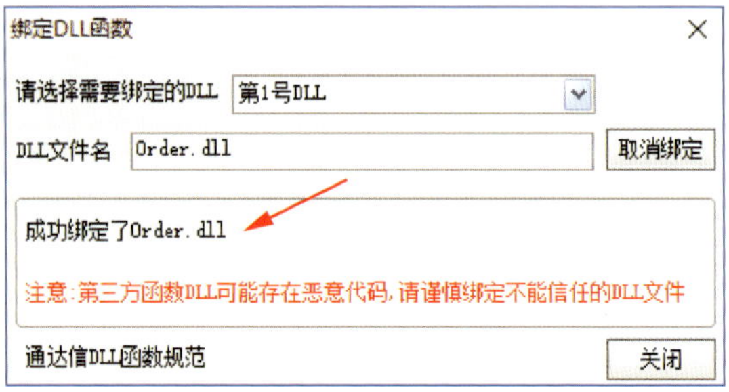

图 4—5　绑定 DLL 成功的提示

如果绑定失败，则会弹出如图 4—6 那样的提示。绑定失败的原因可能有两个，一是粘贴 Order.dll 文件的 dlls 文件夹并不隶属于券商版通达信的安装文件夹，而是隶属于其他版本的通达信。另一个常见的原因是通达信的启动方式不正确，即不要通过双击桌面快捷方式启动通达信，而是先退出通达信，再进入安装文件夹，双击可执行文件直接启动。当然，这仅仅是为了成功绑定 DLL 才这么做。DLL 绑定成功以后，仍可通过桌面快捷方式启动。

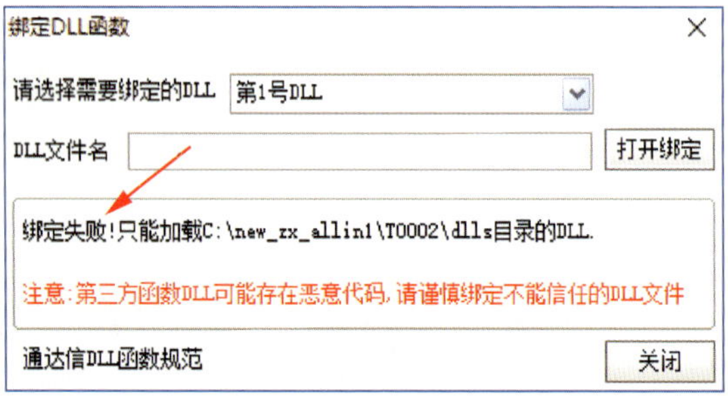

图 4—6　绑定 DLL 失败的提示

如何知道券商版通达信的安装文件夹及其可执行文件位于何处呢？很简单。右键单击桌面快捷方式，点“属性”，即可查到安装盘符及其路径。点“打开文件所在的位置”，或双击盘符，再双击打开安装文件夹，向下拖动滑块，找到通达信的可执行文件 TdxW.exe，双击它重启通达信；然后按上述步骤重新绑定 DLL，即可绑定成功，如图 4—7 和图 4—8 所示。

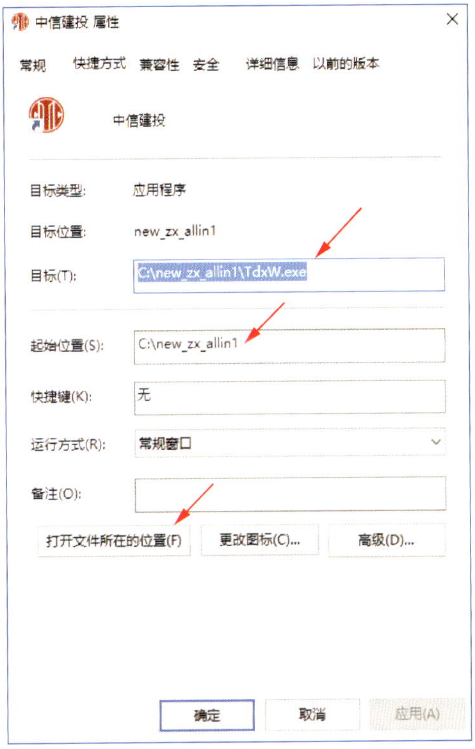

图 4—7　通达信桌面快捷方式“属性”对话框

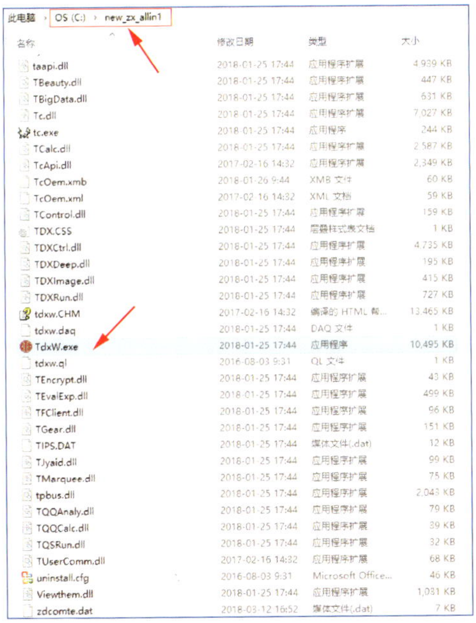

图 4—8　通达信安装文件夹及其可执行文件

4. 打开交易软件，令其显示为停靠状态，不能是浮动状态(停靠状态就是委托界面嵌入行情界面，位于行情界面下方；浮动状态就是委托界面脱离行情界面，浮在行情界面之上)。停靠/浮动状态可以通过点击“系统”—“浮动/停靠界面”来切换，如图 4—9 所示。

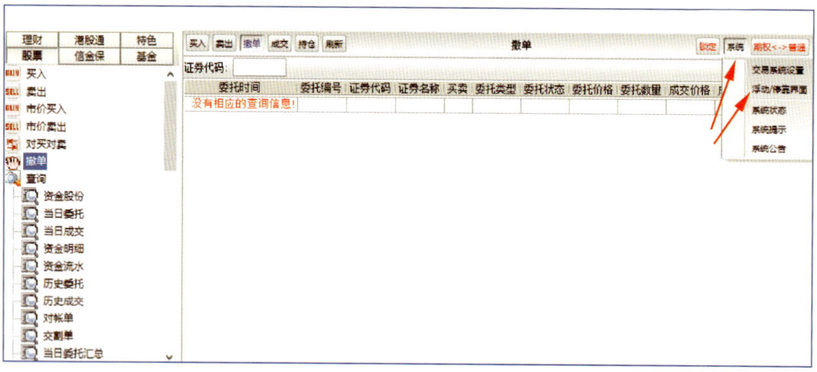

图 4—9　通达信交易软件停靠与浮动状态切换

5. 在交易软件中点击“查询”—“资金股份”，令持有的股票以停靠状态显示出来，再右键单击“股票助手”桌面快捷方式，点击“以管理员身份运行”，令其与通达信交易软件建立关联。注意，必须严格按照要求操作才能正常显示成本线，否则不能。“股票助手”关联上通达信之后会读取交易软件里面的成本价，其间交易软件会闪动，是正常现象，不要干预它，当“股票助手”弹出提示，并且在它里面显示出持股列表的时候，表示关联成功。然后 MA3 指标会读取“股票助手”里面的成本价，于是成本线就可以成功地在持仓个股上显示出来。当通达信成功显示成本线以后，效果与文华财经的赢顺、赢智、睿期等软件的持仓成本线类似，即都显示为一根漂亮的虚白细线，右侧还体贴地标出了成本价。

图 4—10～图 4—12 是通达信已经显示出来的成本线效果。成本线的位置叫作“临界点”。这些股票是先用选股程序“黑马集中营”海选，再根据肉眼过滤的规则挑选出来的。注意一旦退出“股票助手”，若要显示成本线，仍需先打开交易软件，令其处于停靠状态；再右键单击“股票助手”桌面快捷方式，点击“以管理员身份运行”，令其与通达信交易软件建立关联。绑定 DLL 只需在首次显示成本线之前操作一次，绑定成功以后

就不必管了。如果盘中买入了新股票，或者因为加减码导致持股成本发生了变化，那么必须在“股票助手”界面点“刷新”，令新股票进入“股票助手”的持股列表之后，才会显示成本线，并且令加减码个股的成本线产生移动。注意刷新之前，交易软件仍需处于停靠状态才能刷新成功。

图 4—10　紫鑫药业(002118)，通达信软件显示持股成本线效果

图 4—11　易华录(300212)，通达信软件显示持股成本线效果

图 4—12　航天信息（600271），通达信软件显示持股成本线效果

第 2 节　如何保存个性化设置？

本节讲解如何保存通达信和文华财经软件的个性化设置。首先我们看盘的时候，无论股票也好、期货也好，都希望实现“K 线图的标准化”，即均线族的参数、颜色、线型，分别在交易股票和期货的两种软件上能保持一致，这样可以避免视觉错误与思维混乱，有利于培养正确的看图感觉和经验。不管什么交易品种，也不管是周图还是日图，我们都要求把“指标窗口个数”设为 2，上面以价格为主图（股票要求前复权），下面以成交量为副图，其他一概不显示。这样显得简洁，能把一切可以排除的视觉干扰先排除掉。其中，日图和微图采用“七均线”，颜色从小到大依次是：白黄绿粉红白黄；周图和月图则采用“五均线”。

K 线图相当于交易中的坐标，经常改变均线的参数、颜色、线型，相当于频繁改变坐标，天长日久，后果严重。交易原本复杂，若不实现 K 线图的标准化，会给看图带来额外的负担和误导。另外，文华财经软件的云端账号(即“文华云”)，现已不包括用户自编指标。官方的理由是自编指标“太占空间”，我们姑妄信之。但这会导致两个不良后果：(1)文华云已经不能完整备份全部个性化设置；(2)从文华云下载到本地电脑的个性化配置，因为不包含自编指标，效果很差。这意味着，除了忍受自编指标单独备份这种麻烦而且蠢笨的做法，你还必须学会自建指标，例如上面提到的“七均线”(MA7)和“五均线”(MA5)两个指标。

在文华财经的赢顺、赢智、睿期等软件上新建指标的方法是：点击菜单“系统工具”—“指标管理器”，即可打开“指标管理器”对话框，如图 4—13 所示。在“趋势分析”上点一下，再点“新建”，会要求输入指标名称；键入“MA7”之后点“确定”，即可打开“指标公式编辑器”。图 4—14 给出了 MA7(“七均线”)指标的源代码及其参数。若删掉最后两行代码，即可得到 MA5(“五均线”)指标。按照图 4—14 所示的源代码及参数新建指标 MA7，点“语法检测”通过测试之后，再点“确定”即可保存在“趋势分析”目录之下，点开“趋势分析”左侧的“＋”号即可看到。另外，图 4—14 中只有前 4 个参数，完整参数如表 4—2 所示。

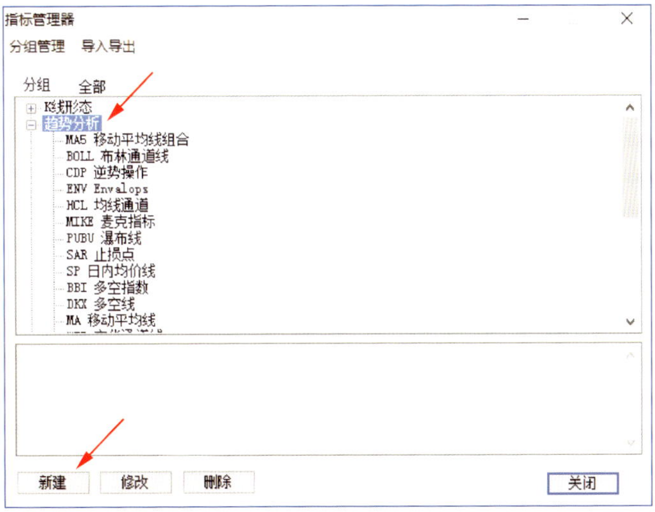

图 4—13　文华财经“指标管理器”对话框

图 4—14　文华财经“指标公式编辑器”

表 4—2　　　　　　　　　　　　MA7 指标的参数

参数	名称	最小值	最大值	缺省值
1	N1	0	1 000	5
2	N2	0	1 000	10
3	N3	0	1 000	20
4	N4	0	1 000	30
5	N5	0	1 000	60
6	N6	0	1 000	120

注意 MA7(以及 MA5)的指标属性必须选择“K 线附属指标”，选别的不行。读者在新建完指标并且按照《金融交易学》第三卷所讲的方法新建或导入自选界面之后，点击左上角的菜单“个性化”—“我的云端个性化”，创建文华云端 ID 和密码，如图 4—15 所示。

文华云端 ID 和密码创建完毕之后，点“登录云盘”—“上传个性化数据”，即可把除自建指标(如 MA7、MA5)以外的个性化设置，主要是自选界面，保存在云端账号，如图 4—16 所示。接下来可以换另一台备用电脑，先从文华官网下载安装软件，再登录同一套文华云端 ID 和密码，点“下载个性化数据”，即可实现软件设置的异机漫游。但是因为这种保存

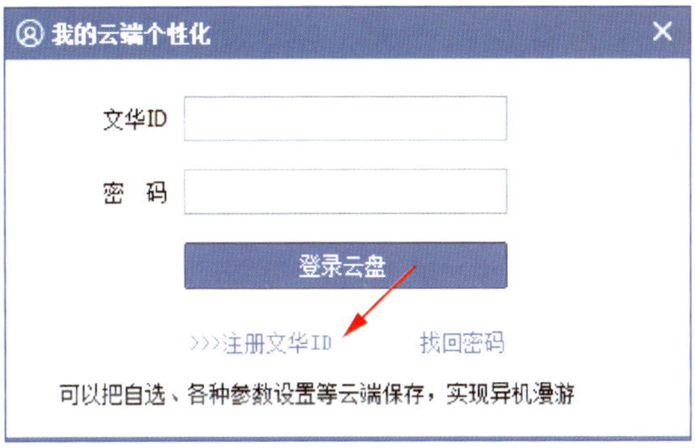

图 4—15　文华财经“我的云端个性化”

个性化设置的方法不包含自建指标，因此还得再次在新电脑上创建 MA7 和 MA5 指标。

图 4—16　通过“文华云盘”上传和下载个性化数据

如果通过点击主菜单“个性化”—“备份个性化设置”—“导出”，将所有设置导出为一个名为“赢顺 ExportImport. zip”的压缩文件，然后将该压缩文件存入移动硬盘或以附件的形式上传邮箱，也可以保存个性化设置。但这种方式仍然不包括用户自建指标。

现在让我们来加载已经新建好的 MA7 指标。方法是打开任一期货合约的日图，右键单击，点“叠加技术指标”，打开“叠加技术指标”对话框。点开“趋势分析”左侧的“＋”号，选中 MA7，点“选入”，即可看到 MA7 出现在右侧“K 线”的下方，如图 4—17 所示。

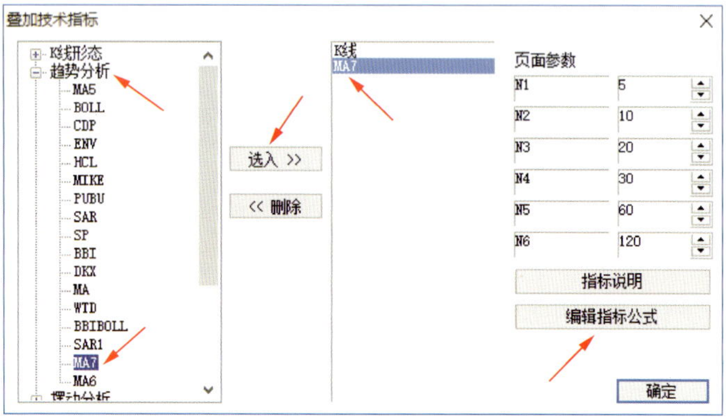

图 4—17　文华财经“叠加技术指标”对话框

文华规定，加载完指标之后必须点一下“个性化”—“保存页面”。如果不做这一步，等你翻页换一个品种，前面设置好的指标又没了，只能重新加载。对比文华财经 MA7 指标与通达信 MA1 指标，不难发现它们的源代码和参数是一致的，包括均线的参数、颜色和线型也都一致。这样股票软件和期货软件的看图方法就统一了，实现了“K 线图的标准化”。

图 4—18　文华财经赢顺软件安装文件夹

下面介绍通过直接复制安装文件夹来保存文华财经和通达信软件标准配置的方法。这种方法完整、直接、迅速。方法是分别右键单击文华财经和通达信的桌面快捷方式，查找对应的安装文件夹，如图 4—7 所示的“C:\new_zx_allin1”文件夹和图 4—18 所示的“G:\wh6通用版”文件夹。分别打开 C 盘和 G 盘，找到这两个文件夹，然后整体复制到移动硬盘。

下一步，在备用电脑（即另一台 PC 或笔记本）上下载安装同版本的文华财经赢顺或通达信。安装完之后，先在软件未启动的状态下整体删除它们的安装文件夹，再把移动硬盘里面的安装文件夹“wh6通用版”或“new_zx_allin1”整体粘贴进来，以替换备用电脑上的安装文件夹。注意“黑马集中营”所在的加密程序不能直接复制粘贴，否则不能正常工作。

如果替换安装文件夹之后桌面快捷方式失效，则双击打开安装文件夹“wh6通用版”，右键单击启动文件“mytrader_whsp2. exe”；或双击打开安装文件夹“new_zx_allin1”，右键单击启动文件“TdxW. exe”，点“发送到”—“桌面快捷方式”，如图 4—19 所示。这样在桌面上会看到新建的快捷方式，还可以针对新建的快捷方式进行改名和改图标操作。

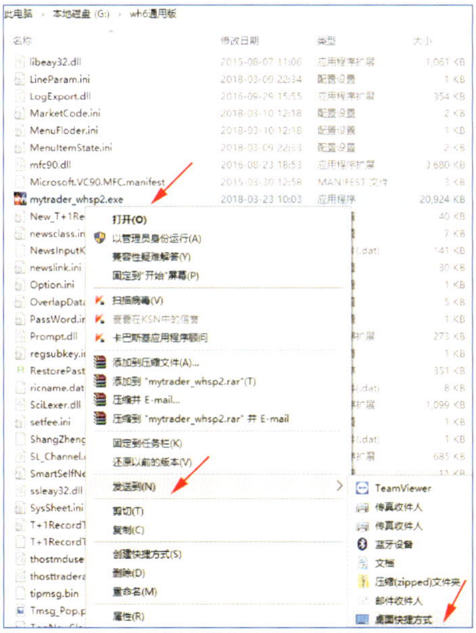

图 4—19　新建文华财经赢顺软件的桌面快捷方式

通过本节的讲解，希望大家建立起专业玩家的行为习惯，人手一个移动硬盘，把重要的资料备份起来。如若不然，可能会在某一天遭受重大损失。比如我写的书，如果不及时备份的话，可能会因为台式机硬盘损坏等各种原因需要重写，那将是非常可怕的损失。

第 3 节　教你玩转策略股票池

世界是由智慧的懒人创造的。尽管我们已经有了“黑马集中营”这样无比强悍的选股程序，尽管通过“条件选股”手动刷一遍股票只需要 20 秒左右即可看到结果，但我们希望还可以更懒一些——比如连点击“执行选股”这一步也免了，也就是实现自动选股。另外，我们有时候会不方便坐在安装有选股程序的“服务器”跟前，而是希望以别的台式机、笔记本甚至手机通过软件与我们的“服务器”相连，实现远程选股。在详细研究了通达信软件的条件预警、自动选股与策略股票池功能之后，我得出结论：条件预警功能问题很多，必须淘汰。自动选股下文论述。股票池（“黑马集中营”已预置）才是值得重视的完整解决方案。

读者应当掌握拥有股票池的两种方法：新建或导入。关于新建股票池，读者不妨查找一下通达信的说明书，并不难学，这里不再赘述。本节主要讲股票池各个环节的设置问题，故以导入为主。导入股票池很简单，首先要有人愿意分享他的股票池。分享股票池的方法是打开通达信的安装文件夹，找到嵌套在 T0002 文件夹中的 tpool 文件夹，把里面以 xml 为扩展名的股票池文件复制一下，然后粘贴到桌面，再分享出去。这一步如图 4－20 所示。

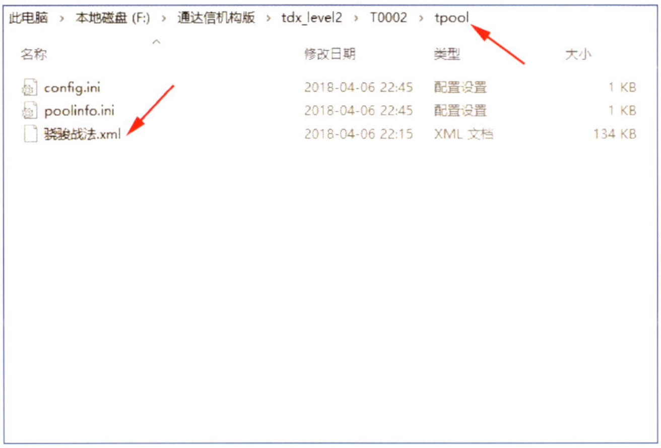

图 4—20　从 tpool 文件夹复制以 xml 为扩展名的股票池文件

接受分享者点主菜单“功能”—“策略股票池”，即可打开股票池界面。点第二个按钮“打开”，双击股票池文件“骁骏战法. xml”，于是能立即导入股票池，如图 4—21 所示。

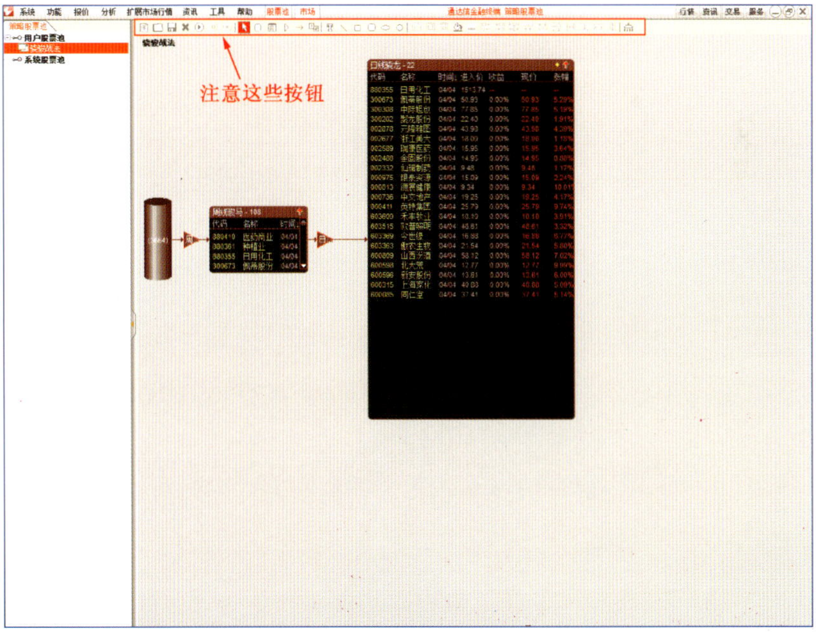

图 4—21　通达信软件“策略股票池”界面

只有当股票池处于停止运行状态才可以编辑它。下面对“骁骏战法”股票池各个图形单元的属性设置逐一进行说明，供读者朋友们参考，可以帮助你们构建自己的股票池。

1. 最左侧的圆柱体称为“源池”，即选股范围。里面包括上海 A 股、深圳 A 股 3 513 只，222 自定义板块里面的板块指数 151 只，合计 3 664 个品种。因为每隔一段时间都有一批新股上市，因此每隔几个月需要更新一次源池，把新上市的股票加入选股范围。

2. 圆柱体与标有“周”字的红三角（转移条件一）之间的线段，称为“流程线”，用来连接源池和转移条件，规定了转移条件的执行方式。右键单击流程线可以设置流程属性，如图 4—22 所示。设置完毕之后，光标停留在流程线上可以令流程属性显示出来。

图 4—22 股票池“流程属性”的设置

图 4—22 中的流程属性主要包括 4 条：(1)交易日 9:30:00 开始执行；(2)连续执行 340 分钟；(3)两次执行间隔 60 秒；(4)执行前清空状态池。

3. 标有“周”字的红三角为第一个转移条件。右键单击它可以设置属性和改名。所谓“第一个转移条件”，就是指定选股程序，令其对源池进行第一次筛选。这里指定的选股程序为周线骏马。工作周期为周线，如图 4—23 所示。

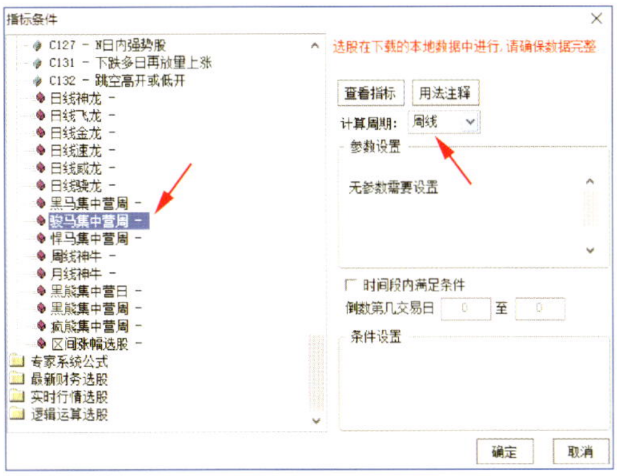

图 4—23 “骁骏战法”股票池设定第一个转移条件

4. 标有“周”字的红三角与标有“周线骏马”字样的方框直连(即“无条件转移”),表示“周线骏马”的选股结果进入“周线骏马”状态池。右键单击“周线骏马”状态池可以设置属性和改名。实际上,这里的状态池属性什么都不设置,如图 4—24 所示。

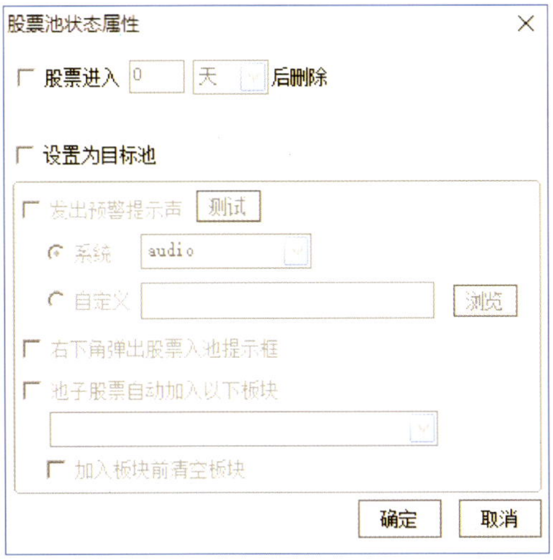

图 4—24 “周线骏马”状态池属性设置

5.“周线骏马”状态池与标有“日”字的红三角(转移条件二)之间的线段,仍为“流程线”。它规定了第二个转移条件的执行方式。右键单击流程线可以设置流程属性,如图 4—25 所示。设置完毕之后,光标停留在流程线上可以令流程属性显示出来。

图 4—25 股票池“流程属性”的设置

图 4—25 中的流程属性主要包括 4 条:(1)交易日 9:30:00 开始执行;(2)连续执行 340 分钟;(3)两次执行间隔 180 秒;(4)执行前清空状态池。

6. 标有“日”字的红三角为第二个转移条件。右键单击它可以设置属性和改名。所谓“第二个转移条件”,就是指定选股程序,在第一次选股结果的基础上进行第二次筛选。这里指定的选股程序为日线骁龙。工作周期为日线,如图 4—26 所示。

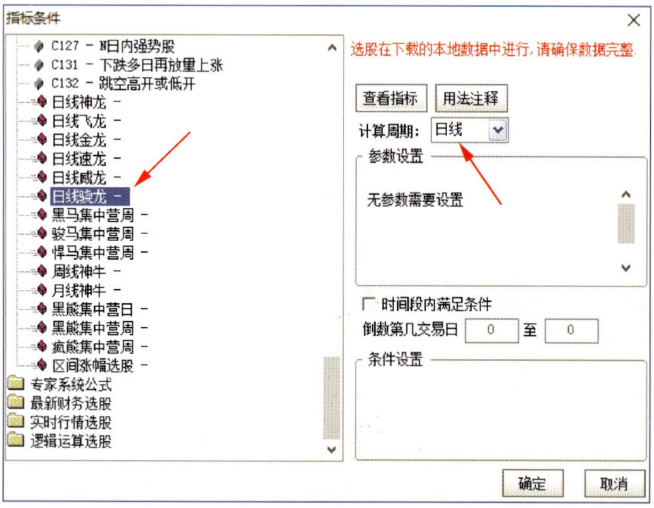

图 4—26 “骁骏战法”股票池设定第二个转移条件

7. 标有“日”字的红三角与标有“日线骁龙”字样的方框直连(即“无条件转移”),表示日线骁龙的选股结果进入“日线骁龙”状态池(这里是作为“目标池”)。右键单击“日线骁龙”状态池可以设置属性和改名,如图 4—27 所示。

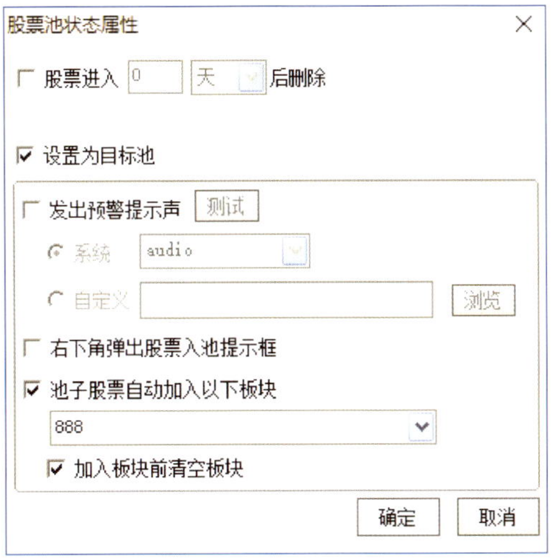

图 4—27 “日线骁龙”状态池属性设置

图 4—27 中的状态池属性主要勾选了如下 3 个复选框:(1)设置为目标池;(2)池子股票自动加入 888 板块;(3)加入板块前清空板块。另有两个复选框“发出预警提示声”和“右下角弹出股票入池提示框”只有在做测试的时候才需要勾选(此时应将“流程属性”中的“开始时间”设为“立即执行”)。平时选股的话,本着极简主义和免打扰的看盘、操盘原则,建议不要勾选。

一切设置妥当以后,点击窗口顶端主菜单下方的第五个功能按钮——“运行”。此时不难发现股票池的名称“骁骏战法”由灰白色变成了红色。这也是区分股票池是否正在工作的标志之一。另外,有些版本的通达信在顶端主菜单上也显示出“股票池”三个字。点这三个字,如果股票池的名称显示为红色,就表示该股票池正在运行;如果是灰色,则表示没有运行,如图 4—28 所示。在此处单击股票池的名称,即可直接进入股票池界面,无需通过主菜单“功能”—“策略股票池”进入。

图 4—28 股票池名称显示为红色表示正在运行

“骁骏战法”股票池每隔 3 分钟更新一次选股结果，并且自动存入 888 板块。经检查，选股结果与“条件选股”中的“骁骏战法”相比，二者是完全一致的。从此以后，我们盘中只需直接查看 888 板块中自动更新的选股结果即可，无需关心和干预选股过程，这样就可以把更多的时间和精力用于肉眼过滤，即专心致志地精选个股上。

第 4 节 自动选股与远程选股

经过上节的研究我们已经明了，股票池可为自动选股提供完整的解决方案，并且为远程选股奠定了基础。接下来只需要在其他台式机、笔记本甚至手机与已经安装了选股程序的“服务器”之间建立网络连接，即可实现远程选股。当然，通过股票池来自动选股并非无可挑剔。最主要的问题是循环运行并且自动更新选股结果，因运算量巨大，会加重电脑的负担。相比较而言，手动“条件选股”是同时用“周线骏马”和“日线骁龙”把所有股票都刷一遍，配置高的电脑运行时间可以控制在 20 秒以内，配置低的电脑选股速度会明显下降。也就是说，手动“条件选股”本身已经很考验电脑的性能了。股票池选股顺序与“条件选股”不同，它是先用“周线骏马”来选，然后再用“日线骁龙”在“周线骏马”选股结果的基础上二次筛选。换言之，“日线骁龙”是以“周线骏马”的选股结果为选股范围的。

因此就单次选股而言，股票池的运算量要明显低于“条件选股”，对电脑造成的压力和负担更轻。但交易者只有在觉得必要的时候才会手动执行“条件选股”，盘中使用的频率相对有限；而股票池是循环运行的，选股频率远远高于“条件选股”，对电脑资源的占用主要就是循环运行和自动更新选股结果带来的。在这方面，显著降低股票池的选股频率并不明智，因为当交易者远程查看选股结果的时候，“服务器”必须保证推送到888板块的选股结果每时每刻都是“最新的”，因此股票池的运行频率不可能设得太低（在上节的例子中，“周线骏马”两次运行时间间隔是60秒，“日线骁龙”两次运行时间间隔是180秒）。那么有没有一种新的选股方式，取股票池和“条件选股”之所长的同时，而摒弃其短？即单次选股采用股票池先骏马、后骁龙模式，令选股速度高于“条件选股”，同时又手动执行？

经研究，通达信的“自动选股”功能符合要求。首先要搞清楚，通达信的“自动选股”并不是自动的，而是手动的，不要被它的名称所迷惑。传统意义上的“自动选股”，就是交易者只需看某个自定义板块里面的股票（例如上节“骁骏战法”股票池专门用来存放选股结果的“888”板块），该自定义板块中的股票是选股程序“奉献”出来的最新的选股结果，可以精确到每3分钟甚至更短时间更新一次。每次更新之前先清空该自定义板块中原有的股票，再存入最新的选股结果，整个过程无需人工干预。与通过“条件选股”手动刷股票相比，其优点是交易者可将更多精力专注在肉眼过滤上，并且“只需看选股结果＋无需人工干预过程”的特点，决定其可用于远程选股。但是，远程选股并非必须是自动的，只要选股速度够快，操作够简便，手动也无妨。通达信的“自动选股”功能恰恰就可以做到这一点。

从通达信主菜单“功能”—“选股器”—“自动选股设置”进入，即可打开“自动选股设置”对话框，如图4－29所示。这些设置无论“黑马集中营”是否已经预先做好，因其属于交易者应知应会的基本功，故读者仍应掌握具体的设置方法。

图4－29里面包含了两个选股方案。第一个方案用“周线骏马”来选，选股范围是“上证A股＋深证A股＋自定义板块222”，选股结果输出到自定义板块999。第二个方案用“日线骁龙”来选，选股范围是自定义板块999，选股结果输出到自定义板块8888。当然，保存选股结果的自定义板块也可以取别的名字。但无论取什么名字，这些有专门用途的板块——例如保存“骁骏战法”股票池输出结果的888板块，保存自动选股

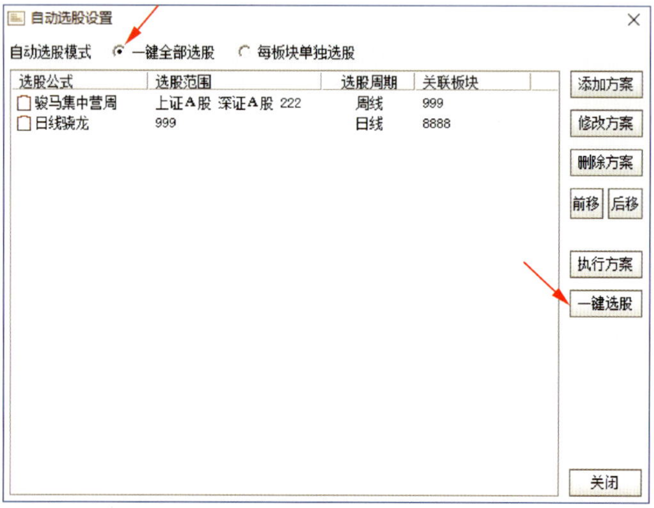

图 4—29　通达信“自动选股设置”对话框

输出结果的 8888 板块，以及起中间作用的 999 板块，一定不要再作其他用途，否则会扰乱选股结果。

自动选股设置包含两种自动选股模式，一是“一键全部选股”，二是“每板块单独选股”，这里选第一项。关于两个选股方案的设置过程，如图 4—30 和图 4—31 所示。

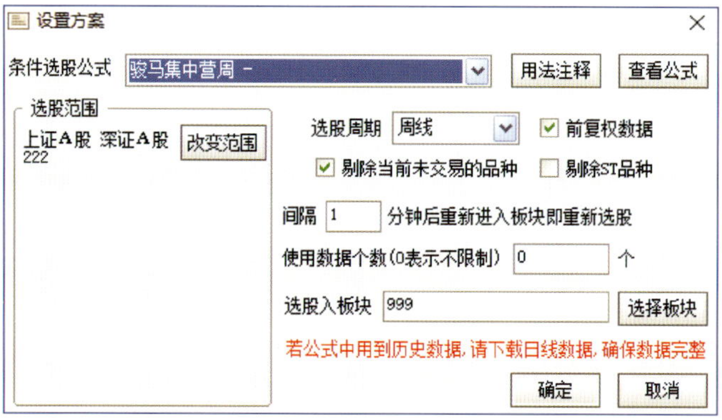

图 4—30　通达信自动选股设置方案(之一)

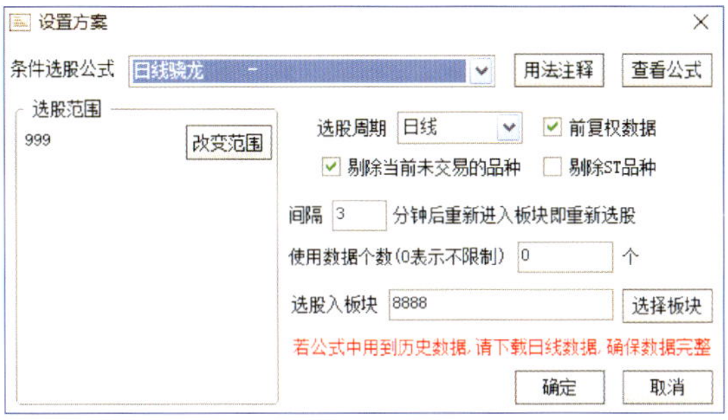

图 4—31　通达信自动选股设置方案(之二)

以上选股方案设置完毕之后，在“自动选股设置”对话框点“关闭”，即可退出自动选股设置界面。然后点击左下角任务栏上方的“自动选股”标签，再点“一键选股”，通达信会立即开始选股，即按从上到下的次序依次执行前述两个选股方案，并将最终的选股结果输出到 8888 板块。投资者只需键入 8888 再回车，或者勾选任务栏左下角“自动选股”标签里面的 8888，即可打开 8888 板块直接查看选股结果。每点击一次“一键选股”，8888 板块的内容就会更新一次，选股时间只有几秒钟，速度比执行“条件选股”快很多。若左下角任务栏上方没有“自动选股”标签，则依次点击左下角最左侧的“分类”—“行情标签设置”—“恢复成缺省”等按钮，“自动选股”标签即可显示出来，如图 4—32 所示。

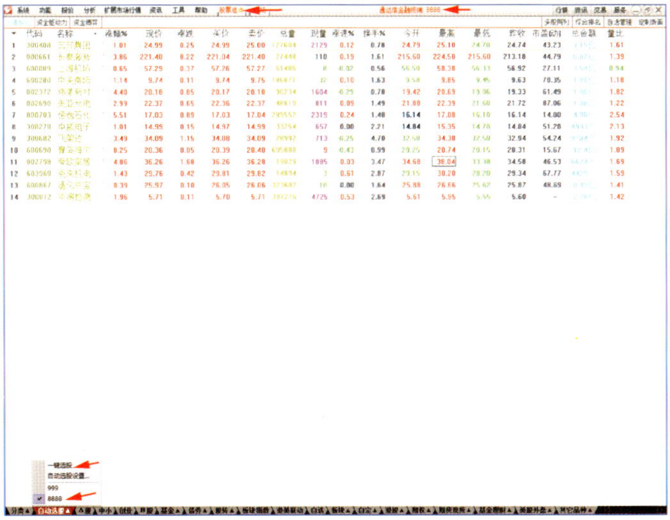

图 4—32　通达信左下角任务栏上方的“自动选股”标签

至此，我们已经把通达信股票池和自动选股两大功能讲清楚了。接下来为搭建远程网络连接提供解决方案。远程网络连接有很多种方式，但那些实现方式往往技术上比较复杂，要求投资者或多或少懂一些网络技术知识，英文版的软件还需要懂英文才会设置，因而不够直观。这里介绍两款性能优良又非常易用的远程连接软件：德国 TeamViewer GmbH 公司出品的 TeamViewer 软件，与中国花生壳公司出品的向日葵软件。TeamViewer 的用法非常简单，只需要在主控端与被控端同时打开当前最新版本的 TeamViewer 13，并且在主控端输入被控端的 ID 和密码，通常立即就能连接成功，能在主控端看见被控端的桌面。

TeamViewer 支持双向复制粘贴文件（向日葵的复制粘贴文件功能需要付费）。向日葵软件的性能与 TeamViewer 相比毫不逊色，一样易用和强大。使用方法是在被控端（客户端）安装“SunloginClient9. 0. exe”程序（随着时间推移，版本会更新），在主控端（远程端）安装“SunloginRemote_3. 5. exe”程序。然后两边同时输入用户注册的账号密码即可连通，从主控端能看到被控端的桌面。更加神奇的是，向日葵手机 APP 也能远程控制台式机或另一部手机，并且购买开机棒能够实现远程开机。总而言之，新事物层出不穷，交易者要保持进取心并且热心学习，善于利用科技的力量提升工作效率，力戒迟钝、懒惰和顽固。

第 5 课　N 型定式

第 1 节　N 型定式概论

N 型是价格运动的基本结构，大体意思可以概括为“回撤结束＋趋势再起”；因外形看起来像个 N 字，据此交易又有足够高的胜算，故称“N 型定式”——看涨的像正 N 字，称为“正 N 型”；看跌的像反 N 字，称为“反 N 型”。N 型定式有日线级别的、周线级别的甚至月线级别的。如无特别提醒，一般优先指日线级别的 N 型定式，其次是周线级别的 N 型。微观级别和月线级别的 N 型定式予以忽略，不再展开研究。

读者首先需要明白，作为一种重要的、有高度实战价值的交易技术，必须给出量化和具体的定义才能指导实战。也就是说，关于 N 型定式的讨论，必须是建立在“形”的基础上，否则一切无从谈起。但“形”只是指导交易者了解相关知识并建立概念的线索，并不能 100％实现盈利。换言之，一定存在发展失败的“N 型定式”。事实上，没有哪种“形”具备 100％的胜算，任何时候，做好防守都是题中应有之义。

N 型结构涉及多方面知识，是 K 线技术、均线技术、形态学和成交量技术的融合，涉及 K 线与 K 线、K 线与均线、均线与均线的位置关系。之前我们已经实现了“K 线图的标准化”。这里关于 N 型的定义，仍然需要从移动平均线入手。在以 5/10/20/30/60/120/240 日的“七均线”为基础的主图指标中，我们把以托底向上的第 4、第 5、第 6、第 7 根均线为依托，构建而成的 N 型分别称为 4N、5N、6N 和 7N 定式。

“七均线”中的第 4、第 5、第 6 和第 7 根均线，分别是指 30、60、120、240 日均线。当它们托底向上、对价格的上涨起助推作用时，分别构成看涨的 4N、5N、6N 和 7N 定式（统称为“正 N 型”）。当它们盖头向下、对价格的下跌起助推作用时，分别构成看跌的 4N、5N、6N 和 7N 定式（统称为“反 N 型”）。除本节研究 4N、5N 和 6N 定式并给出图例外，其他场合的 N 型定式都是指 7N 定式，并且以看涨型为主。

7N 定式又可划分为 7N1、7N2 和 7N3 定式，分别简称为 N1、N2 和 N3 定式。其中 N1 定式还可以继续划分为 N11、N12、N13 和 N14 定式。简言之，N3 定式要求 120/240 日均线上倾，并且要求 5/10/20/30 日均线上倾，允许 60 日均线下倾；N2 定式要求 60/120/240 日均线上倾，并且要求 5/10/20 日均线上倾，允许 30 日均线下倾；N1 定式要求 5/10/30/60/120/240 日均线上倾，允许 20 日均线下倾。

当 20 日均线上倾时，N1 定式可以继续划分为 N11、N12 和 N13 定式；当 20 日均线下倾时，N1 定式只有一个类别——N14 定式。表 5－1 列举了这些定式的特征。

表 5－1　　N 型定式的类别及其对均线的要求

		5	10	20	30	60	120	240
N1	N11	↑	↑	↑	↑	↑	↑	↑
	N12	↑	↑	↑	↑	↑	↑	↑
	N13	↑	↑	↑	↑	↑	↑	↑
	N14	↑	↑	↓	↑	↑	↑	↑
N2		↑	↑	↑	↓	↑	↑	↑
N3		↑	↑	↑	↑	↓	↑	↑

下面给出 4N/5N/6N 定式的示意图，包括正反两大类别，如图 5－1 和图 5－2 所示。

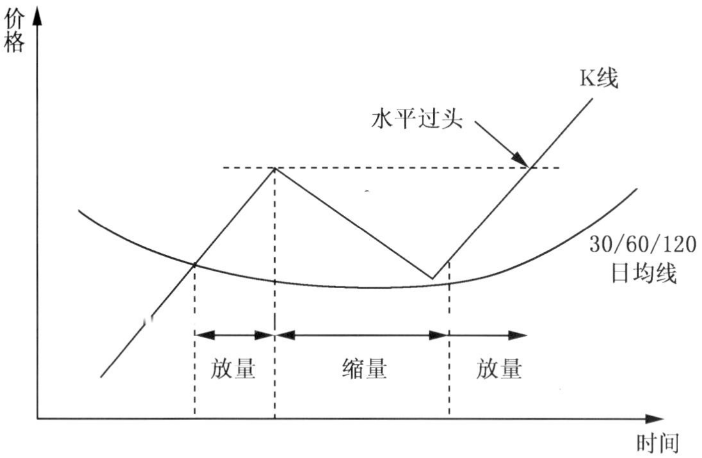

图 5－1 看涨型 4N、5N、6N 图形定式

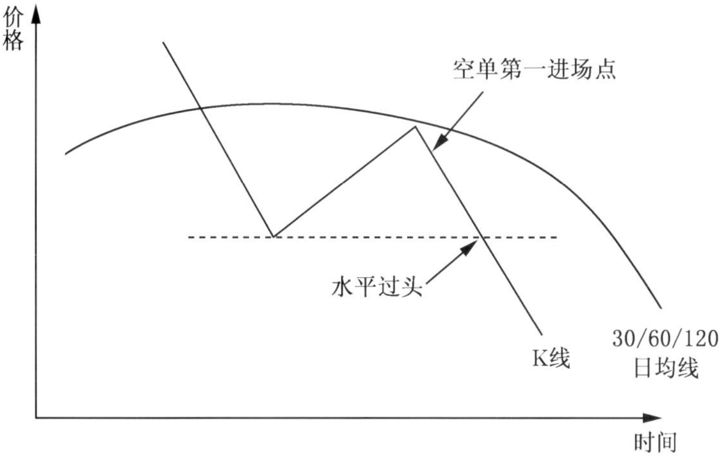

图 5－2 看跌型 4N、5N、6N 图形定式

下面给出几个看涨型 4N 定式的范例，如图 5—3～图 5—6 所示。

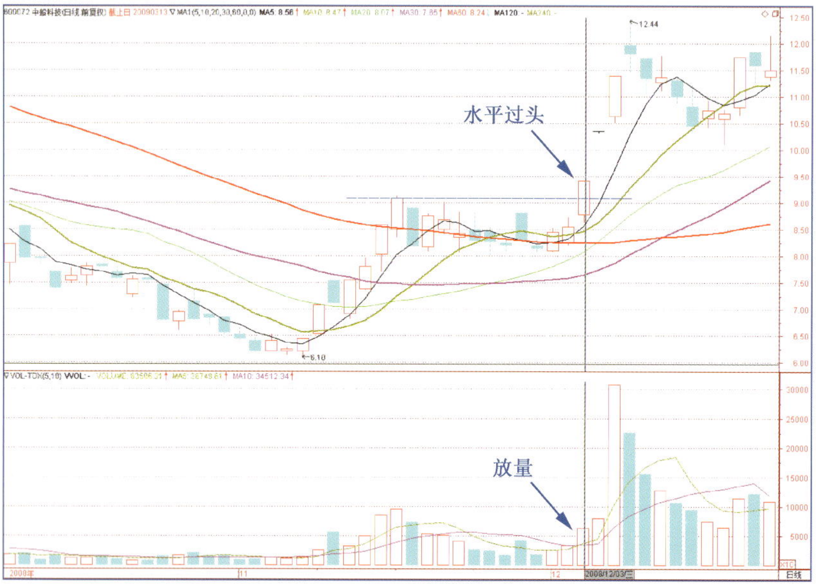

图 5—3　中船科技(600072)，2008 年 12 月 3 日，看涨型 4N 图形定式

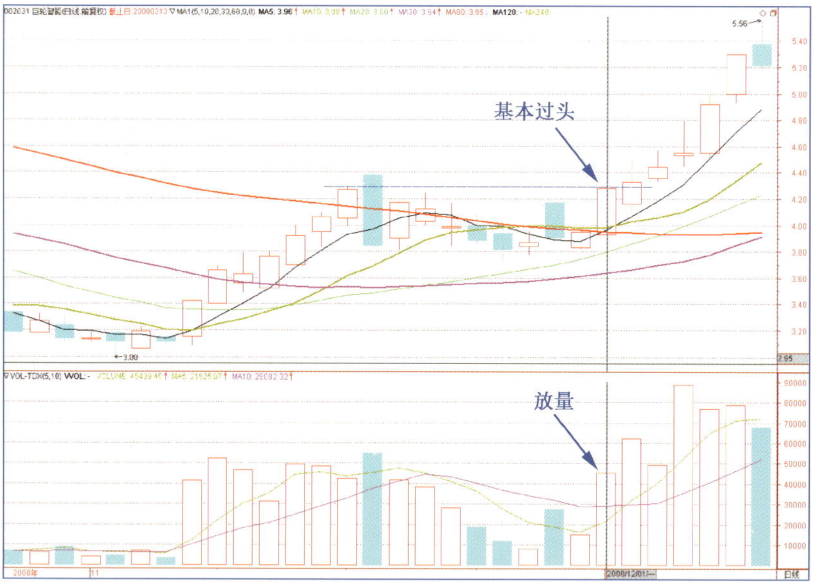

图 5—4　巨轮智能(002031)，2008 年 12 月 1 日，看涨型 4N 图形定式

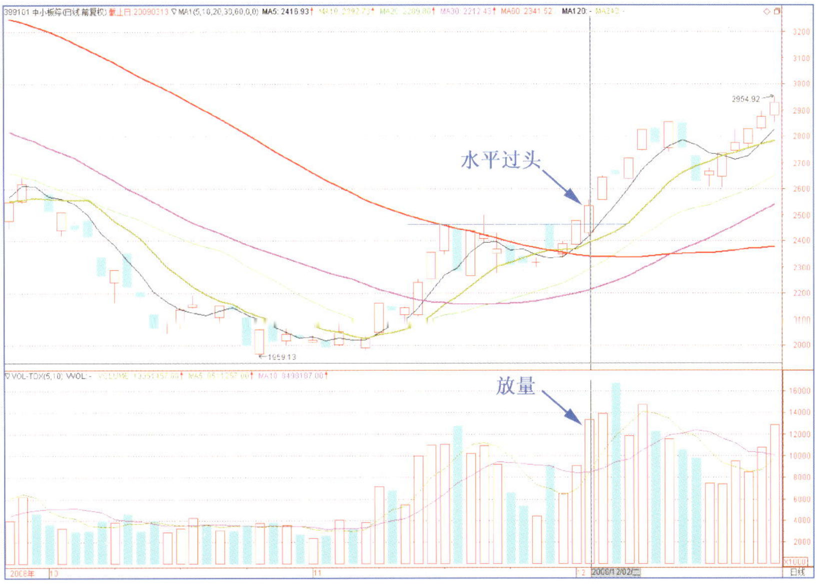

图 5—5　中小板综指(399101),2008 年 12 月 2 日,看涨型 4N 图形定式

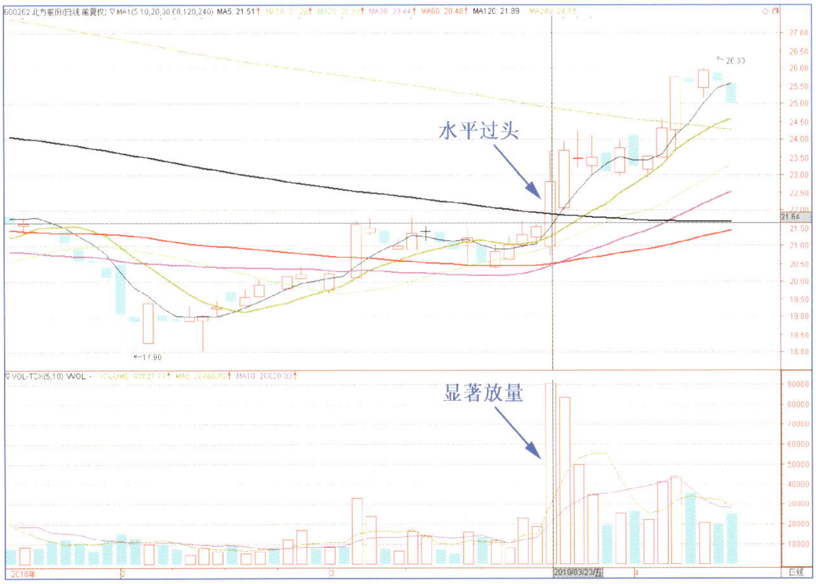

图 5—6　北方股份(600262),2018 年 3 月 23 日,看涨型 4N 图形定式

下面给出几个看跌型 4N 定式的范例，如图 5—7 和图 5—8 所示。

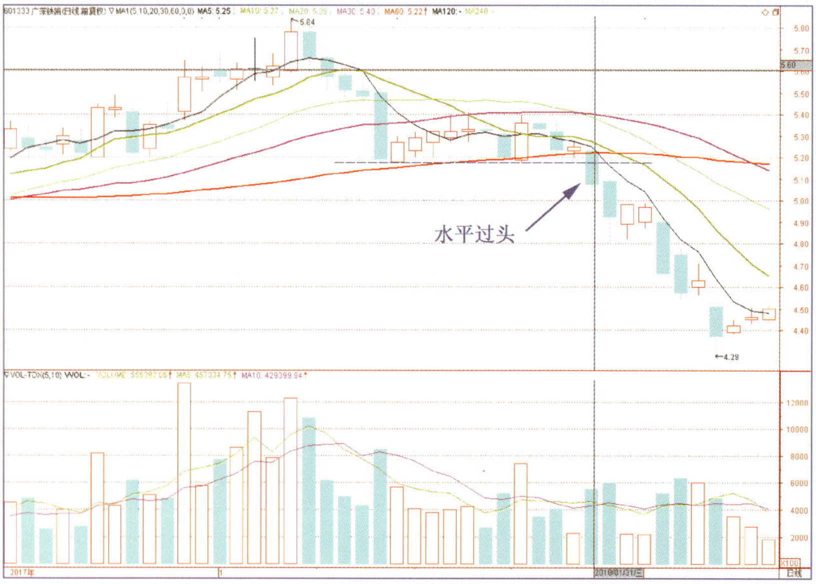

图 5—7　广深铁路(601333)，2018 年 1 月 31 日，看跌型 4N 图形定式

图 5—8　东华能源(002221)，2018 年 2 月 1 日，看跌型 4N 图形定式

下面给出几个看涨型5N定式的范例，如图5—9～图5—12所示。

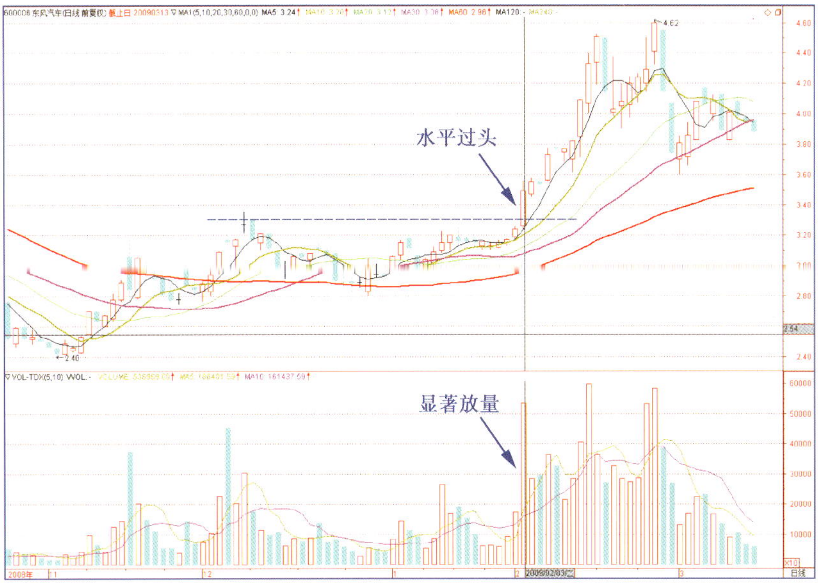

图5—9 东风汽车(600006)，2009年2月3日，看涨型5N图形定式

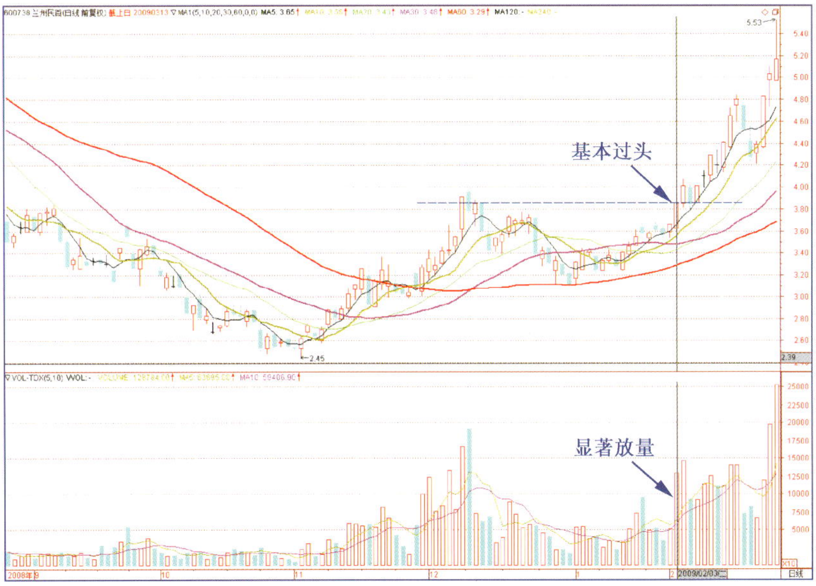

图5—10 兰州民百(600738)，2009年2月3日，看涨型5N图形定式

图 5－11　上证指数(999999),2010 年 10 月 8 日,看涨型 5N 图形定式

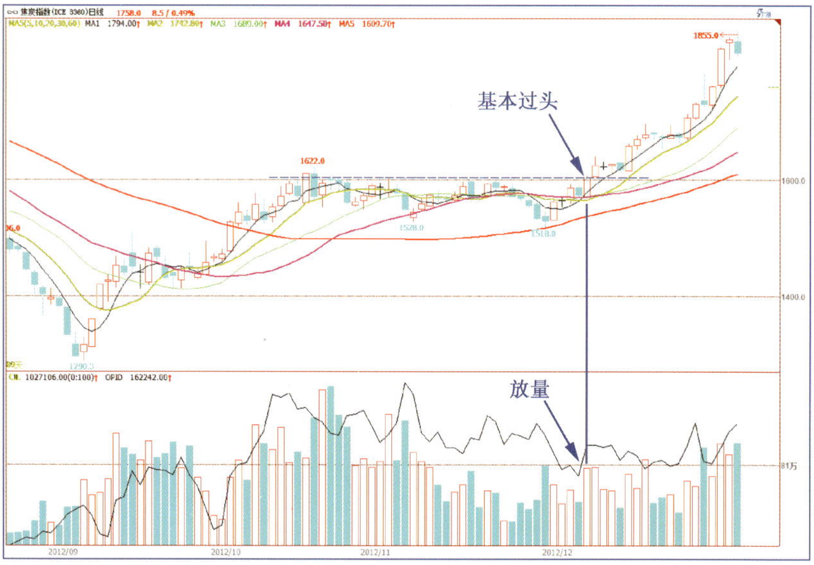

图 5－12　焦炭指数,2012 年 12 月 7 日,看涨型 5N 图形定式

下面给出几个看跌型 5N 定式的范例，如图 5－13～图 5－16 所示。

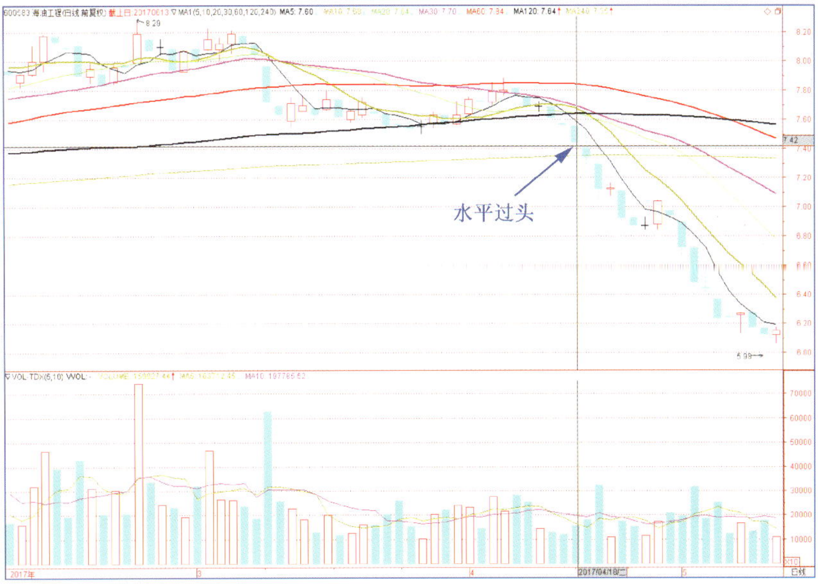

图 5－13　海油工程（600583），2017 年 4 月 18 日，看跌型 5N 图形定式

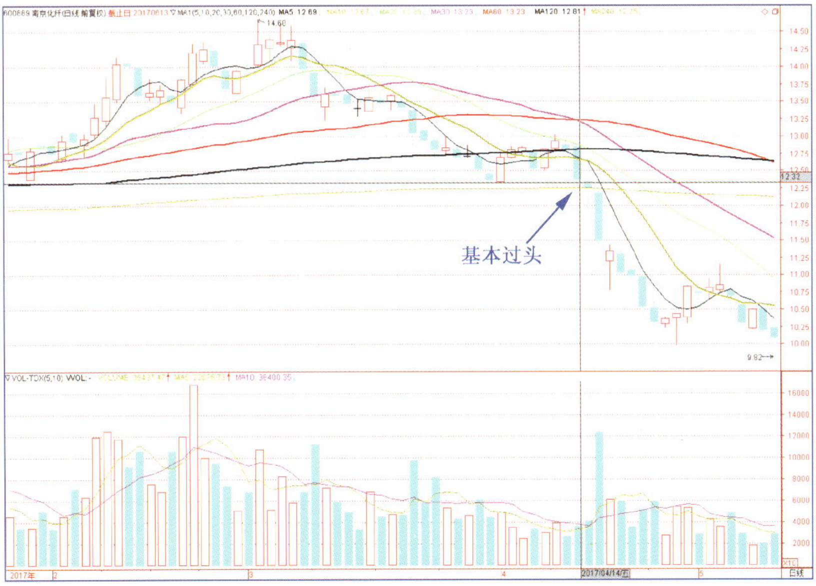

图 5－14　南京化纤（600889），2017 年 4 月 14 日，看跌型 5N 图形定式

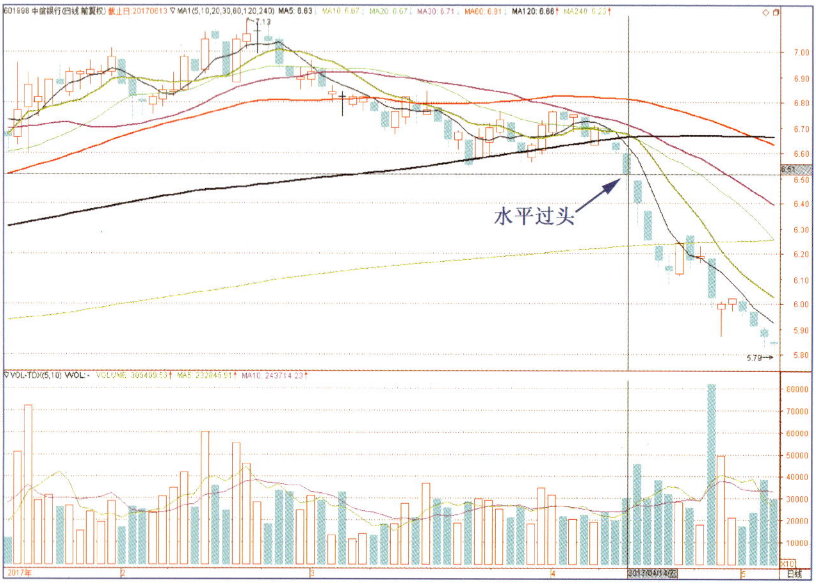

图 5—15　中信银行(601998),2017 年 4 月 14 日,看跌型 5N 图形定式

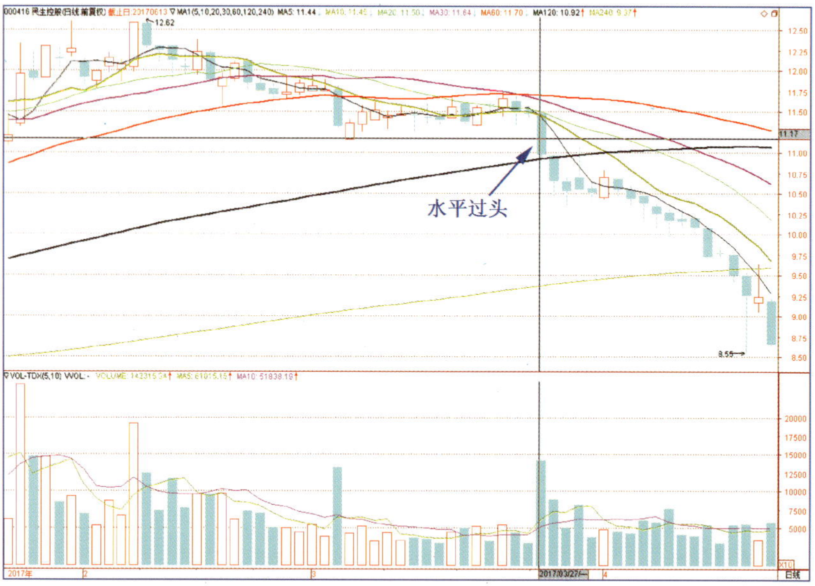

图 5—16　民生控股(000416),2017 年 3 月 27 日,看跌型 5N 图形定式

下面给出几个看涨型 6N 定式的范例，如图 5—17 和图 5—18 所示。

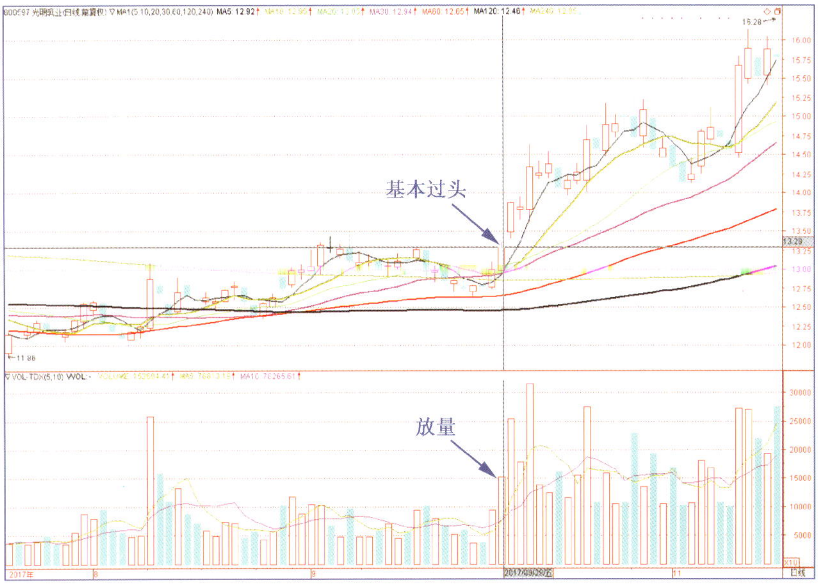

图 5—17　光明乳业（600597），2017 年 9 月 29 日，看涨型 6N 图形定式

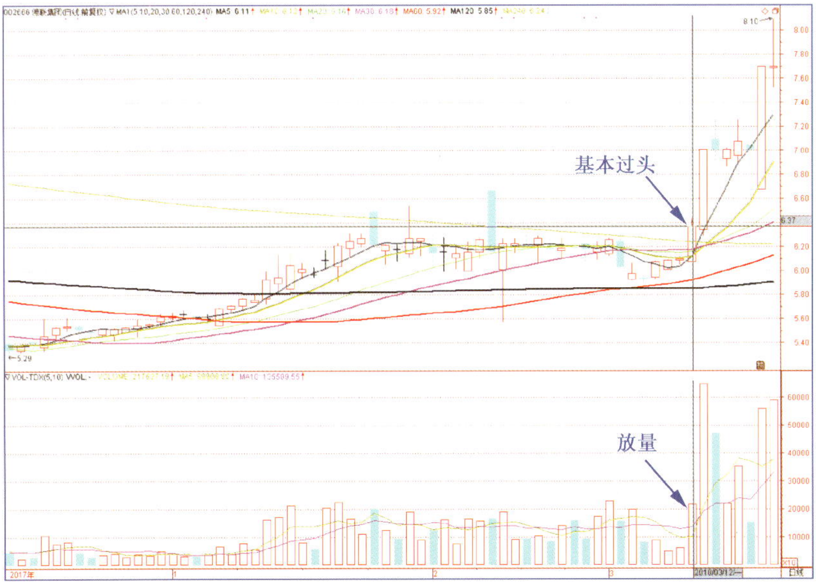

图 5—18　德联集团（002666），2018 年 3 月 12 日，看涨型 6N 图形定式

下面给出几个看跌型 6N 定式的范例，如图 5－19 和图 5－20 所示。

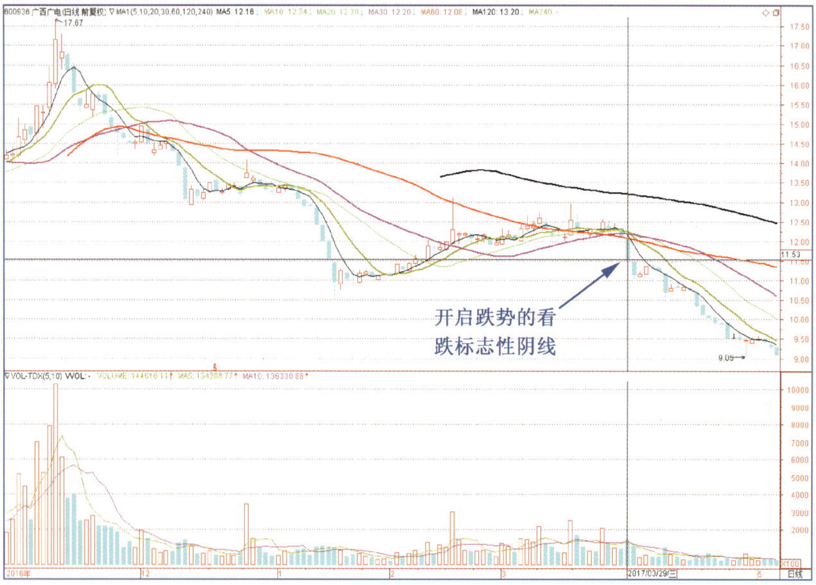

图 5－19　广西广电（600936），2017 年 3 月 29 日，看跌型 6N 图形定式

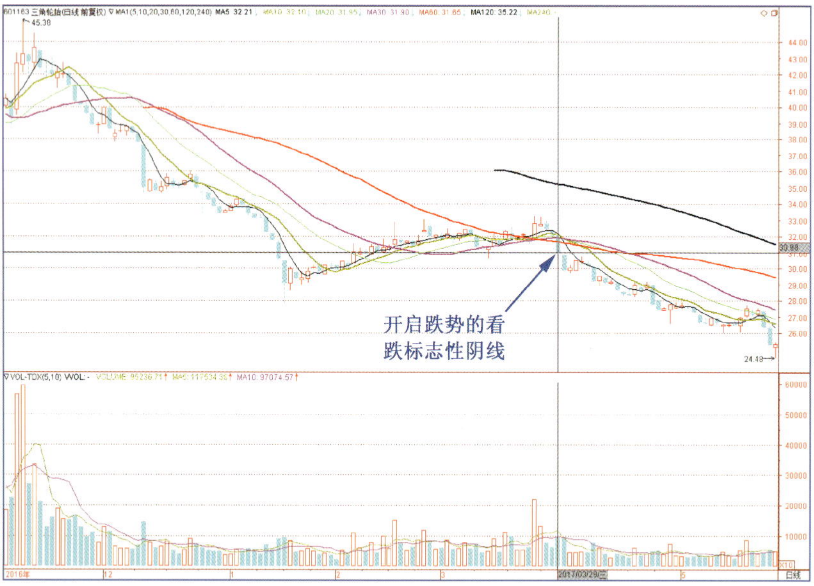

图 5－20　三角轮胎（601163），2017 年 3 月 29 日，看跌型 6N 图形定式

通过以上举例，我们讲解清楚了看涨与看跌性质的4N、5N、6N定式。那么以此类推，是否存在以托底向上或盖头向下的20日均线为依托、构筑而成的3N定式呢？回答是肯定的。只不过3N定式由于级别小、胜算低、数量少，我们一般不作为一个单独的门类加以研究。也就是说，对于N型定式而言，出于安全性的考量，一般要求至少达到4N级别，才能满足我们对于胜算的要求。当然，了解3N定式也不是全无意义的，下面略举几例。

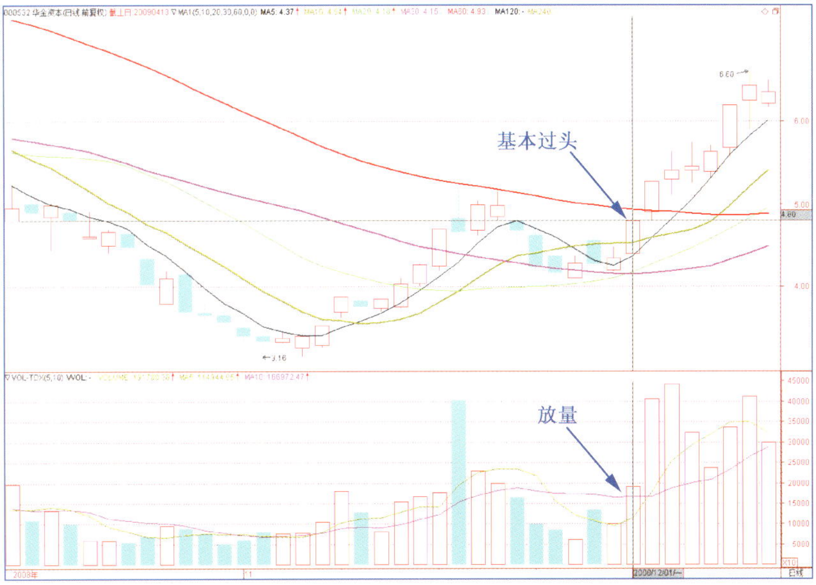

图5—21　华金资本（000532），2008年12月1日，看涨型3N图形定式

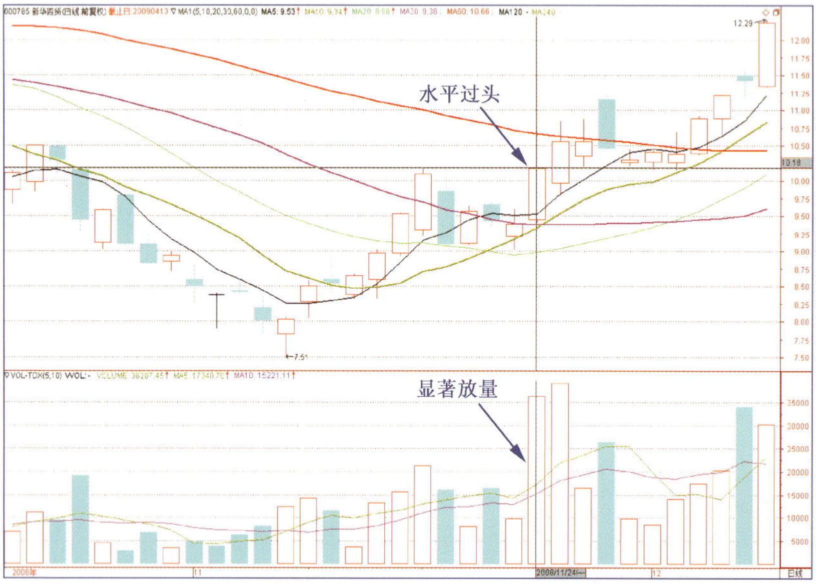

图 5—22　新华百货(600785),2008 年 11 月 24 日,看涨型 3N 图形定式

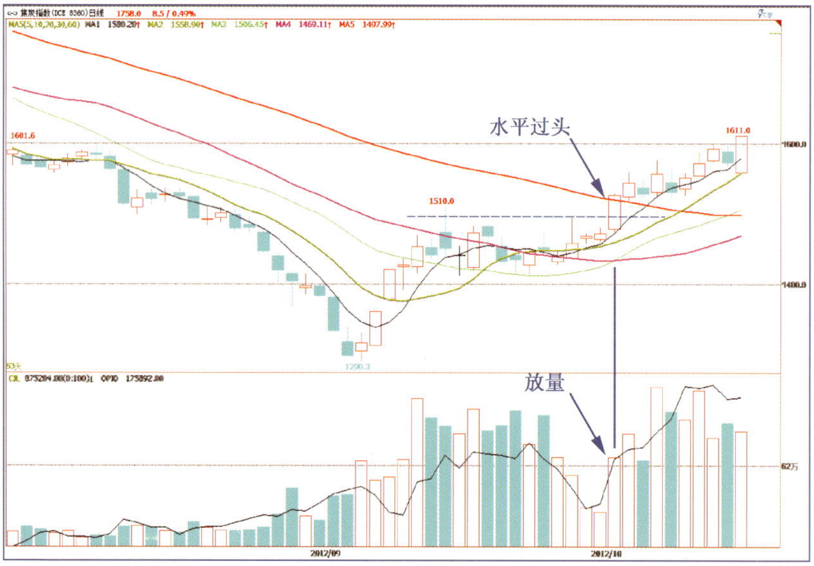

图 5—23　焦炭指数,2012 年 10 月 9 日,看涨型 3N 图形定式

图 5—21～图 5—23 是 3 个看涨型 3N 定式的案例。下面再给出两个看跌型 3N 定式的案例,如图 5—24 和图 5—25 所示。

图 5—24　焦煤指数，2017 年 9 月 15 日，看跌型 3N 图形定式

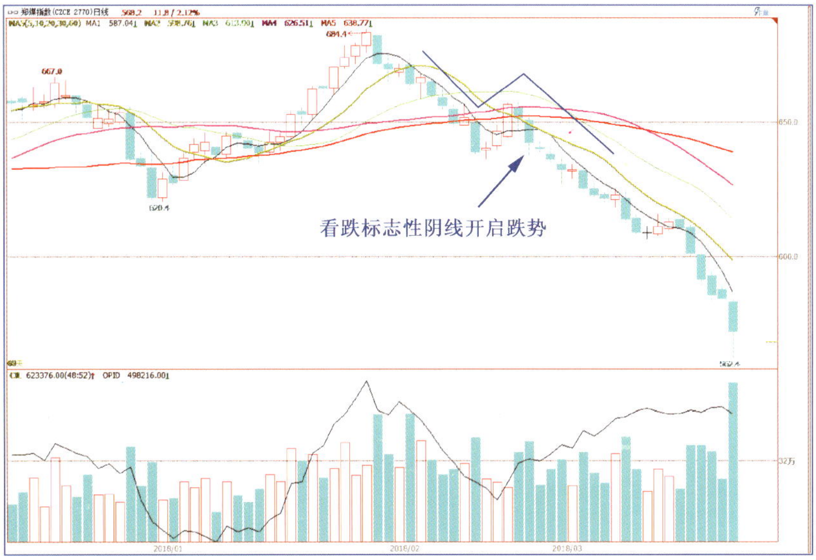

图 5—25　郑煤指数，2018 年 2 月 26 日，看跌型 3N 图形定式

第 2 节　N11/N12/N13/N14 定式

价格运动之所以形成 N 字，必定是出现了回撤所致。因回撤的深浅之不同，形成了各种类别的图形定式。当向下回撤结束重归涨势，构成看涨的 N 型定式；当向上回撤结束重归跌势，构成看跌的 N 型定式。读者根据前面对 3N、4N、5N、6N 的讲解，顾名思义，应该不难理解什么是 7N 定式。7N 定式又可以按照一定的标准划分为 7N1、7N2 和 7N3 定式，分别简称为 N1、N2 和 N3 定式。其中 N1 定式还可以进一步划分为 N11、N12、N13 和 N14 定式。

图 5—26 中，2014 年 10 月 28 日之前，万年青(000789)因股价回撤导致 5/10 日均线一度死叉。2014 年 10 月 28 日，随着股价再一次放量上涨，5/10 日均线重新金叉，金叉点位于上倾的 20/30 日均线之上，同时 60/120/240 日均线也都保持上倾。这种看涨图形称为 N11 定式。它在所有明显的价格回撤中幅度最浅，表示回撤结束、涨势再起。注意，有时 5/10 日均线当天只是准备金叉，金叉点出现在下一个交易日，如图 5—27 所示。

图 5—26　万年青(000789)，2014 年 10 月 28 日，N11 图形定式

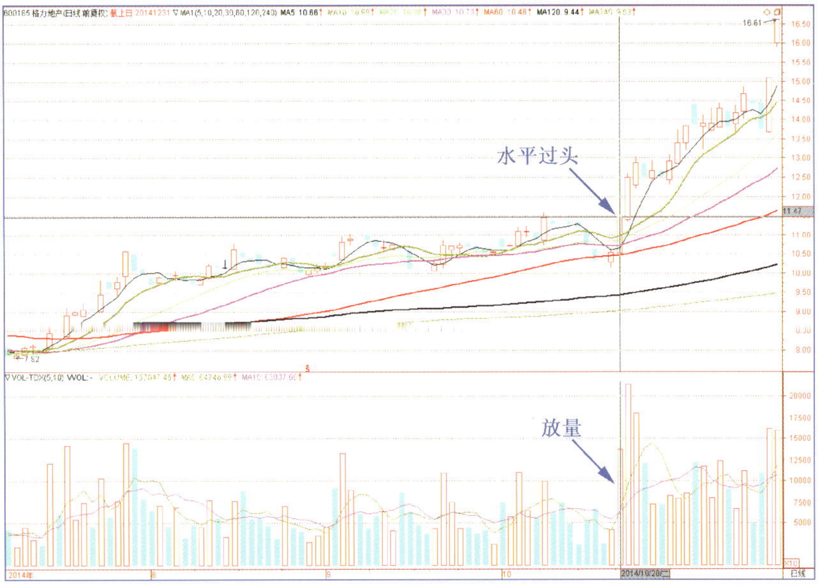

图 5—27　格力地产(600185),2014 年 10 月 28 日,N11 图形定式

如果 5/10 日均线的金叉点位于上倾的 20/30 日均线之间(注意金叉点还可以位于放量日之后,或之前),其他要素不变,则构成 N12 定式,如图 5—28～图 5—31 所示。

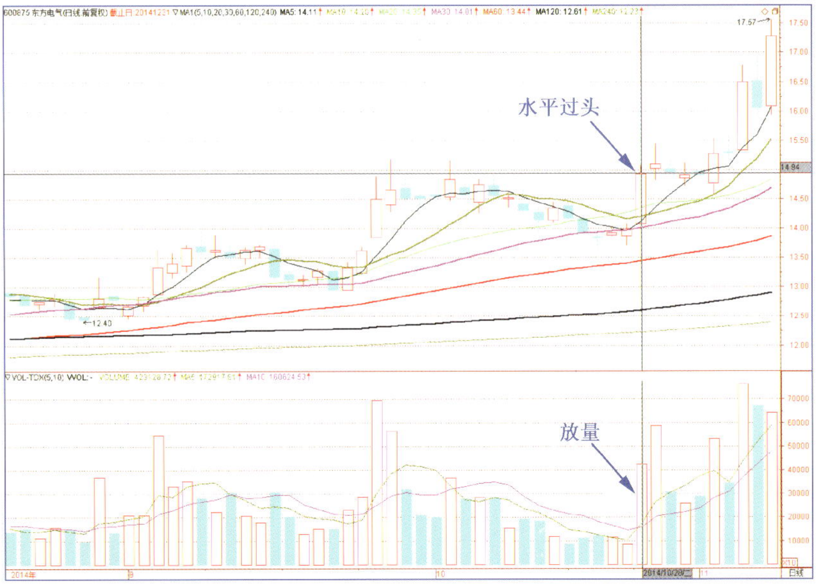

图 5—28　东方电气(600875),2014 年 10 月 28 日,N12 图形定式

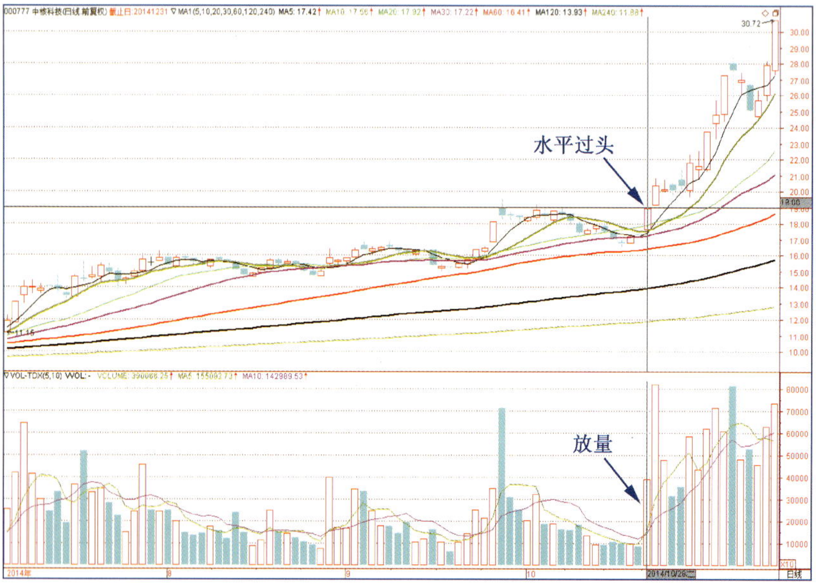

图 5—29　中核科技（000777），2014 年 10 月 28 日，N12 图形定式

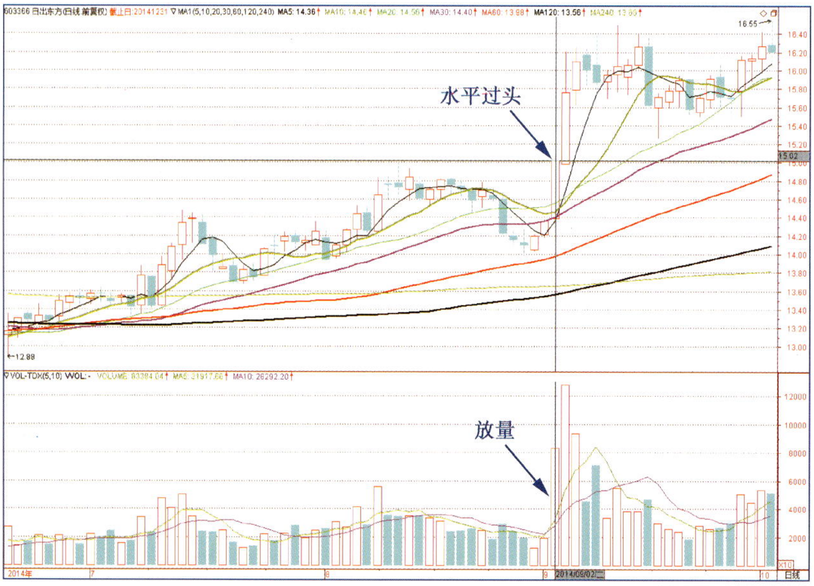

图 5—30　日出东方（603366），2014 年 9 月 2 日，N12 图形定式

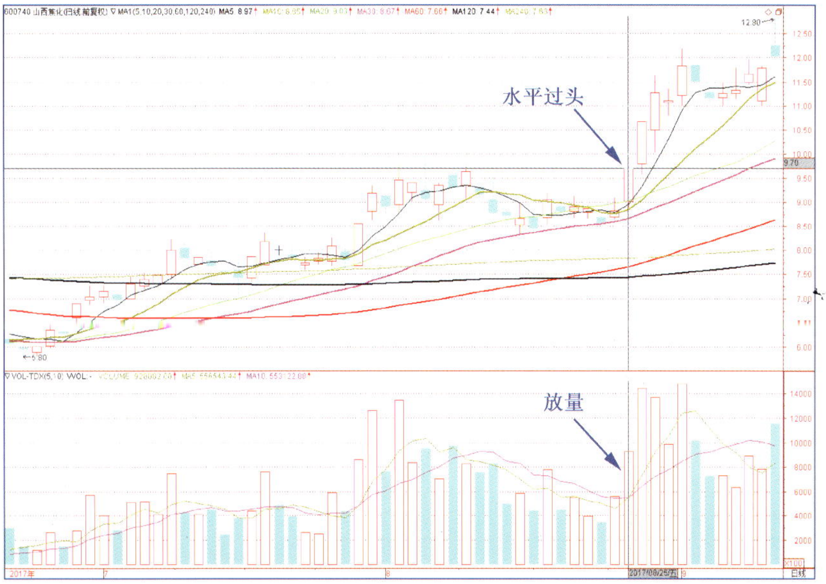

图 5—31　山西焦化(600740),2017 年 8 月 25 日,N12 图形定式

如果 5/10 日均线的金叉点位于上倾的 20/30 日均线之下,其他要素不变,则构成 N13 定式,如图 5—32~图 5—34 所示。

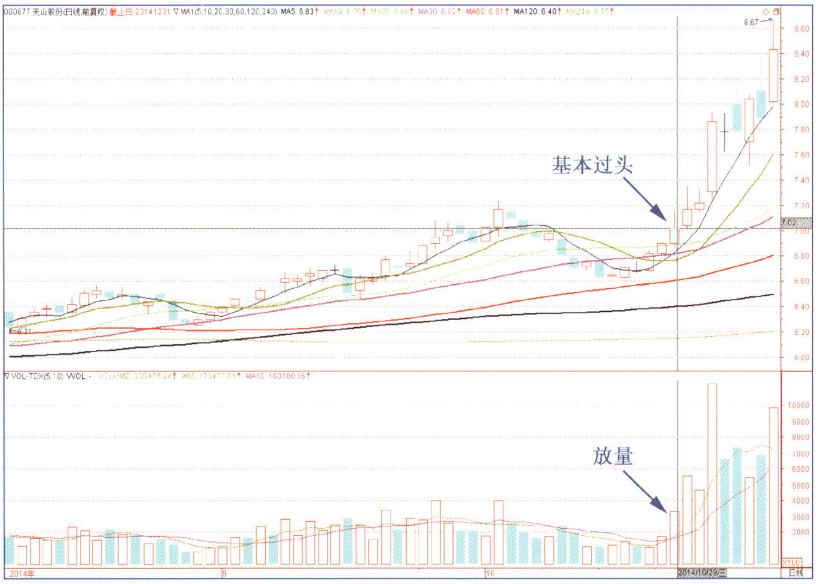

图 5—32　天山股份(000877),2014 年 10 月 29 日,N13 图形定式

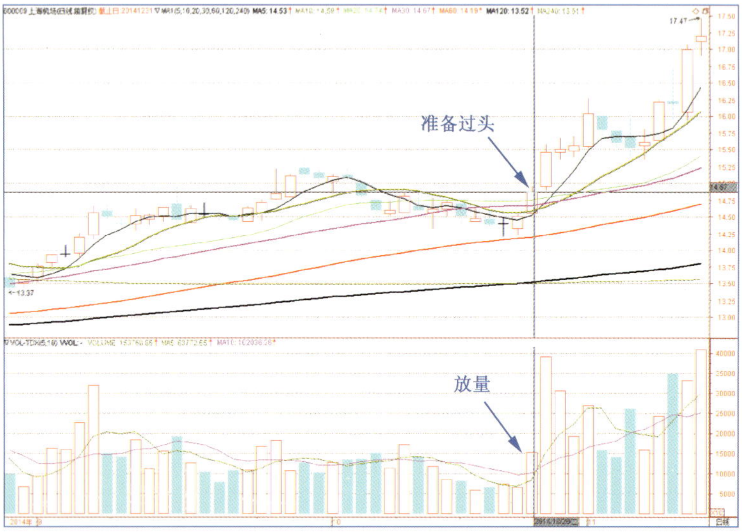

图 5—33　上海机场(600009),2014 年 10 月 28 日,N13 图形定式

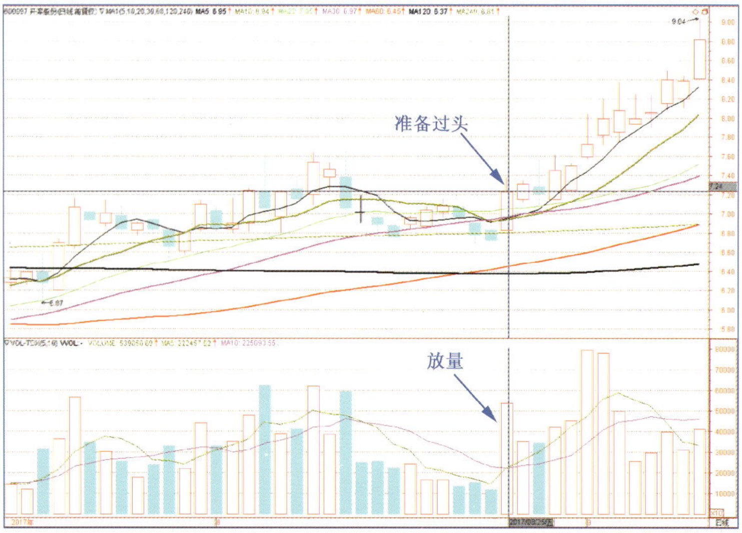

图 5—34　开滦股份(600997),2017 年 8 月 25 日,N13 图形定式

N11、N12、N13 定式回踩的幅度都比较浅,只是一度导致 10 日均线向下,但并未导致 20 日均线向下。如果回踩的幅度更深,导致 20 日均线向下,那么当股价再次放量上攻、站上所有均线之时,20 日均线可能已经向上,也可能仍然处于向下的状态尚未来得及掉头。这种情形我们称之为N14 定式。N14 定式要求 5/10/30/60/120/240 日均线全部保持上倾,对 20 日均线不作要求,即可能是向下的。图 5—35～图 5—37 给出了 N14 定式的范例。

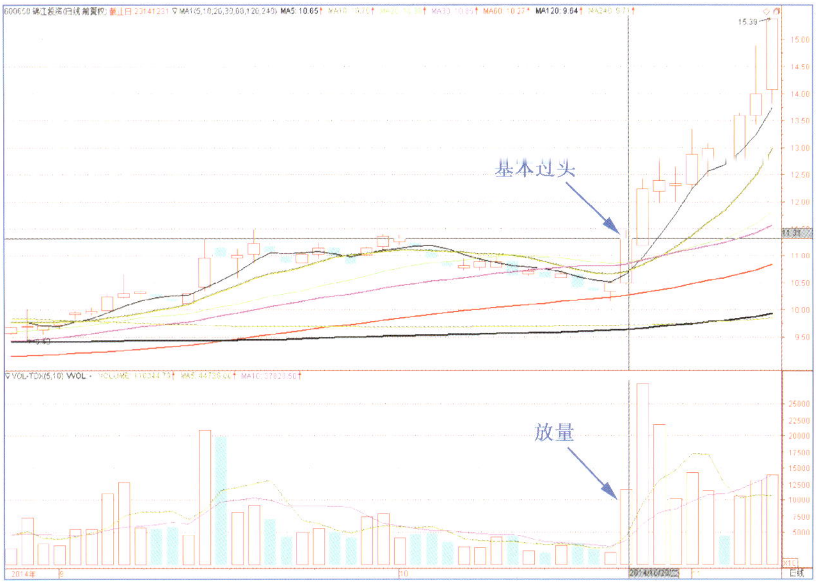

图 5—35　锦江投资(600650),2014 年 10 月 28 日,N14 图形定式

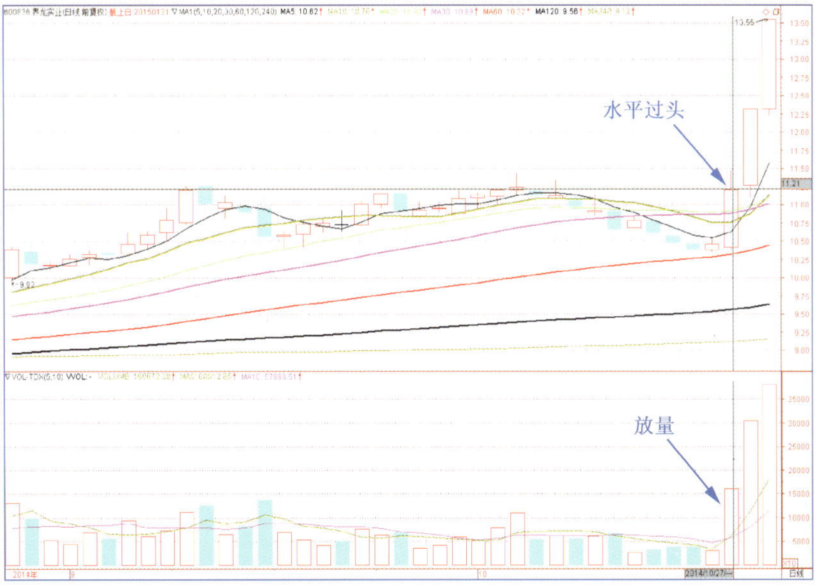

图 5—36　界龙实业(600836),2014 年 10 月 27 日,N14 图形定式

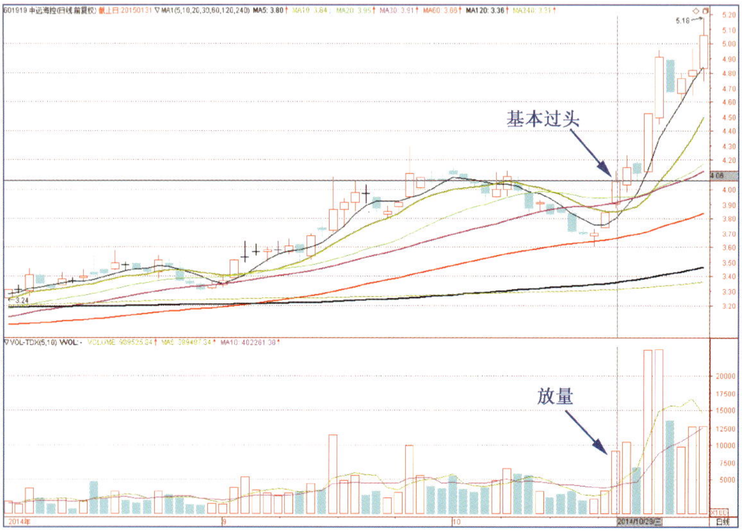

图 5－37　中远海控(601919),2014 年 10 月 29 日,N14 图形定式

图 5－35～图 5－37 所示的 N14 定式,虽然 20 日均线随着价格的回撤一度向下,但只是紧贴 30 日均线,并未与 30 日均线死叉。这种情况若 20 日均线的下倾肉眼看上去并不明显,那么与 N13 定式差别不大,没必要刻意与 N13 定式区分开来。如果价格回撤的幅度更深,则会导致 20/30 日均线死叉。此种类型的 N14 定式如图 5－38～图 5－40 所示。

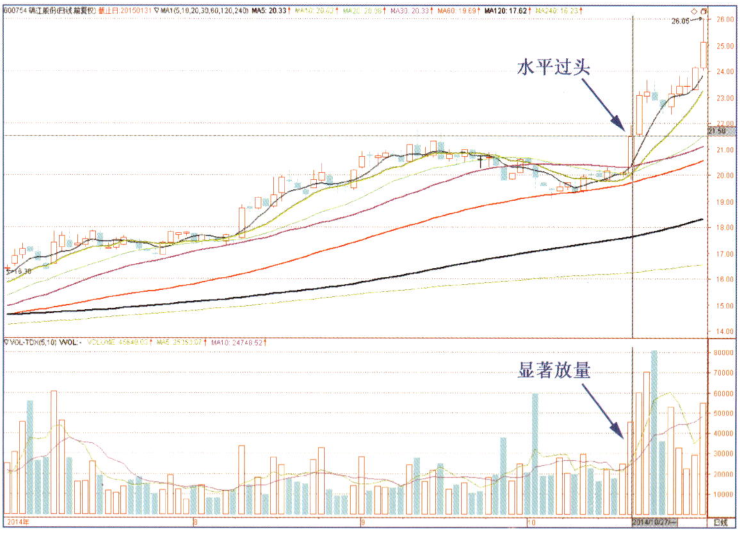

图 5－38　锦江股份(600754),2014 年 10 月 27 日,N14 图形定式

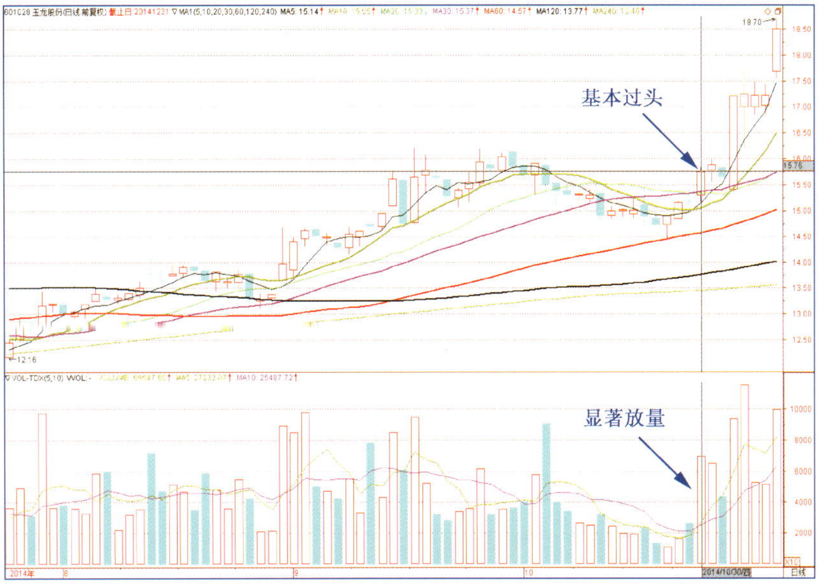

图 5—39　玉龙股份（601028），2014 年 10 月 30 日，N14 图形定式

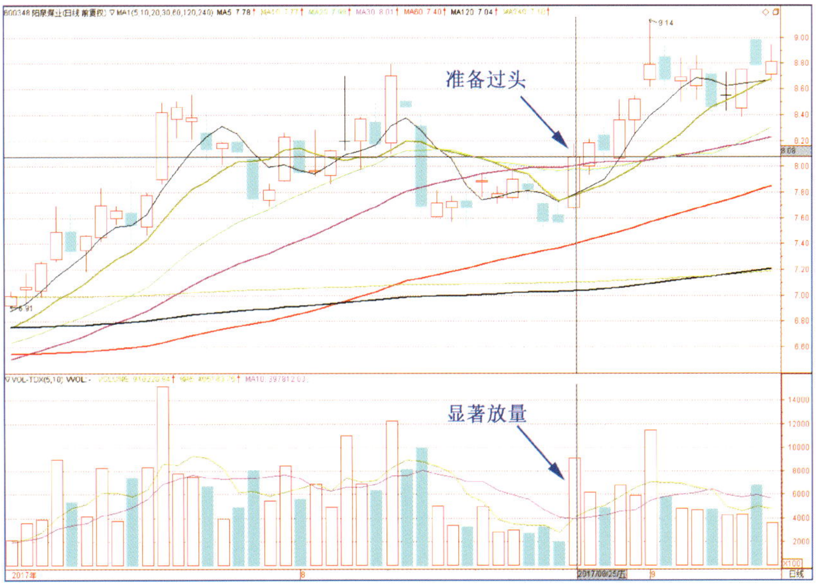

图 5—40　阳泉煤业（600348），2017 年 8 月 25 日，N14 图形定式

第 3 节　N2 定式与 N3 定式

如果价格回撤的幅度比 N14 定式更深，会导致 30 日均线下倾。30 日均线下倾有两种可能，一是紧贴上倾的 60 日均线但是不死叉；二是与 60 日均线死叉。此时只要 60/120/240 日均线保持上倾，当价格再一次放量上涨，回到所有均线之上，并且带动 5/10/20 日均线上倾，就构成 N2 看涨定式。N2 定式对 30 日均线不作要求，即允许 30 日均线下倾。当然，我们希望肉眼看上去 30 日均线最好不要有力地下倾，30 日均线如能走平当然好于下倾。图 5－41～图 5－45 是 N2 定式的范例。不难看出，N2 实际上就是第二或第三波主升浪的起点。

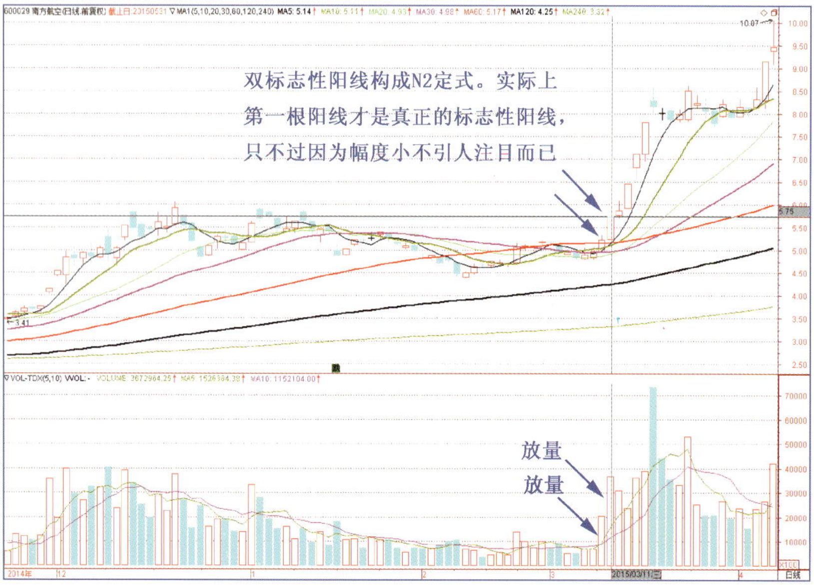

图 5－41　南方航空（600029），2015 年 3 月 11 日，N2 图形定式

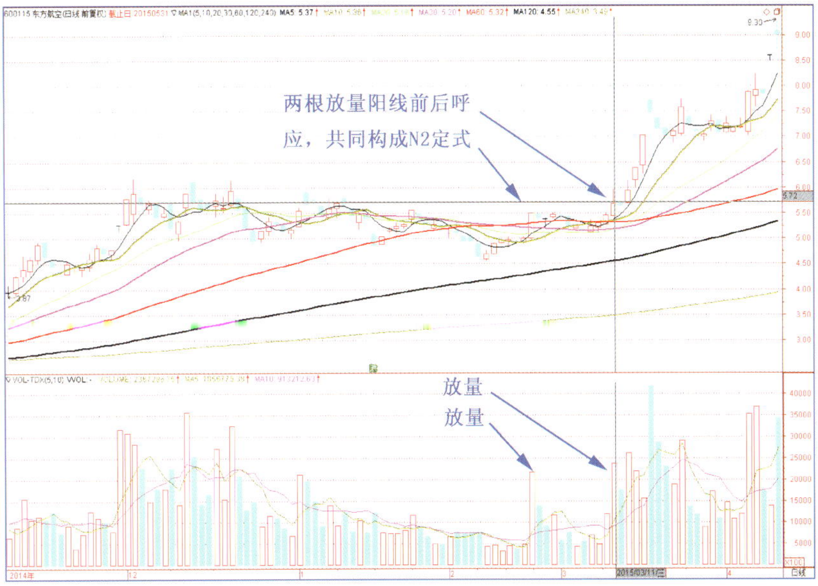

图 5—42　东方航空（600115），2015 年 3 月 11 日，N2 图形定式

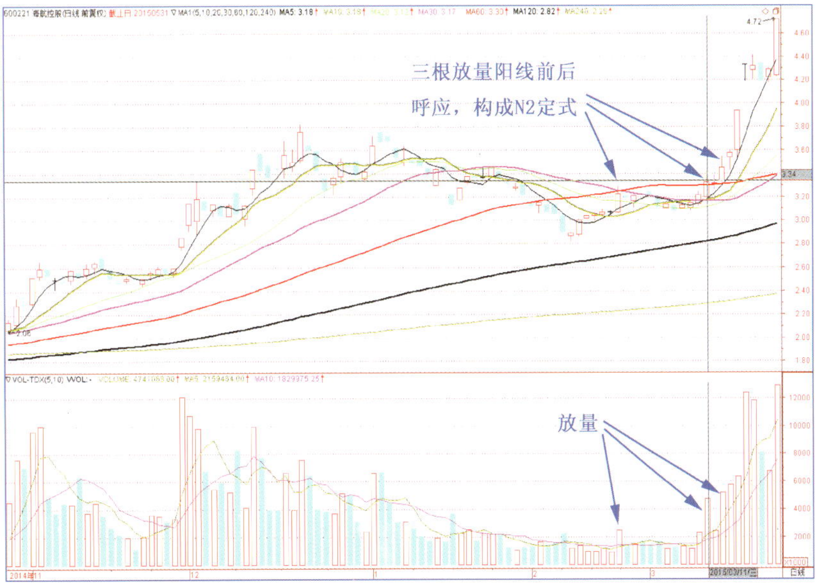

图 5—43　海航控股（600221），2015 年 3 月 11 日，N2 图形定式

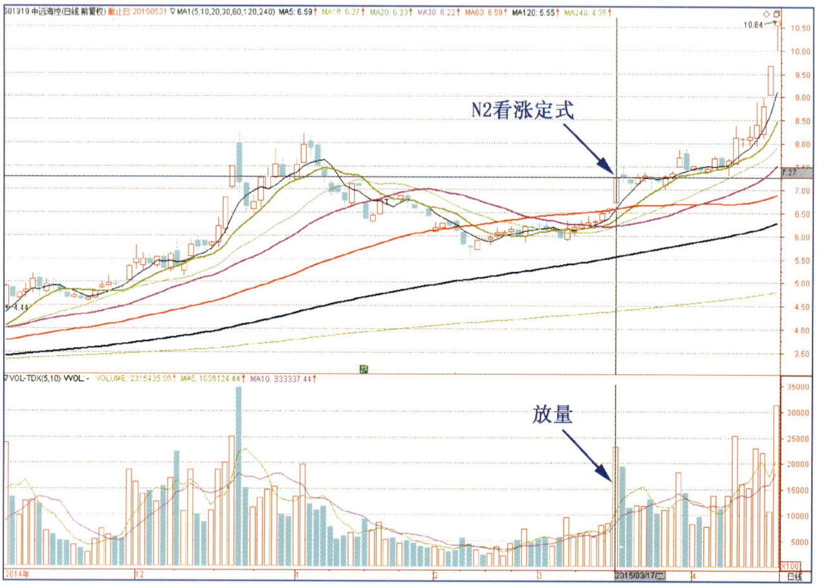

图 5—44　中远海控(601919),2015 年 3 月 17 日,N2 图形定式

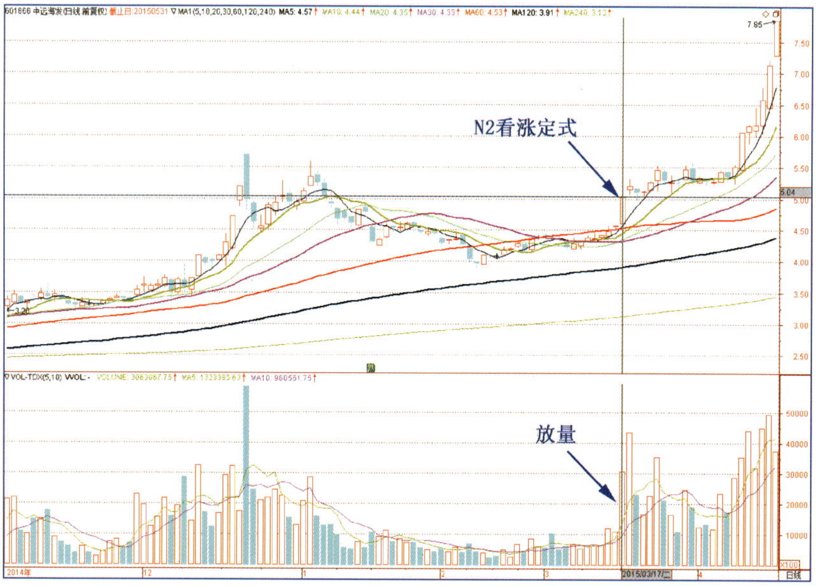

图 5—45　中远海发(601866),2015 年 3 月 17 日,N2 图形定式

价格大幅上涨之后，如果回撤的幅度比 N2 定式还深，会导致 60 日均线下倾。60 日均线下倾有两种可能，一是紧贴上倾的 120 日均线但是不死叉；二是与 120 日均线死叉。此时只要 120/240 日均线保持上倾，当价格再一次放量上涨，回到所有均线(可以不含 120 日均线)之上，并且带动 5/10/20/30 日均线上倾，就构成 N3 看涨定式。N3 定式对 60 日均线不作要求，即允许 60 日均线下倾。当然，我们希望肉眼看上去 60 日均线最好不要有力地下倾，否则价格回升以后还有一跃，目的是扭转 60 日均线。故 60 日均线走平要好于下倾。

图 5－46～图 5－50 是 N3 定式的范例。不难看出如果大势配合，N3 上涨空间可观。

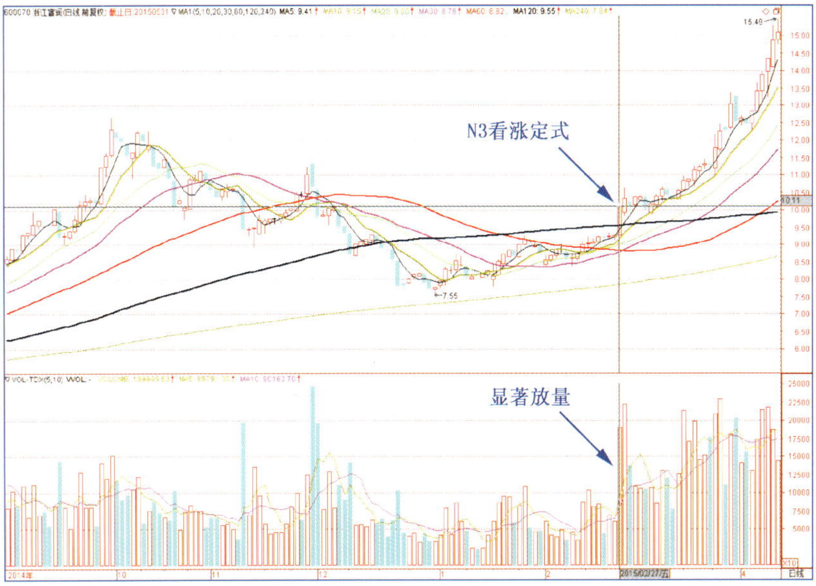

图 5－46　浙江富润(600070)，2015 年 2 月 27 日，N3 图形定式

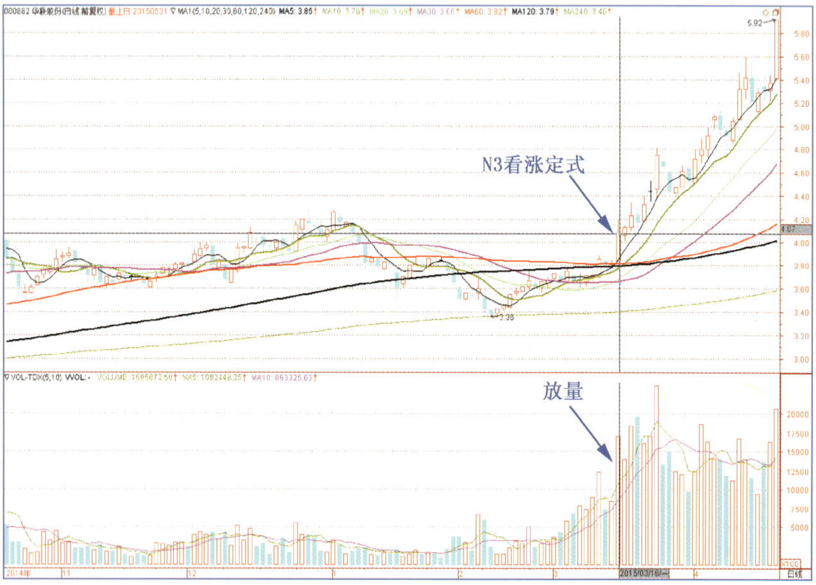

图 5—47　华联股份(000882),2015 年 3 月 16 日,N3 图形定式

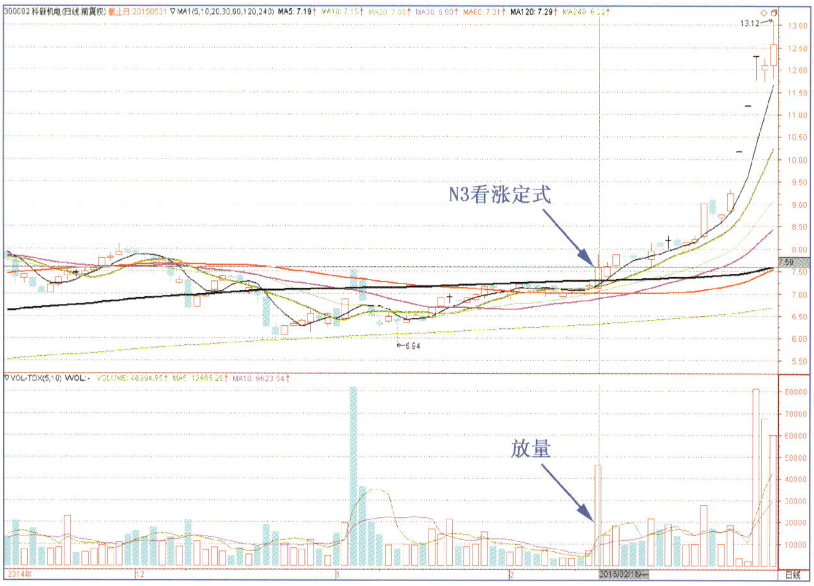

图 5—48　科新机电(300092),2015 年 2 月 16 日,N3 图形定式

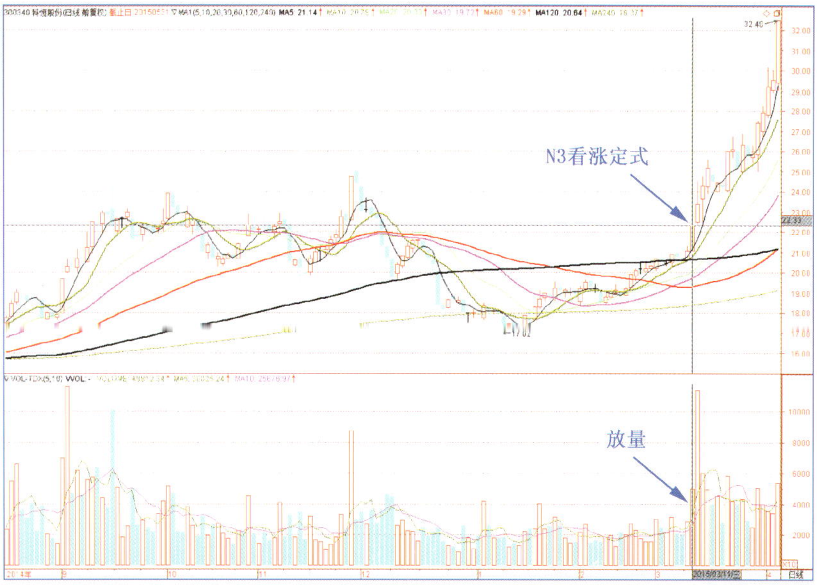

图 5-49 科恒股份(300340),2015 年 3 月 11 日,N3 图形定式

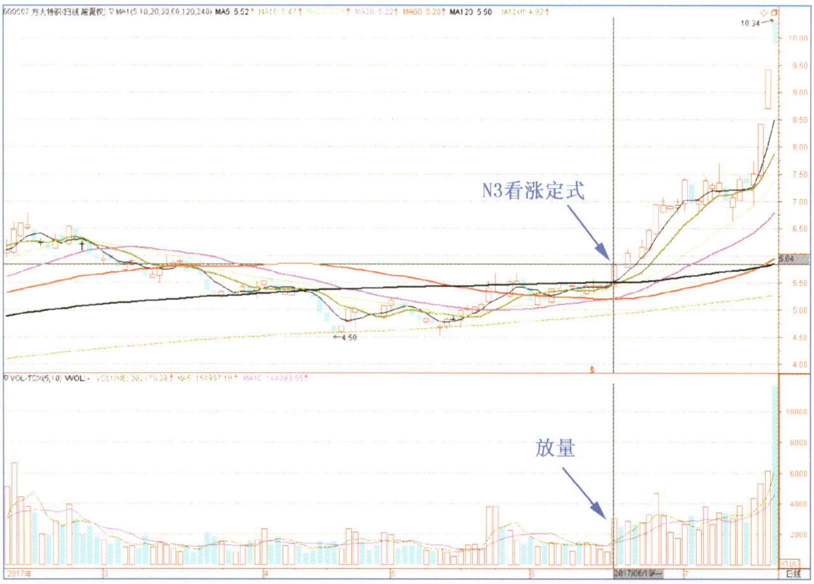

图 5-50 方大特钢(600507),2017 年 6 月 19 日,N3 图形定式

前面对于 3N、4N、5N 和 6N 定式的讨论都是双向的,即存在多空两个方向。但是由于价格下跌不需要在均线框架上达到七顺级别——比如

最极端的V型顶——只有价格上涨才需要，故7N定式我们着重讨论看涨型的，看跌型的从简。另外除N3是7N定式专属的以外，理论上6N定式也包括N1和N2两种类别，甚至5N定式也可以进一步细分为N11、N12、N13和N14 4种类别。但实际上这些类别与7N大同小异，所以我们也就不再继续细分。

第4节　周线级别的N型定式

周线级别的N型定式有两种，一是从周图的视角来看N3定式，为看涨的态势；如果将这些图形反转180度，就成为看跌的态势，即存在多空两个方向。二是周线级别的看涨下倾旗形和看跌上倾旗形，尤以看跌上倾旗形居多。即只要价格在日线图上回撤的空间比较大、时间比较长，那么这些回撤——也叫“形态”——就可以在周图上被清晰地观察到，我们称之为周线级别的N型定式。图5－46～图5－50是N3定式在日图上的范例。图5－51～图5－55是这些范例对应的周图，将这些周图与日图一一对比，有助于加深对N型定式的理解。

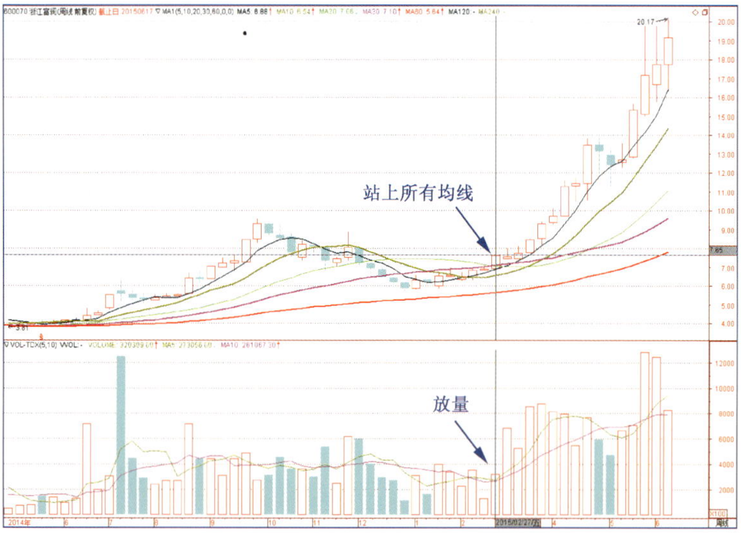

图5－51　浙江富润(600070)，2015年2月27日所在周，周线看涨型N3定式

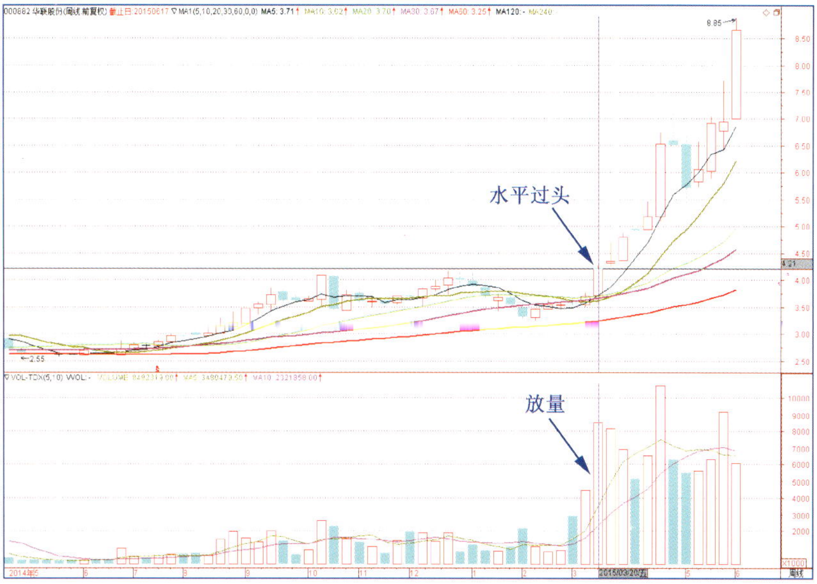

图 5－52　华联股份（000882），2015 年 3 月 20 日所在周，周线看涨型 N3 定式

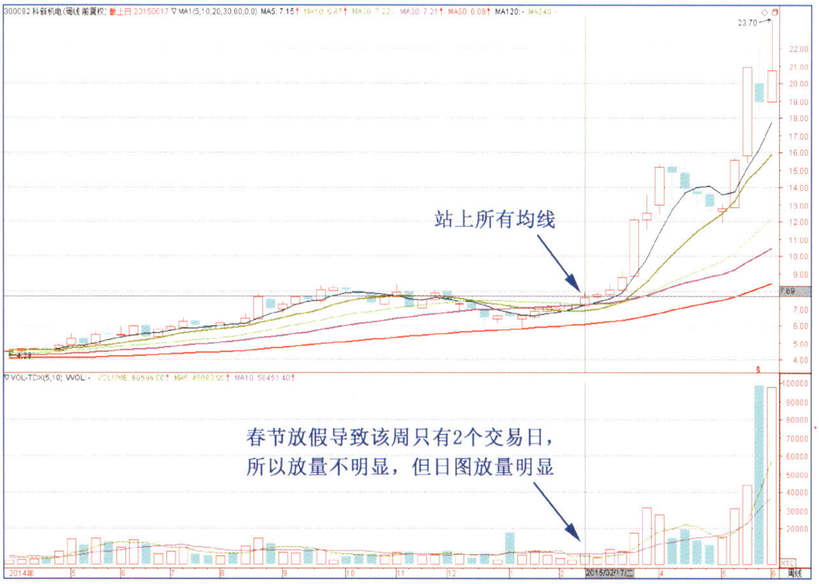

图 5－53　科新机电（300092），2015 年 2 月 17 日所在周，周线看涨型 N3 定式

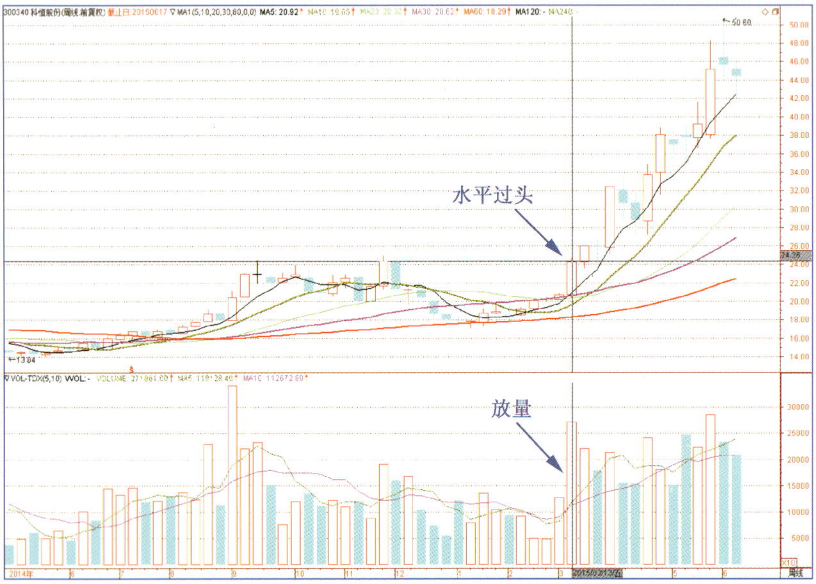

图 5—54　科恒股份(300340),2015 年 3 月 13 日所在周,周线看涨型 N3 定式

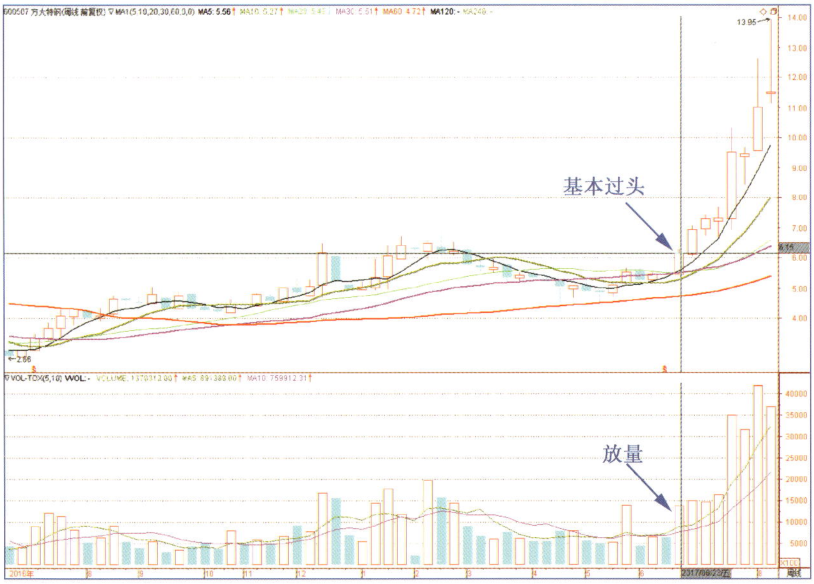

图 5—55　方大特钢(600507),2017 年 6 月 23 日所在周,周线看涨型 N3 定式

注意，在周图上观察 N3 定式，当它放量过头或基本过头的时候，周 K 线的实体可能已经很大了，这时进场也太晚了。这是因为一根周 K 线通常对应 5 根日 K 线，具体的买卖行为必须精确定位到某一根日 K 线才行。换言之，仅仅找到周线级别的标志性阳线还不够——那只能作为有利于做多的交易背景来使用——还必须找到日线级别的标志性阳线，才能作为精准的进场点，这叫“双临界点战法”。“黑马集中营”选股程序已经通过内置可以识别一切 N 型定式的模块解决了这个问题。其中，所有日选股程序都内置了能够识别日线级别 N 型定式的模块；同理，所有周选股程序也都内置了能够识别周线级别 N 型定式的模块。

将图 5－51～图 5－55 反转 180 度，即可得到周线看跌型 N3 定式。不过我想读者还是希望能够看到具体的实例。下面就给出 3 个这样的例子，如图 5－56～图 5－58 所示。

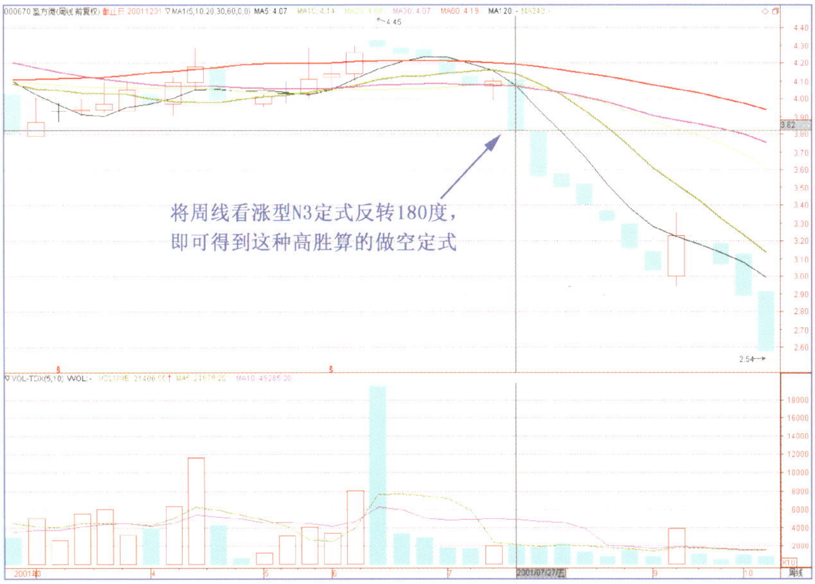

图 5－56　盈方微(000670)，2001 年 7 月 27 日所在周，周线看跌型 N3 定式

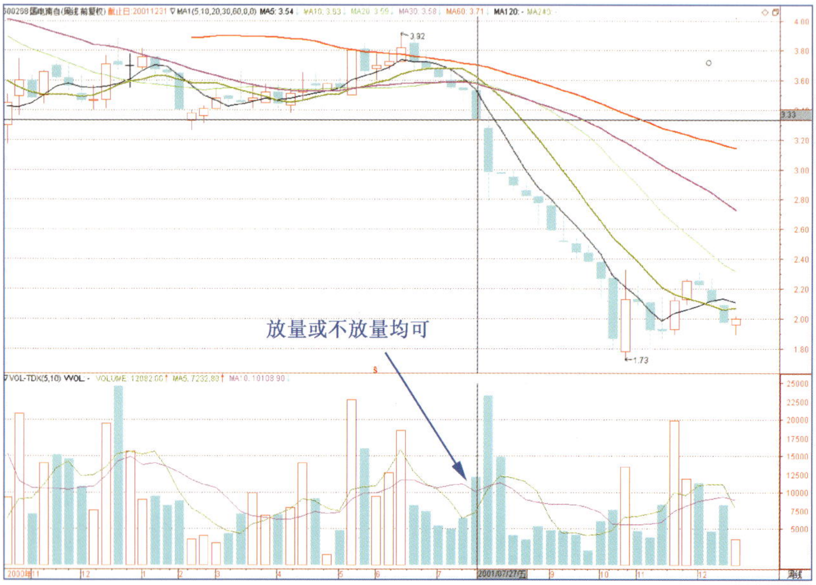

图 5—57　国电南自(600268),2001 年 7 月 27 日所在周,周线看跌型 N3 定式

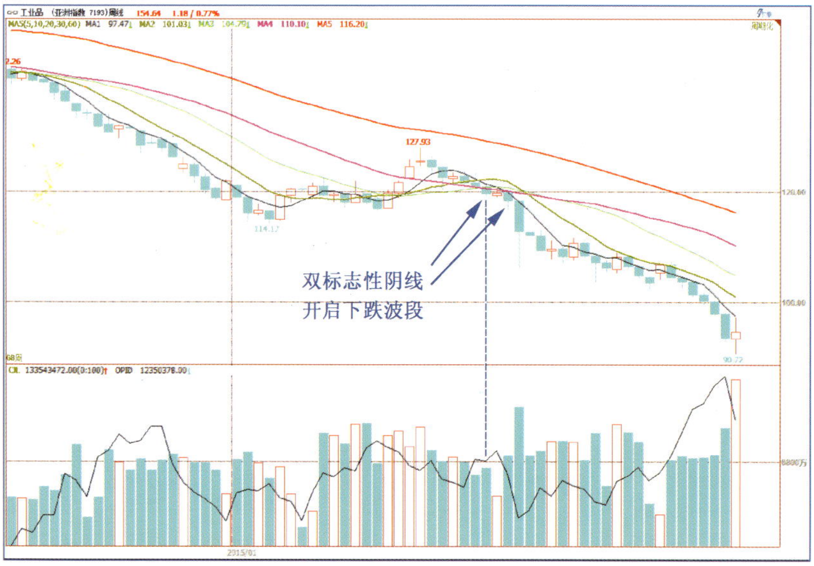

图 5—58　工业品指数,2015 年 6 月 19 日所在周,周线看跌型 N3 定式

图 5—59～图 5—61 是图 5—56～图 5—58 对应的日图。从中可以窥探到日线看跌型 N3 定式的真容。当然,它们也可以通过将日线看涨型 N3 定式反转 180 度而得到。这一部分内容虽不是我们研究的重点,

但对于了解看跌定式的内涵，却具备特别的意义。

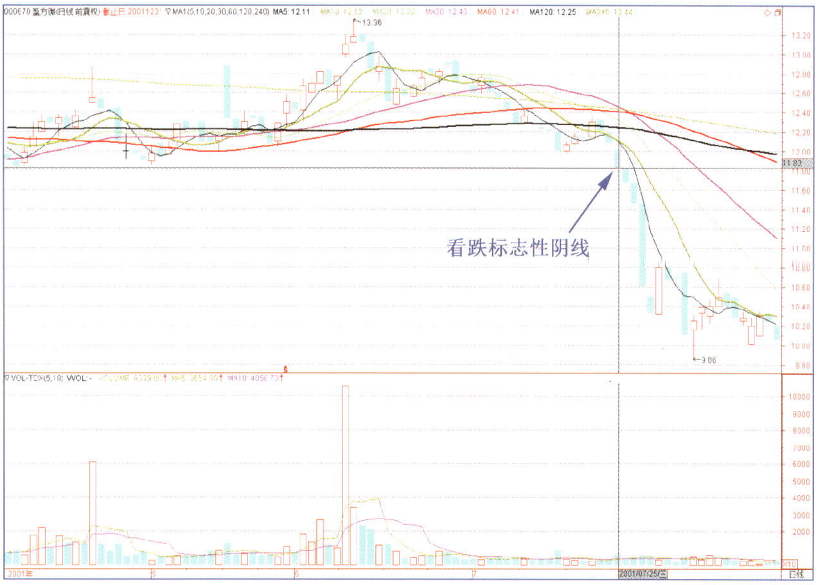

图 5—59　盈方微(000670)，2001 年 7 月 25 日，日线看跌型 N3 定式

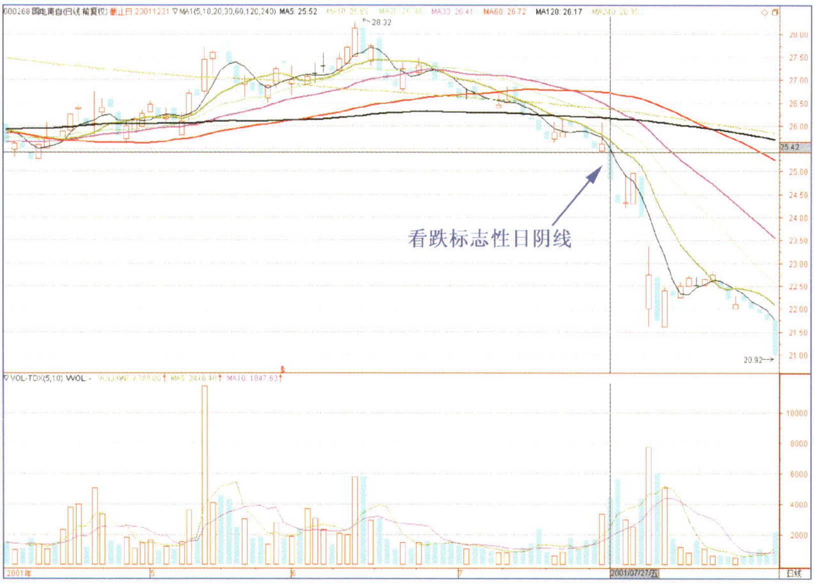

图 5—60　国电南自(600268)，2001 年 7 月 27 日，日线看跌型 N3 定式

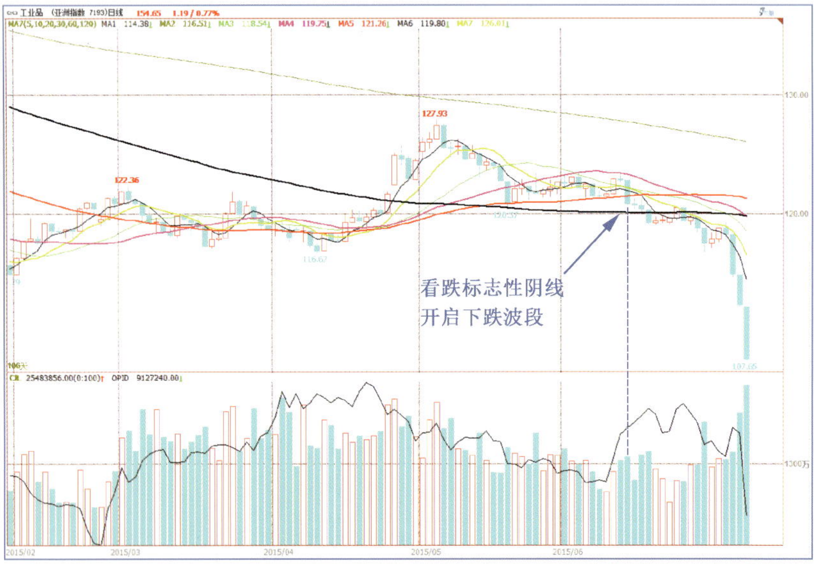

图 5－61　工业品指数，2015 年 6 月 12 日，日线看跌型 N3 定式

看到这里有些朋友会问，既然日线 N3 定式存在看跌类型的，并且可以通过将看涨型 N3 定式反转 180 度而得到，那么日线 N2 定式是否也存在看跌类型的呢？是否也可以通过将看涨型 N2 定式反转 180 度而得到？回答当然是肯定的，如图 5－62 和图 5－63 所示。

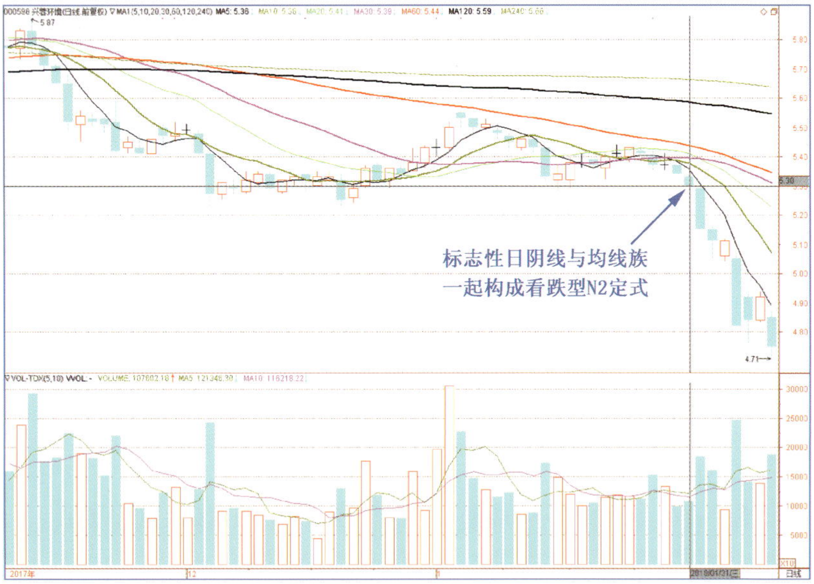

图 5－62　兴蓉环境(000598)，2018 年 1 月 31 日，日线看跌型 N2 定式

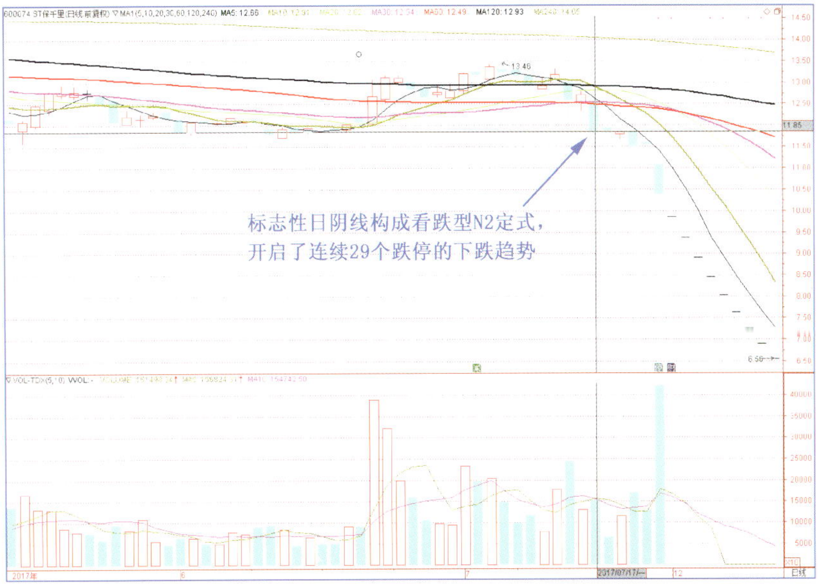

图 5—63 ST 保千里(600074),2017 年 7 月 17 日,日线看跌型 N2 定式

关于周线级别的看涨和看跌旗形,《金融交易学》第一、第二卷中已有举例,这里不再赘述。本课讲述的内容是交易界的商业机密,具备高度的实战价值,前辈交易家的著作中从来未曾提及。我特意将其撰写发表出来奉献给读者,希望能够惠利交易界迷茫的众生。

改善你自己好了，那是你为改善世界能做的一切。

——维特根斯坦(Ludwig Josef Johann Wittgenstein)

第6课　知己知彼，百战不殆

第1节　全面深度的自我认知

不是所有人都适合交易。有些人天生就适合交易，有些人则不然。适合交易的人，其人格构造中有许多对交易有利的禀赋要素——但这和真正的赢家之间还相距万里——不适合交易的人则相反。大体而言，不能控制风险者无法赢钱。交易是个精细活，这是风险管理的性质决定的。但交易同时又是大气活。太拘泥于细节者往往缺乏全局视野，丧失了战略部署的能力。在交易过程中，无论开仓还是平仓、加码还是减码，交易者应始终重视大势氛围的配合，把对指数的研判与对具体标的的研判结合起来，对大局和细节予以同等的重视。总之，你必须既大气、又精细，对市场整体和局部的演变保持警觉，宏微结合才能成为赢家。

一般来说，性格孤僻、情商低下的人更容易受金融交易的吸引，他们把金融市场当作可以扬长避短的战场。他们的选择是明智的。因为金融交易是与市场打交道，要求从业者深入持续地研究课题，保持客观和理性，耐得住寂寞，坐得住冷板凳。因此不难理解，擅长与物打交道并且善于学习总结和自我控制者更适合交易，也更容易取得成功；擅长与人打交道但心性柔软、缺乏理性和执行力者则不然。无论哪种性格特质，只要够突出，总能找到自己的位置，做出相应的成绩。但是如果既不擅长与物打交道，也不擅长与人打交道，那就前程堪忧了。表6－1列举了两种极端的人格特征，我们不妨对比一下，从中找出自己的影子。

表 6—1　　两种极端人格的 40 个区别

		擅长与物打交道	擅长与人打交道
1	总体上的性格特征?	智商偏高、情商偏低,喜欢独处	情商偏高、智商偏低,喜欢热闹
2	认为什么是最有趣的?	真理和真相是最有趣的	一切好玩的东西都是有趣的
3	讨厌什么样的工作?	需要应酬和与人周旋的	需要不断学习、深入研究的
4	喜欢什么样的工作?	需要创新和有挑战性的	简单的、轻松的并且好玩的
5	最爱说的一句话?	让笨蛋走远点	我是不是很讨人喜欢?
6	是否有顽强的意志力?	是	否
7	是否有强大的自制力?	是	否
8	是否有主动的学习力?	是	否
9	对自己的知识是否满足?	不满足	很满足
10	是否有革故鼎新的勇气?	认为必须改变现状	认为维持现状即可
11	对待新事物的态度?	学习、消化、紧跟	消极、抵抗、排斥
12	对待变革的态度?	拥抱、无惧、知变应变	迟钝、恐惧、最好不要
13	是否肩负着历史使命?	为解决问题而生	过好自己的一生
14	他们人生的价值何在?	创造崭新的世界	维持世界的运转
15	如何学习新知识?	几十年如一日	五分钟热度
16	是否有明确的目标?	目标导向主义者	没有明确的目标
17	是否有极高的效率?	效率至上主义者	不是太看重效率
18	待人处事的方式?	认理不认人	认人不认理
19	最不能容忍的事?	被浪费时间	被粗暴对待
20	如何看待批评和反对?	你可以粗暴地对待我,只要你说得有道理,面子不重要	无论你多么有道理,都不可以粗暴地对待我,态度最重要
21	是否在意大众的观点?	他们的看法毫不重要	他们的看法非常重要
22	与大众的关系?	强制他们服从	迎合他们的喜好
23	如何与大众相处?	领导他们狂奔	与他们打成一片
24	对待他人的态度?	如果不能组织成一架高效的机器,则所有的零件都是无用的	人与人之间的关系最为重要,人活着就是为了维系彼此的关系
25	认为什么人际关系无用?	不能快速建立合作关系的人	气场不合的人

续表

		擅长与物打交道	擅长与人打交道
26	他们的气场如何?	令人感到无形的压力	令人感到轻松愉悦
27	是否照顾别人的感受?	否	是
28	亲和力和朋友是否够多?	否	是
29	能否照顾别人的生活?	否	是
30	是否需要别人照顾?	是	否
31	适合搞科研还是社交?	科研	社交
32	对物质水平是否在意?	不太在意	非常在意
33	他们最看重的事?	我的时间归自己支配	在亲朋好友和交际圈有面子
34	他们最害怕的事?	重复无创意的、一成不变的工作	一个人感到孤独寂寞
35	对他们伤害最大的事?	失去自由	失去面子
36	是否相信从头再来?	给我同样的资源和条件,我能把做成的事重复一遍	人生是单程票,没有什么从头再来
37	他们靠什么活着?	自己的能力	找一个靠山
38	他们给人的印象?	令人畏惧	讨人喜欢
39	他们如何评价对方?	轻浮的白痴	冷酷的怪物
40	是否适合学习金融交易?	是	否

理论上讲,粗枝大叶、赌性十足者在这一行不可能取得成功。但事实却非常吊诡,金融市场上的“赢家”绝大部分都是这种人。尤其是一些拥有广泛影响力的“投资名家”,若细细考察,其行为方式看起来更像是一介武夫,鲁莽无知得不可思议。他们以不为人知的方式完成了原始积累,关于他们神乎其神的财技在民间流传。这无形中给人一种误解,以原始的、重仓豪赌的交易方式向他们学习似乎是成功的捷径。但是这些人有一个硬伤:他们不能操盘有清盘线的基金,也不能公开交易,否则必定暴亏,清盘的概率是100%。迄今为止,这个规律还没有发生过例外。他们都是哪些人,读者不妨自行对号入座,就不一一点名了。

近年来,“大佬”们种种荒谬绝伦的言论和原始粗野的手法,暴露出一个看似匪夷所思却并不罕见的现象:名气越大的“赢家”越不懂交易。这其实不难解释。我认识两位股市赢家,都是淀山湖“富力湾”别墅区的业

主。一位是臧大哥，76岁，山西大同人，是一位退伍军人，人称“老山西”。他在2015年牛市期间动用配资款买股票，又在股市最高点出逃，获利700万，然后在“富力湾”买了一套别墅。不仅规避了“股灾”的风险，其所购房产的价值还在2016年国庆节之后翻倍。另一位是57岁的胡大姐，经历与臧大哥如出一辙，只不过盈利更丰，她同时在上海市区和淀山湖各买了一套别墅。现在两套房产价值均已翻倍。

臧大哥和胡大姐懂股票吗？不懂。至少懂得不如一个正常的专业玩家十分之一多。他们懂技术系统、资金管理和自我管理吗？别闹了，这些词汇他们甚至从未听过，也没有经历过任何专业的训练。但是他们都有一个共同点，即“重仓豪赌＋遇见牛市＋最高点出逃”。他们如果想保住战果，还必须再加上一条：从此金盆洗手。当牛市成为过去，再继续沿用之前的“战法”，恐怕就会一亏再亏，踏上屡战屡败这条不归路了，一年亏掉百分之几十轻而易举。要知道戒赌如戒毒，重仓豪赌是很容易养成“路径依赖”的。用这种“战法”在牛市中得手的人，从此以后看任何行情都像是“牛市”，都想去配资，那后果就是非常可怕的了。

果不其然。一次我在与臧大哥闲聊时了解到，老人家股票账户里原本还有400万，可是因为持有云内动力等反复暴跌的股票，已经深套35%！尚未动用融资和配资款就已经这样了。若再加杠杆，结局不堪设想。不过好在老人家思维清晰、头脑冷静，知道当前不是牛市，所以下手比较节制，损失也还能承受。如果操盘的是基金的话，恐怕早就清盘了。像臧大哥和胡大姐这样的人，按照佛家的观点，都是有福报的人。他们命中注定就会发达，只不过恰好选择股市作为他们发达的途径而已。他们在股市上的成功与其实际能力没有任何关系。这些人赚钱归赚钱，但是距离“安全、明白、可复制”赚钱的境界，实际上还相距甚远。

看到这里读者想必已经明了，那些从来不懂风险控制为何物，一直激进操作却始终顺风顺水、名声响彻华夏大地的“投资名家”，原来不过就是些福报更大、运气更好的臧大哥、胡大姐罢了。问题在于：这些人是否是值得学习的榜样？他们的“战绩”是否可以复制？如果不可以，他们的成功又与普罗大众何干呢？普通老百姓非常实际，谁有钱他们就跪拜谁。

哪怕仅仅是听说谁“很成功”、“很有钱”也会心向往之，宁愿选择相信。但是我的思维与众不同。我不仅要看你是否赚钱，还要看你赚钱的过程是否经得起推敲？你的行为是否符合常识、逻辑和金融交易的基本原理？也就是说，你在交易过程中是否承担了过量风险？

判断一笔交易是否承担了过量风险的方法很简单：假设这笔交易失败，后果是交易者本人能够承担得起的吗？如果回答是肯定的，也就是说，他不但能承担这次交易失败的后果，还能承担多次失败的后果，那么其风险就是可控的，这笔交易也是正常的。如果回答是一旦交易失败，结果将是“万劫不复”，你还能认为这些“大佬”的成功不是依靠运气，而是他的能力所致吗？须知对于已经发生的事，人们尚且只关心结果，不关心过程；何况对于没有发生的事，就更不会有人去深究了，否则岂不扫兴？在这里，我告诉各位一个鉴别真假“高手”的试金石：但凡声称“心态”决定一切，交易技术只占1%的人，百分百是假货无疑。

道理很简单：一个投资者只要精神正常，“心态”就是够用的，缺乏技术和经验才是他的死穴，而不是什么“心态”问题。一个没病的人，需要到处声称他有病吗？当一个人可以持续盈利的时候，拥有健康良好的“心态”不是天经地义的吗？健康良好的“心态”是持续盈利的结果而非原因，难道不是毫无谈论价值的常识吗？因此在公开场合谈论“心态”，其本质就是公然藐视大众，是对听众智商的羞辱。其潜台词无异于是在说：“你不成功是因为你不配成功，赶紧回家修炼吧”——既堵住了你的嘴、搪塞了你，让你无法就更深的问题提问，又掩盖了他的无知，是不是一举两得？因此，喜谈“心态”者绝对居心可疑。

再者，在这个世界上只有一种人关心“心态”，那就是赌徒，不是吗？当“大佬”告诉你心态之重要超越一切的时候，实际上就是在说，对那些走势对你不利的重仓豪赌的头寸，你要“挺住”啊！你挺得住，就是“心态好”，接下来就能重复他当年反败为胜的故事；“挺不住”就是“心态不好”，你作为一名交易者就没救了，没希望取得任何成功了，所以也就没资格继续跟他对话了。是不是这个意思？但是，我从来只讲方法，不谈“心态”。我传授的“分散持仓，分批进场；先锋不赢，后续不进”的下注口诀和标准化控仓方案，足以让你们有一个良好的心态，无需承担任何压力，更不会让你们冒着覆灭的风险"挺住"。

表6—2是我总结的金融市场上两种赢家的40个区别，特放在这里供你们参考。

表6—2　　　　　金融市场上两种赢家的40个区别

		凭能力吃饭的赢家	祖坟冒青烟的赢家
1	交易致富的过程?	累积致富	一战成名
2	收益率的高低?	年化收益率20%～50%	几十百千倍，仅此一次
3	交易胜率的高低?	早期败多胜少，后期趋于稳健	传说中有一次大胜仗，余不可考
4	战绩是否可以重复?	可以重复	不可重复
5	技术可否学习和传授?	可以学习、可以传授	不可学习、不可传授
6	技术分析还是基本分析?	纯粹技术分析，基本分析为零	纯粹基本分析，技术分析为零
7	交易决策的依据?	只看图表	基本面＋内幕消息
8	是否相信股票价值投资?	不相信	相信
9	是否相信期货供求分析?	不相信	相信
10	有无可能逆势交易?	不可能	很可能
11	亏钱情况下如何处理?	止损离场	逢低摊平加死码
12	依靠什么来赚钱?	判断正确＋纠错能力	判断正确
13	对进出场点的概念?	进出场点都很清晰	出场及时，进场点模糊
14	是否重视临界点战法?	重视	不知道何为"临界点"
15	资金是否分批进场?	倡导"试探—加码"策略，资金在浮盈保护下分批进场	一次性进场
16	是否使用杠杆?	有节制地使用受控的杠杆	使用杠杆大手笔交易
17	是否强调防守、重视回撤?	控制回撤的前提下再谈盈利，攻不忘守、守不忘攻，攻守兼备	只谈进攻和收益，不谈防守和回撤，没有风控方案
18	讲话的逻辑性?	既定性又定量	只定性不定量
19	喜欢谈论的话题?	交易系统、资金管理	佛家、道家、儒家
20	听他们发言的感受?	胜读十年书，醍醐灌顶	空洞无一物，所得为零

续表

		凭能力吃饭的赢家	祖坟冒青烟的赢家
21	是否重视"心态"?	强调方法,慎言"心态",认为喜谈"心态"者居心可疑	公开宣称"心态"决定一切,交易技术只占1%的权重
22	他们的家庭出身?	草根家庭,白手起家	富裕家庭,起点很高
23	起始资金量的大小?	小	大
24	有无高端人脉圈?	无	有
25	有无直接的师承关系?	有	无
26	有无能力守住清盘线?	有	无
27	有无公开交易的历史?	有	无
28	是否擅长交际?	擅长与物打交道	擅长与人打交道
29	各有什么性格特点?	智商较高,情商偏低	智商平平,情商极高
30	是否喜欢接受采访?	闭门索居,拒绝采访	电视网络,演讲嘉宾
31	对市场看法的特点?	观点明确,逻辑清晰	语焉不详,模棱两可
32	行事风格的差异?	雷厉风行,效率至上	谦逊圆融,"道"不离口
33	是否照顾别人的感受?	认理不认人	团结大多数
34	是否愿意说违心的话?	一句都不想说	看场合是否需要
35	对公平正义是否在意?	非常在意	毫不在意
36	对散户有无同理心?	有	无
37	对待输家的态度?	善于学习者可以扭亏为盈	他们是我的食物
38	对待破产的态度?	切肤之痛,最好避免	相信"富贵险中求"
39	待人接物给人的印象?	诚实率直,端正守信	城府极深,善恶难辨
40	是否值得信任?	良师益友,可堪信赖	面近心远,陌路殊途

第2节 攻不忘守,守不忘攻

交易中的技术系统与资金管理是两件事。在什么位置买卖,属于技术系统的范畴;买卖多少,属于资金管理的范畴。这是两个不同的领域、不同的课题,得分开处理、分开解答。如果不分开处理,你怎么知道亏钱是方法不对，还是仓位管理失当导致的呢？有人以为只要是正确的交易就能盈利，跟头寸大小和仓位轻重无关，甚至“正确的”情况下仓位越重就越有利。这种想法是错误的，也是不太聪明的。要知道交易是面向未来的。正确不正确，事前并不知道，最多只能估计个大概。你可以是优秀的运动选手，但你不是裁判。广义上讲，任何一笔交易都可能亏钱，任何一笔交易都是在冒险。关键是，这种风险是否可控？

毕竟，你也不能因噎废食。就像我们每跨出一步都有摔倒的风险，但我们依然迈步向前，因为我们了解那种风险我们承担得起。控仓方案和止损规则属于防守措施，可以让你在多次犯错的情况下仍能卷土重来、东山再起，可以让你拥有长期参赛的资格。但是正确的防守措施只能让你在成功之前拥有更大的回旋余地，争取更多的有利时间，并不必然导致成功。要想在这一行成功，你还必须拥有进攻能力——通过学习正确的做法，在趋势行情发动的时候，掌握机会、创造利润。在实战中，进攻与防守从来一体，无法截然分开。交易者必须学会在进攻中防守、在防守中进攻。所谓攻不离守、守不离攻，攻守合一，就是此意。

交易品种、方向和进出场点的选择是纯粹的技术问题，体现了交易者对市场认知水平的高低；头寸的大小、买卖数量的多寡和总体仓位的轻重，体现交易者对自身欲望的掌控能力。尤其是伴随着加减码的操作，头寸大小或扩或缩，头寸数量或增或减，交易者应该始终注意浮盈与持仓市值之间的匹配关系——一般来说，股票的浮盈不得少于持仓市值的3%，期货的浮盈不得少于持仓市值的1%，否则应当减持而不是增持头寸。每个人对风险的爱好都不相同。胃口大、赌性重的交易员总是倾向于持有更大规模的头寸。有一部分人这样做是因为不懂资金管理，另一部分人就算学习了控仓方案也依然如此——他们不打算管理自己。

表6－3是分散持仓与集中重仓交易者的25个区别，特放在这里供读者参考。

表 6—3　　分散持仓与集中重仓交易者的 25 个区别

		分散持仓的特点	集中重仓的特点
1	交易行为的本质?	走专业化道路,希望持续盈利	原始、本能、业余
2	买卖何种标的?	热点板块的领头羊	知名蓝筹股或重组股
3	是依靠组合还是个股来赚钱?	依靠组合的整体表现来赚钱	依靠单一个股的表现来赚钱
4	单只股票对账户影响的大小?	非常小	非常大
5	有无专业工具,比如选股程序存在?	有可能	不可能
6	有无踏准节奏、切换热点的可能性?	有可能	不可能
7	防守能力——交易失败后能否守住清盘线?	有可能	不可能
8	进攻能力——抓住机会并创造利润的能力?	方法正确、行情配合的情况下盈利能力强劲,可以一再重复	相信价值投资或内幕消息,实际上就是赌博,类似买彩票
9	对持股和持币的态度?	客观中立	倾向于持股
10	是否担心踏空?	不担心	非常担心
11	是否恐惧股票下跌?	不恐惧	极其恐惧
12	持有股票时间的长短?	波段操作	长期持有
13	能否规避标的股的下跌趋势?	能	不能
14	资金是否分批进场?	倡导“试探—加码”策略,在浮盈保护下分批进场	一次性进场
15	依靠什么来赚钱?	判断正确+纠错能力	判断正确
16	交易者希望遇到什么?	上升趋势	伟大的公司或“乌鸡变凤凰”
17	交易行为背后的信念?	趋势是最大的靠山	分享伟大公司成长的红利
18	是否急于改变现状?	不太着急	非常着急
19	是否经得起失败?	经得起	经不起
20	是否相信自己必定成功?	相信	不知道,得看运气
21	如果交易失败会损失多少?	很清楚	不敢想象、不愿想象
22	是否崇拜某个人?	只相信自己	有个崇拜的偶像
23	对消息是否敏感?	不敏感	很敏感

续表

		分散持仓的特点	集中重仓的特点
24	期待好消息还是坏消息?	无所谓	好消息
25	进出场点是否足够清晰?	很清晰	很模糊

许多人在交易中亏钱，首先，跟不会研判大势和整体氛围，即“大指数”或“母指数”有关；其次，跟不会研判热点板块，即“分类板块指数”有关；再次，跟不会捕捉具体标的有关。指数，无论是股票大盘指数、板块指数；还是期货大盘指数、板块指数，都代表一种做多或做空的氛围，代表是否适合操作的“水温”。正确的交易标的，就是在同样的大势环境和市场氛围中，当你做多的时候，它里面的多方力道最强，摆出的做多定式最典型；当你做空的时候，它里面的空方力道最强，摆出的做空定式最典型。多方力道和空方力道最强的标的，分别是领涨标的和领跌标的。我们要做的，就是在领涨标的上做多和在领跌标的上做空。

当然，只有在胜算最高的“临界点”恰到好处地进场，才能兼顾安全性与持续性。所谓安全性，就是避免一进场就遭遇回撤从而被套的风险；所谓持续性，就是避免买进的标的“脚踩西瓜皮——滑到哪儿算哪儿”，即走势缺乏后劲儿的风险。这两种风险我们主要用临界点战法和高胜算图形定式来规避。交易中凡是远离成本区、浮盈最大、表现正常的头寸一定要拿得久一些，它们是市场选举出来的好苗子，有可能走得更远。因为能为你带来更大利润的品种，一定是那些早早脱离成本区、已经产生利润的品种；而不是那些从未产生过利润、一进场就亏损的品种。就像帮助过你的人可能会再次帮助你，从未帮助过你的人可能永远不会帮助你，是同样的道理。这是一个重大的投资理念的转变，你们必须过这一关。

不要小瞧那些一开始看上去似乎微不足道的获利头寸。只要趋势发展得足够流畅，我们加码的速度可以很快。但无论怎么快，加码之后的综合成本线应与市场最新价之间保持足够安全的距离，这个距离既是我们的浮盈，也是我们用来对抗回撤的资本。很快，我们的小头寸会迅速演变为相对大的头寸，持有的股票或期货合约的数量可以达到几十、上百个。

相反，如果趋势发展受挫，除了新资金不再进场，既有的持仓市值也要缩减。这种动态的“盈扩输缩”的持仓方式，资金的利用效率又高又安全。你们不但要尽快学会，而且要习以为常。因为这是唯一正确的下注方式。这世上再也没有什么别的交易方式，能在创造利润的同时管住风险、限制回撤了。学会这种交易方式，意味着你们有能力掌控任意规模的资金。

交易中的防守除了体现在控仓环节上，还体现在对交易机会的精挑细选和对趋势行情的准确把握上。一般来说，市场走势是趋势与形态交替出现，其中，趋势行情是“赚钱黄金期”，形态（无趋势）是“赔钱黄金期”。在形态构筑期间，每次当你觉得图形已经走好、即将看涨的时候，它都会掉下来；每次当你觉得图形已经走坏、即将下跌的时候，它都会涨上去。非如此，如何成其为“赔钱黄金期”？你说我逢低做多、逢高做空行不行？那样不就吃定它了吗？不行。人只能采取一种行为模式，要么专注于做趋势，要么专注于做无趋势。经过比较，我们认为趋势行情价格波动大，更容易掌握，同时规避无趋势难度不大。而专注于做无趋势行情的话，价格波动空间小，获利潜力小，还很容易在趋势行情来临时被“撕碎”。

综合权衡之后，我们决定只做趋势行情，规避无趋势行情，所以我们被称为“趋势跟踪”一派。如果什么行情都想做，什么钱都想赚，将会不可避免地陷入精神分裂和交易行为上的颠倒错乱，最终要么在无趋势行情中因大量犯错被消灭，要么在趋势行情来临时因为逆势被消灭，下场悲惨。但要注意，我们始终是“跟踪趋势”，既非“创造趋势”亦非“指挥市场”。在市场面前将自己自觉地定义为弱势群体，是金融交易者走向成熟的标志。这一行的事实真相是：一切交易者在市场面前都是弱势群体。我们只能尽可能追求大概率事件，尽可能提高胜算，而不可妄图“指挥”市场一定要怎样怎样。市场不是我们的儿女，它不听我们的指挥，只听它自己的。何况就算是我们的儿女，也照样未必听我们的指挥，难道不是吗？

每次当我们进场以后，如果市场确实走出一波像样的趋势行情，我们的持仓品种和相应的市值规模随之增加，直至在浮盈保护下满仓。如果趋势未能正常展开或发展不顺利，先锋部队浮盈增长受挫，后续部队也就缺乏继续进场的理由，资金进场速度自然受到抑制，于是风险也就自然而然地得到了管理……这就是金融交易的基本原理与核心模式。这个过程里面包含了“预判—试对—得寸进尺”和“预判—试错—纠错”两种循序渐进的机制，绝对不是一些新手和外行所想的那样，存在一些视市场如ATM机的“神人”和“超人”，一开始就无比正确，每一步都“吃定”市场，强迫市场为他的“英明正确”付钱。你如果存在这种想法，一定处于社会的底层动弹不得。因为你严重地高估了他人、贬低了自己。

《老子》云：“勇于敢则杀，勇于不敢则活。此二者，或利或害。天之所恶，孰知其故？”意思是老天爷厌恶那些不随顺自然的人，会毫不犹豫地毁灭他们。《阴符经》中也说：“天生天杀，道之理也。”意即天地自然既可以无私地生养化育我们，也可以轻而易举地消灭我们，就如秋风扫落叶一般。一切取决于我们是随顺天地自然的意思，还是违逆它。《人民的名义》中的祁同伟说：“在这个世界上没有人能够审判我，老天爷也不行”；自杀前又说“去他妈的老天爷”。他既然说出这种话，那就非死不可、不死不行。金融市场是大自然的一部分，随顺市场就是随顺自然。作为交易者应始终保持客观、理性、冷静的态度，尊重市场发展的实情，在市场各个不同的发展阶段采取与之相应的对策，切不可妄自尊大、自取灭亡。

第3节　一般人为什么失败？

有无数种原因可以导致交易者在市场上失败。解决问题的第一个原则是“不熟悉的市场不做”，即所参与市场之走势必须能够被纳入技术分析框架范围内。第二个原则是“不活跃的市场不做”。越是流动性差的市场，其价格越容易被人为操纵。第三个原则是“不连贯的市场不做”。如国内期货市场有些挂牌品种缺乏定价权，走势完全唯外盘马首是瞻，是典型的影子市场。这种市场的价格走势图存在大量的跳空缺口，扣除跳空后的日内波幅狭小，无论隔夜持仓做趋势行情还是做日内行情，都相当吃力和被动。因为如果夜间外盘大涨或大跌，内盘次日即向上或向下大幅跳空开盘，一步到位，不给日内交易者任何机会，这种情形在上海黄金推出夜盘交易之前的走势上表现得尤为突出。当时大量交易界的老手不堪忍受纷纷转战外盘即美欧期货市场，正是因为这个原因。当然，夜盘推出后此问题已有所改善。

其次，应该注意交易品种的选择。交易品种以趋势频繁出现、波动幅度大、走势真实自然、买卖活跃、成交连续密实者为佳。以股票为例，大型机构投资者往往选择蓝筹股。姑且不论这样做是否正确，流动性好、进出方便是其主要考量。期货交易中，交易者应该选择“主力合约”，即成交量和持仓量均为最大的那一款合约进行交易，其他合约应该一概回避。因为只有被广泛参与的品种，其价格走势才是真实自然的，不易被人为操纵，交易技术也才有用武之地。解决了市场选择与标的选择问题之后，最应该解决的就是进出场时机问题。举例来说，交易技术可以清楚地显示某个板块或品种即将上涨或下跌，时间上可能很快，也可能拖得很久，久到足以让所有人都失去耐心。趋势展开以后，可能是一气呵成的，也可能是一波三折的。如何对待，全赖交易技术。进出时机解决以后，买卖多少的问题又摆在面前。

成熟的交易者拥有一般人难以掌握的精深的交易技术。他永远顺着中期趋势的方向交易，但如果是保证金交易，亦不会对短期的逆向波动放松警惕。他只在“所有条件都有利”时出战，其他时间则只是观察和等待。他信赖自己的交易系统甚于信赖自己的感觉，与常人最大的区别是无贪无惧、无骄无馁，当进则进、当退则退，没有畏首畏尾、患得患失的情感羁绊。他不但拥有出色的自我管理能力，也有一套经过验证的资金管理方案，懂得怎样在限制回撤的前提下创造收益，攻中有守、守中有攻，守在攻先。在期货和外汇交易中，如果没有做好资金管理，哪怕看对了大方向，也会在正常的价格回撤中被消灭。在保证金交易中应用高杠杆重仓交易或盲目地以利润加码至满仓，爆仓出局的概率是100%。下面，让我们一起认识我通过研究大量失败案例所总结出的“亏损交易定律”和“盈利交易定律”：

亏损交易＝[过晚结束亏损头寸＋过早结束盈利头寸]×过度交易(即大比例重仓交易或高倍率杠杆交易)×[无系统、无节制的频繁交易＋

低胜算、低确定性的强行交易]

盈利交易＝[尽早结束亏损头寸＋盈利头寸充分发展]×严格受限的仓位比例或杠杆倍率×[交易系统决定的交易频次＋临界点战法决定的交易频次]

这里注意警惕三个敌人，分别是过度交易、频繁交易和强行交易。过度交易者喜欢大笔进出，无论是操作十万元还是一亿元，他们都希望将每一分钱都投入进去，因此他们总是觉得钱不够用，或者更准确地说，再多的钱都不够他们用，也不够他们亏损。频繁交易者宁可亏损也不愿意约束自己呆在场外，更不愿意一直“单调”地持有获利头寸让利润充分发展。他们喜欢享受一直不停地交易本身所带来的刺激，直到亏光所有的钱为止。强行交易者明知市场条件不许可也企图利用技术优势强行获利，他们等不及“大好时机”的到来，以致远在“大好时机”到来之前就已耗尽资金或深陷亏损的泥潭不可自拔。这三种堪称“交易狂”的人除非改变行为模式，否则没有成为杰出交易者的可能。新手因为无知犯这三种错误情有可原，已经意识到问题但不愿意自律的这三种人通常被称为“流氓交易员”。

下面详细列举导致交易亏损的常见现象及原因，这些现象和原因分别对应交易者在技术系统、资金管理或自我管理方面存在的问题，请这一行的输家们自行对号入座：

1. 自投罗网：选择了错误的交易市场，在不熟悉、不活跃或走势不连贯的市场中贸然操作。有些不合法的“现货市场”设置高得离谱的交易费用和成本，并且勾结机构大户操纵价格，专门等“大鱼”来上钩。实际上，他们连“小鱼”也不会放过。

2. 不辨牛熊：不能识别市场整体上处于牛市还是熊市，缺乏判断股票大盘指数或商品期货指数宏观形势的能力，没有掌握将月线图、周线图和日线图结合起来综合研判的技术。甚至就连上升趋势和下跌趋势也无力分辨，不知道何为顺势、何为逆势。

3. 三期不分：虽然知道市场整体上处于牛市或熊市，但无力判断市场当前阶段是处于牛市或熊市的初期、中期还是末期，不能据此作出相应的决策。还有的交易者不能分辨一波中级趋势的起点和终点,在趋势终点持有最重的仓位,回撤速度惊人。

4. 不顾大局:"集体趋势"是交易之锚,在股票或期货大盘指数上涨的背景下做多或下跌的背景下做空,赢面才是最大的。股票或期货大盘指数处于主升浪时禁止做空标的,处于主跌浪时禁止做多标的。"抛开指数做个股"只对股票大盘指数的无趋势行情适用。短期趋势服从中长期趋势,个股服从大盘或板块指数是普遍规律和实战原则。

5. 逆势交易:缺乏判断具体交易品种趋势方向的能力,不会阅读月线图、周线图和日线图(方法与研判大盘指数完全一样),在具体操作品种上逆势交易。正确的做法应该是:在上升趋势中做多,在下降趋势中做空,在无趋势行情中空仓。注意这里的趋势一般是指日线图所指示的中期趋势,并且方向上最好取得周线图所指示的中长期趋势方向的"支持"。如果代表中长期趋势的中长期均线对该笔交易投"反对票",则应引起注意。

6. 不懂节奏:虽然能够识别具体交易品种的趋势方向,但对趋势主导方的力量衰竭和因之造成的转势不敏感,对多空力量强弱的此消彼长过程浑然不觉。在不是临界点的位置胡乱加码,导致综合成本线距离市场最新价太近,无力抵抗回撤,被三振出局。

7. 错失热点:缺乏正确选择交易品种的能力,不懂大盘与板块、板块与标的走势之间的关系。不了解领头羊和跟风品种在走势上的不同特色。缺乏对市场阶段性领涨或领跌品种的判断力。无论多空,如果不能在最强标的上赚钱,也就不能在整个市场中赚钱。

8. 惧怕最强:虽然明了何为领涨或领跌品种,但因为发现不及时,惧怕在升势最强劲的品种上做多,或缺少在跌势最凌厉的品种上做空的勇气。总是抱着趋势不强劲或者干脆无趋势的品种,错失领涨品种的主升浪行情,或者错失领跌品种的主跌浪行情。

9. 不够精细:缺乏判断具体交易品种微观趋势的能力,虽然对方向正确的中长线头寸影响不大,但在保证金交易中却会招致重大损失。交易者应当建立微观交易系统作为波段进出的依据,精细化操作。在交易中兼顾大局与细节，宏微结合才能百战不殆。

10. 不忍止损：没有“止损规则”，缺乏面对现实的能力。要么是不能识别趋势，要么是心存幻想，总是过晚结束亏损头寸，导致原本小的亏损演变为灾难性后果。

11. 不懂止盈：没有“止盈规则”，不知道怎样正确处理盈利的头寸，任由价格大幅回撤吞噬大部分盈利，甚至最后转盈为亏。结果是所有亏损都被兑现（因为存在忍受的极限），所有利润都没兑现而被市场收回，交易者因此遭遇财务和情绪上的双重打击。

12. 缺乏耐心：进场和离场都要耐心等待交易系统发出的信号，没有系统就会胡乱进场和离场。结果要么草率进场，要么过早结束盈利头寸。有些人虽然懂得“止盈规则”，却总是恐惧失去既有利润，剥夺获利头寸充分发展的机会，缺乏不动如山的能力。

13. 过度交易：因为贪婪或受速富思想的支配，妄图通过孤注一掷实现一夜暴富。违反“稳健性法则”，总是一进场就采用重仓或高倍率杠杆交易，最终要么因为压力过大而功败垂成，要么因为一个错误或意外而一次性暴亏。他们需要系统学习资金管理。

14. 频繁交易：没有正确的交易系统或者不遵守交易系统，缺乏分辨诱惑与“真正的机会”的能力，唯恐错失机会，甚至以为到处都是机会，缺乏从“日间杂波”的邪恶引诱中走出的能力，导致无节制、无大方向指导下的频繁进出，很快集小亏为大亏。

15. 强行交易：任何人都不能罔顾市场条件而企图强行取利。要明白“胜可知而不可为”的道理。交易者应耐心等待所有条件都对自己有利的临界点下手，以“确定性法则”为指导，放弃低确定性、低胜算的“机会”。学会桃子要挑红的摘，柿子要拣软的捏。

16. 无利则害：不懂“预期落空必须离场”的道理。如果进场后发现市场的实际动向与预期不符，应该先了解头寸，再来思索是否应该改变对市场的看法。交易者的一切行为都必须以市场为导向，合于利而动，不合于利而止。市场“不听话”是正常的。

17. 不知加码：如果通过小头寸试仓成功，发现市场运行方向与预期一致且力度足够，则应立即增仓以支援“先锋部队”。这样既可以避免过度交易，又能在形势有利的情况下扩大战果。但要控制加码的速度和节奏，令综合成本线与市场最新价保持距离。

18. 急于回本：潜意识里急于致富或者扳回损失，要么没有明确、成熟的交易系统可供遵守，要么没有耐心等待“大好机会”的到来，缺乏对于高胜算交易机会的考量，有意无意地反复违反“确定性法则”，一再重复频繁交易、强行交易或者过度交易的错误。

19. 追求刺激：缺乏考量胜算和制胜策略的智慧，精神空虚，害怕无聊，不想了解市场真相，只想交易再交易，这样很容易陷入频繁交易、强行交易或者过度交易的泥潭，直至耗尽所有资金为止。这些人总是把成功的希望寄托在“下一次的好运”的基础上。

20. 报复市场：因为“面子损失”而报复性交易，向市场挑衅，想“出口恶气”或“一举大败市场”。这些人不懂得，市场先生身兼对手和裁判两种角色，它才是最强大和永远正确的。交易者看重的自尊和面子非但一文不值，反而是踏上盈利之路的障碍。

21. 证明自己：轻视市场和其他竞争对手，总认为别人都是“蠢笨而迟钝”的，总想证明自己比市场或其他交易者更聪明。他们不懂得，人只能有限程度地战胜市场，而不可能从终极意义上完胜市场。如果一击不中，最好赶快逃开，以免遭到市场的报复。

22. 自我膨胀：在一笔或连续几笔交易大赢之后，期望值急剧飙升，甚至原本渺小的自我也空前地膨胀起来，自以为找到了发财致富的永动机，忘记了频繁交易、强行交易和过度交易的危害，开始疯狂交易。屡败屡战易，大胜从容难，后来者宜思之戒之。

23. 不懂休战：一次大的挫败之后，按照前辈交易家的经验，应停止交易休息一段时间直至重拾交易信心，或至少减量经营至合适的规模。但有些人为了反败为胜，既不停止交易也不减量经营，导致在大亏之后再次严重失血，最终被完全剥夺交易资格。

24. 拒绝自律：把金融交易这项严肃的事业贬低为网络游戏或手机游戏，酷爱自由和娱乐，拒绝自律。“自由狂”往往同时也是自大狂，在他

们看来，自律不仅是“不爽”的，也是丢面子的。而“天才”（他们对自己的评价）总是个例外，是无需自律的。他们错误地认为自己具备“超绝的智慧”或“出奇的好运”可以脱离交易法则的约束。

25. 拒绝学习：虽然知道自己缺乏专业知识，但因为懒惰或抱持游戏人生的态度，极度缺乏深入了解客观事物内部规律的动机，做事不专注、不深入、不持久，怕麻烦或不愿付出，宁可重复错误，拒绝深入学习。就像不愿长大的婴儿，只需要一个奶嘴就够了。

26. 追求完美：某些交易者并非缺乏盈利能力，但出于一种追求“完美主义”的“交易洁癖”，总把原本盈利的交易搞砸。他们想永远正确无误，包括所有的细节。这既不可能也无必要，因为交易不是数学、物理学或任何一种科学。完美主义者可能还隐含自大倾向，他们迟早会感受到来自账户的压力，从而记起他们来到这个市场的本来目的。

27. 缺乏勇气：当受挫太多太重，交易者会变得如惊弓之鸟一般惶惑不安。当“大好机会”近在眼前时，他们却在关键时刻丧失了行动的勇气。他们畏缩着、犹豫着，直到眼睁睁地看着“大好机会”成为过去。也许，“不行动”就是为“不犯错”准备的最佳借口。

28. 厌恶金钱：内心深处对金钱或者成功有着不正确的认识。他们对金钱有罪恶感，即认为金钱是肮脏的；对在交易市场上赚钱也有罪恶感，即认为自己的成功是不当的，是造成别人损失的原因，不能从更高层次上正确理解和处理得与失、成与败的辩证关系。

29. 自认卑微：认为自己天生卑微，不配享有成功，惧怕成功的到来，无法想象自己成功之后的模样。小草怎敢妄想长成大树？像老鼠一样躲进洞里他们才感觉安全。

30. 追求失败：因为精神创伤而拥有追求失败或者倾向自我毁灭的潜意识。

第4节 市场赢家的人格特质

从本节开始，我们将着手研究市场赢家的心理特征、思维方式与人格特质。成功的交易家都是些异于常人的人。我认为有13项人格特质为这些人所共有，而且这些特质全都为我所看重。下面我将借几位美国杰出交易家之口，一一说明这些特质的重要性。

1. 独立人格

只有独立人格才能独立思考和独立决策，并且勇于对决策的后果承担全部责任。吉姆·罗杰斯："你们天生就有能力为自己的最大利益下最好的决策，这个世界上从来不曾有哪个人是只靠从众而成功的。"范塔普博士："一般人都有抱怨别人而保护自己的倾向。成功的人知道要对自己的操作结果负责，而失败的人却并不如此。"杰西·利维摩尔："一般人不希望别人告诉他现在是多头还是空头市场。他要别人明确地告诉他应该买进、卖出特定的个股。他想不劳而获，他甚至希望不必思考，就算让他从地上捡钱他都嫌太麻烦。"

2. 客观精神

即判断与操作要尽可能地贴近市场的客观实际。交易者越是客观，成就就会越大。主观交易者是不会成功的。麦可·马可斯："他（指《金融怪杰》的主角之一布鲁斯·柯凡纳）之所以成功，我想是因为他很客观。一个好的交易员绝对不能没有弹性。假如你发现某个人能以开通的胸怀接受世上的事，你就找到了一个具有成为交易员条件的人。"威廉·欧尼尔："大部分投资人都无法以客观的角度来观察股市。他们总会挑选自己心理上较为喜欢的股票，并一心希望这些股票会使他们获利，而忽略了股市走势所透露出来的讯息。"

3. 热爱交易

拿破仑·希尔："一个普通的愿望是无法战胜失望、沮丧、失败、批评和各种困难的，只有当它是一种炽热的欲望，一种痴迷、执着时，这一切才有可能。”爱迪生几乎每天都在他的实验室工作长达十八个小时，在里面吃饭、睡觉，但他丝毫不以为苦。“我一生中从未做过一天工作，”他宣称，“我每天其乐无穷。”没有人能够在不感兴趣的领域取得令人称道的成就，难怪他的成就无人可比。“如果工作是一种乐趣，人生就是天堂”，诗人歌德的说法说明了同样的道理。做你最喜欢的事，你就是这个世界上最幸福的人。

4. 专注求胜

即便您没有天才的天赋，但如果您做事时比天才更专注，您的成就也会远远地超过天才。面对这个浮躁喧嚣的世界，请牢牢坐稳您的冷板凳。大卫·瑞安：“我热爱这份工作。虽然每天工作 8 到 9 个小时，但是下班回家还会再花几小时时间研究股票。我认为，如果一个人热爱自己的工作，成功的机会一定比较大。”范塔普博士：“除非一个人自己心甘情愿要成为杰出交易员，否则谁也没办法引导他。我从未见过一个缺乏意愿的人能成为成功交易员。”艾德·斯柯塔：“求胜意志强烈的人，一定会寻求各种方法来满足其求胜的欲望。”

5. 洁净精微

“洁净精微”是孔子在《经解》中对《易经》的评价。原意为一个人内心清静、头脑清醒、思维缜密。借用到这里是指交易者要具备从宏观和微观两个层面精确把握行情的能力，同时保持内心的开放性与灵活性。交易员应该处理好大局与细节的关系，尤其细节是很容易被忽视的东西。吉姆·罗杰斯：“投资和生活一样，细节往往是成败的关键。只要与你的投资决策有关，都不能掉以轻心。任何让你觉得不安的问题或感觉，都要找出答案来。大部分人之所以不成功，原因往往出在研究不够彻底，只看他们随手可以拿到的资讯。”

6. 诚实求真

一个成功的交易家必须对人对己诚实，以追求真理和事实真相为毕生要务。麦可·史坦哈德：“你必须对自己或别人诚实。就我所知，成功的交易员都是事实真相的追求者。”马可·威斯坦：“交易策略必须具有弹性，以反映市场的变化。大部分交易员最常犯的错误，就是交易策略总是一成不变。他们常常会说：‘怎么市场情况与我所想的完全不同？’为什么要相同呢？生活不总是充满了未知数吗？”保罗·都德·琼斯：“我会先预测市场的走向，然后以低风险的方式试探。如果一直不成功，我就会改变我对市场的看法。”

7. 勇于行动

离开信心和勇气，交易者将寸步难行。杰西·利维摩尔：“投机客的勇气就是有信心根据自己的决定行动。”麦可·马可斯：“勇气非常重要。任何专业交易员都不能没有勇气。成功的交易员必须要有勇气尝试、接受失败，以及不畏艰难地攀上成功的巅峰。”盖瑞·贝弗德：“成功交易员必须具备下列条件：果断、耐性、进场的勇气、认输的勇气和强烈的求胜欲望。”但是勇气不等于鲁莽。赖瑞·海特：“别与市场斗狠，你一定会输的。”

8. 勇于自律

所有交易环节都需要自律，没有自律就没有成功。交易技术是“知”的范畴，自我管理是“行”的范畴。知行合一才能无往不胜。例如，大亏之后需要自律。麦可·马可斯：“许多交易员最后都把赚到的钱全数吐出来，就是因为他们在赔钱时不愿意停止交易。”大赢之后需要自律。保罗·都德·琼斯：“每次遭受打击，总是在我洋洋自得的时候。”艾德·斯柯塔：“有时候我才对自己的能力感到自豪，接下来所面临的就是一笔惨不忍睹的亏损。”

9. 勇于纠错

马丁·舒华兹：“我之所以能成为一名成功的交易员，就是因为我终于能把面子抛在一边。假如我错了，我得赶紧脱身。因为有道是：留得青山在，不怕没柴烧。我总得为下一笔交易留些资本。我犯了一次错，又有什么大不了呢？交易最引人入胜之处就在于自己永远具有改善能力的空间。身为交易员必须直面错误，因为数字是不会骗人的。”盖瑞·贝弗德：“所谓认输的勇气，就是面对失败的交易，你必须拿得起、放得下，你绝不能因为一笔交易失败，而被搅得心神大乱。”人非圣贤，难免会犯错误，但是重在有错必纠。

10. 善于总结

交易者应该具备从正反两方面学习的能力。汤姆·包得文:“输家绝对不够努力。他们不够专心,不注意影响市场动态的各项因素。他们的毅力与耐心不够。等不及真正的交易良机到来,就想进场交易。”理查德·丹尼斯:“我对交易新手的忠告是:从事每笔交易时,你都必须有最坏的心理准备,因此应该小量经营。”艾德·斯柯塔:“面对手气不顺的逆境,我会减量经营直到完全停止交易。在亏损时加码试图翻本,无异于‘自作孽,不可活’。”

11. 足够耐心

等待高胜算的进场时机需要耐心。马可·威斯坦:“我的交易很少遭逢亏损,是因为我总是选择最适当的时机进场。大部分人都不会等到市况明朗才进场。他们总是在黑夜中进入森林,然而我则是等到天亮才进去。印度豹虽然是世界上跑得最快的动物,可以追得上大草原上的任何动物。可是,它总是等到有足够的把握捕捉到猎物之后才发动攻击。它也许会在草丛中躲藏一个星期,等待适当的猎物与适当的时机出现。选择与等待万无一失的时机发动攻击,就是我的交易原则之一。”

12. 百折不挠

明眼人都知道百折不挠者占尽了动辄认输者的便宜。除非你自己认输,否则没有人能宣告你彻底失败。无论曾经遭遇多少次亏损,只要你恢复交易信心,你随时都可以东山再起。布鲁斯·柯凡纳:“我从麦可·马可斯身上除了学到交易要有节制外,另一件非常重要的事是,你必须学会接受失败。失败并没有什么了不得。马可斯教我必须运用自己的判断力作出交易决定。如果判断错误,再接再厉。只要你能完全投入,一定会有成功的一天。”

13. 身心平衡

作为交易员应该了解自己的优势和劣势,对人生、人性有透彻的理解。既不过分疲劳,也不承担过量风险,永远不做自己能力范围之外的事。如此才能做到知足常乐、乐天知命。理查德·丹尼斯:“你必须保持平静,毕竟交易只是生活的一小部分而已。我会尽量避免让自己因为交易失利而陷入情绪低潮。我也会在交易顺手时,以平常心待之。我从事交易已经有 20 年,若非学会了保持平静,我早就会被交易生涯中的大起大落逼疯了。”马可·威斯坦:“要知道自己的极限。每个人都有极限,即使最高明的交易员也是如此。”

第7课　市场具有高度的智能

第1节　鱼头不吃，潜龙勿用

我们从事波段交易的，通常是等市场走明白了才进场。当然也会有试仓，比如期货0.03和股票0.01的杠杆的标准化头寸，都属于试仓。但试仓也要符合系统，要有根有据，不能瞎试，否则就成了猜。为什么有些朋友总喜欢猜呢？因为他想取得“成本优势”。生存压力大的人急需改变现状情有可原。但财不入急门，越着急交易，质量就越差。我们趋势跟踪一派，最重要的事是确认趋势是否确立。有些朋友他不是跟踪趋势，他是臆想有一段趋势、希望有一波趋势即将展开，这种愿望没有确凿的证据，也没有正确的交易系统的支持，所以他的失败率很高。事实上，“趋势确立＋临界点进场”远比所谓的“成本优势”来得重要。

因为无论初始进场也好、中途上车也好、顺势加码也好，你的目的是快速脱离成本区，取得浮盈保护；而不是多在最低价、空在最高价。如果没有“周/日均线系统定方向”之交易技术与“临界点加码”之交易方法，交易者势必会迷失在周图、日图或微图的汪洋大海里，并且陷入试图强行“创造利润”的冲动里不能自拔。如果再加上“利润最大化＋利润最快化”之类的意识或潜意识，则必定会在“贪婪（重仓）—恐惧（怕回撤）”的陷阱里来回打转，无法逃出生天。一方面是交易依据的图表周期的微观化甚至分时化，另一方面是重仓短线频繁进出。两相结合就会成为制造亏损的利剑，亏损将以乘法速度不可遏止地奔跑起来。

在交易这一行，不止损不行，止损太频繁同样不行。频繁止损导致的累计损失一样会成为不可承受之重。这就是喜欢“吃鱼头”——在趋势尚未确立的情况下轻举妄动、试图强行取利的常见后果。而在趋势确立的前提下，只要是在临界点进场，哪怕仓位稍重一点，甚至趋势的前半截没做都没关系，丝毫不会影响业绩，反而还免去了频繁止损之苦。何故？凡事有一利必有一弊。争抢“成本优势”会导致确定性的下降和失败率的提高。在趋势确立之后再在临界点进场，虽然看似进场有些晚，但确定性和正确率却大大提高。交易者如果对自己把握优势交易机会的能力有信心，特别是在有足够获利经验的情况下，就再也不会有兴趣争抢着吃“鱼头”了——“鱼头不吃，潜龙勿用”，应该成为成熟交易者的基本信条。

说到底，如何识别趋势行情起止区，是交易这行的根本问题。识别趋势的起止区不是你们想象的那么容易或那么难，但真正掌握这项技术的人少之又少。其次，真正掌握这项技术的人他就算想说，也未必有条件。我们的恩师杰西·利维摩尔在《股票作手回忆录》里很想说，比如他多次提到的“关键点”(即临界点)概念。但是这本书里面没有 K 线图，只是用一些数据表格来代替。他是 1940 年去世的，计算机 1946 年才被发明出来。当时没有绘图软件，所以他无法表达。直到今天我们才终于有条件来学习这一切。但是我说了之后你能理解，并不等于你真的掌握了。能听懂和你自己会判断根本就是两回事。就好比给你一根拐杖你能走，丢开拐杖你不一定能走。学习交易的过程极其漫长，你们要有充分的心理准备。

长期以来，我们都在用“天网系统”来网鱼，不管是原油、美元，或者是黄金、白银；不管它是股票、期货、外汇、国债或别的什么东西，只要用这套系统往上一罩，整个市场就成为瓮中之鳖，无法逃脱我们的手心。在金融市场上奋斗了 20 年，并且有幸成为基金经理、有过数年操盘大资金的经历之后，我想告诉读者的是：在这行赚钱实际上有且仅有一种模式，即通过对高胜算图形定式的掌握和利用，预测潜在的趋势行情；以临界点战法和成长性法则决定进出时机，按照标准化控仓方案管理头寸，然后在此基础上知变应变。“天网系统”的内涵可以一言以蔽之：“在代表短期趋势方向的短期均线与代表中长期趋势方向的中长期均线方向一致或重新扭转为一致时进场，胜算最高。”这句话将陪伴我们度过余生。

交易者仅仅知道图形定式或多周期共振的知识，还未必能赚钱。如果你不懂标准化控仓，就发挥不出这套系统的长处，照样会赔钱。用这套系统，初始头寸必须立足于标仓波段，有浮动利润出现后再在节奏点上顺势加码。总之技术系统必须与仓位控制相结合才能赢，这是我想说的第一点。第二点，这套系统通用于所有的金融市场，其战斗力秒杀其他一切派别。任何市场只要套入“天网系统”，有价值的行情将无从逃脱。历史是一面镜子，鉴往可以知来。但是有些人，叫什么“随机漫步派”的那些信奉者们，他们非常蠢。他们说这个市场是随机的，过去跟现在无关，现在跟未来无关。他们认为技术派很蠢，反之亦然。

我不明白，市场行为怎么能说完全是随机漫步的呢？那些宏伟壮观的趋势行情难道不能用于赚钱吗？没错，市场在某些时候的确是随机漫步的，走势就像醉汉找不到自己的家。但这是可以规避的，何况它会永远如此吗？不管多久，醉汉终究会醒来，踏上回家之路。所以不能因为市场短期、局部的无序，而否认其长期、整体的有序。随机漫步理论只不过是输家们对价格运动规律无能为力的哀鸣。可以理解，当一个人被市场先生无数次掌掴之后，他会变成一个沮丧的不可知论者。即便如此，自尊心仍然不允许他认输；相反，他觉得自己还很聪明。他说：“你看，我有个重大发现，过去不代表现在，现在不代表未来。”

可是朋友，你不通过过去推导现在，不依据现在推导未来，你依据啥呀？天气预报依靠的不还是过去的资料吗？我们研究人类的现状，预测人类的未来，不还是要研究人类的历史吗？历史是我们唯一能依据的资料啊，为什么要自作聪明呢？要是发现这个市场的走势乱七八糟，根本没有规律可言，我早就不干这一行了。相反，从我入市的第一天起，我就直觉这个行业必有规律可循。20 年来我一直孜孜不倦地追寻，终于把规律找出来了。怎么会没有规律呢？你认为它没有规律是因为你没有水平，忠言虽然逆耳，但事实就是如此。所以凡是说市场是随机漫步、无规律可循的，这样的人我们不要理他。要深信市场是有规律的，过去跟现在有关系，现在跟未来有关系。对待随机漫步派，我持一棍子打死的态度。

当看到随机漫步理论在全球范围内那么有市场、影响力那么大的时候，我真的很吃惊。我不明白，既然市场走势随心所欲、毫无规律可言，这些人还在这里厮混什么呢？我们之所以来参与金融交易，就是因为我们相信市场不仅有规律可循，而且可以拿来盈利。我们致力于发现它的规律，再反过来指导实战。虽说我们的研究结论不是100％正确，但是只要胜算达到足以盈利的程度，我们就应该感到满意了。只要做好防守措施，在标准化控仓和杠杆受限的前提下设好止损，为我们可能会犯的错误留下余地，我们不必追求100％的胜算。如此一来，我们就是在有策略、有约束、有优势地从事金融交易。而市场一旦进入趋势轨道，大体就是可掌握的，不能掌握的只是行情演变的细节而已，但是这已经无关紧要了。

第2节　小单量测试市场强弱

持续盈利的基本原理不是一举制胜，而是在控制风险的同时，依托正期望值的交易系统，以高胜算图形定式为先导，预测集体趋势；先以小单量初始头寸测试多空力量的强弱对比，做对时加码，做错时止损，当利润达到20％左右时阶段性收割；然后再以标准化的小头寸重新开始做起，等到将小的浮盈养大到20％左右再次收割；接下来将这个游戏循环往复地进行下去……总之，交易是个循序渐进的过程，市场是不是要走出趋势行情，有时是需要测试的，因此必须学会分散持仓和分批进场。当然相对重仓也不是不可以，但那是在趋势发展过程中，在浮盈的保护下逐渐加码加上去的，不是一出手就重仓，只有这样才能控制住回撤。

交易之难，在于你要有完整的大局观。所谓完整的大局观，就是对市场各种演变的可能性，你都能研判得到，而不是一根筋，认为市场一定会如何如何走。很多人学交易学不下去，就是因为他无法预估多种可能性的概率各是多大，也做不到知变应变。他受不了这些——他喜欢那些确定的东西。如果存在各种可能性、各种演变，他就觉得这个东西是属于不

可知论，完全无法操作了。比如前辈交易家曾经提出了一个“时间止损”的概念。什么叫“时间止损”？就是以我们的交易经验，该出大阳线的地方迟迟不出，该上攻的地方迟迟不攻。原本看涨的品种在关键位置该涨不涨、宁死不涨，就说明看涨的预期落空，理应止损。

同理，原本看跌的品种在关键位置该跌不跌、宁死不跌，同样属于预期落空，需要平仓。这就像带兵打仗，你要是一个合格的将帅，就应该明白什么时候你的部署被敌人识破了，你的计划已经落空了。招数不能使老，这个时候就得重新安排、重新部署。这就是交易最核心的部分——“完整大局观＋知变应变”。即交易中既有原则、有系统，又有变化。一根筋的人学不会交易、讨厌交易，觉得自己的智商搞不定交易，原因就在于此。做交易跟带兵打仗很像。因为合格的将帅很罕见，适合交易的人也很罕见。业余玩家缺乏定力，一根大 K 线就能改变世界观。加上急于赚钱、赌性十足，所以常常重仓出击、大块割肉。

为了控制止损的金额，在真正的趋势行情来临之前限制资金曲线的回撤幅度，用来试仓的初始头寸必须足够小。因为就算方向既定，市场演变的路径会比你们想象的要复杂曲折，抵达目标位的时间也会比你们想象的漫长。谁规定的多头就一定会在涨势中赚钱？先在杀跌中剿灭他们，然后再登临峰顶，不可以吗？如此一来，涨势还是那个涨势，人已经不是原来的人了。同理，下跌的过程也很曲折，中间的反弹会很强劲，看上去就像涨势重来。市场就是要在大多数的时间愚弄大多数的人。它是不会让你称心如意的。逆势的一方固然会遭受损失，顺势的一方照样日子难熬。快乐的日子总是短暂，在沼泽地里煎熬才是常态。

金融交易是多空之间的大搏杀，其后果是财富的大转移。一边倒的情况毕竟少见，多数时间都是多空胶着。你杀一只鸡它尚且扑腾半天，何况是多空之间你死我活的较量？趋势的稀缺性导致试错成本直线上升。所以很多基金，熬不到趋势来临的那一天，就已经濒临清盘。个人账户就更不必谈了，伤亡率远高于基金。所谓“重仓者必死”，原因就在于此。因此当你做多的时候，理应防范空方的反扑；当你做空的时候，理应防范多头的回杀，岂非题中应有之义？曲折的河流是自然界的常态，交易亦是同理。不管你对行情的大方向看得有多准，行情演变的细节、路径绝对要比你想象的繁复。无数输家正是倒在了细节里。

当初始头寸进场以后，浮盈就是一切。如果连一手股票或期货合约都不能顺利产生浮盈，又有什么理由持有更多？何况，除了期权交易无需加码——这是其巨大的 ATR 值和极高的报风比决定的——正标交易必须在浮盈保护下，顺势加码才能盈利。加码又会导致综合成本线与市场最新价过于接近，很容易被三振出局。因此加码需要控制节奏，不能加得太急，否则与初始头寸重仓无异。加码的原则是：始终让加码后的综合成本线与市场最新价之间保持足够的距离，以对抗不可避免的回撤。加码还有其他一些原则，例如：亏损的头寸不能加，离成本线太近不能加，该涨不涨、该跌不跌的品种不能加，总市值超限不能加……

另外，从总体表现来看，如果母指数或板块指数趋势发展顺利，且大部分头寸出现浮盈，表示走势正常、符合预期，可以加码。如果大部分品种出现浮亏，则绝对不能加码。成熟的交易员就像医生，要不断对市场"望、闻、问、切"，感受、诊断、决策、反馈……在多数时段，知道市场处于哪个发展阶段，正在干什么？将来最有可能干什么？何为表现正常？何为表现异常？何为常规走势？何为极端走势？通过宏微结合，可以把行情演变的脉络和各个临界点观察得清清楚楚、细致入微。对股票来说，因为存在能够批发牛股的选股程序，加码体现为买入新股票，无需加在老头寸上；但期货只有二十几个品种，需要加在老头寸上。

交易是个精细活，需要树立慎战思想，加强自我管理。对进场的时机精挑细选，初始头寸的数量需要节制，加码的数量同样需要节制。一般来说，加码的数量不得超过初始头寸的数量，或者取初始头寸的 1/2 或 1/3 为宜。控仓就是控欲。金融交易要求自律、自控，否则玩不好这个游戏。随着行情的发展，还必须根据风控的需要，动态地调整仓位。简单地说，就是"盈扩输缩"，即一切发展顺利的情况下扩大持仓市值，否则缩减持仓市值。其间应该注意，股票的浮盈不得少于持仓市值的 3%，期货的浮盈不得少于持仓市值的 1%，否则后续资金停止进场。同时密切关注市场整体表现。当持仓不再安全则平仓出局，无论盈亏。

有诗云“春江水暖鸭先知”。鸭子经常在水里游，对水温很敏感。交易员也是一样。要致力于追求大概率事件，自觉站在胜算高和赢面大的一边。知道何种情况下应该做多，何种情况下应该做空，何种情况下应该什么都不做。要善于区分事实和愿望。对于即将做多或做空的判断，到底是基于确凿无疑的事实证据，还是你的主观想象和愿望？由此看来，在股市看涨的情况下，买入几只走势最美、最强、最该涨的股票，每只股票都是一个市值占总资金1%的标准头寸，相当于向市场之河插入了几只温度计。当浮盈快速出现并且稳健增长时不妨买入更多股票，否则说明市场有问题，后续部队失去继续进场的理由。期市亦是同理。

也就是说，判断市场走强，一方面要靠肉眼看图；另一方面要靠持有“走势最美、最强、最该涨的品种”来测试。当然，即便是试仓也不能盲目，也应该有系统、有根据。因为集体趋势是利润之源，指数级别的价格运动就是集体趋势。以指数为锚，交易之船才不会迷失和倾覆。当至少有一个大指数或板块指数为我们的做多行为保驾护航，胜算才有保障。须知，“市场并非立即就讲真话的”。因此即便是试仓，也应该在市场“讲真话”的那一刻再动手。同理，对于做空而言，你必须用试探性质的小头寸，直接做空那些“走势最美、空方力量最强、最该跌的品种”来测试。如果反复空却空不动，说明市场可能跟你想的不一样。

小单量初始头寸就是你插入市场的温度计，或者说是钓鱼的浮漂，通过它们的表现可以测试多空力量强弱对比的实情。无论成功或失败，温度计和浮漂都会告诉你市场当下状态的真相，和接下来最可能展开的行动，你可以据此调整头寸和应对策略。据我所知，这是唯一能够管住风险、限制回撤的方法。所谓“重仓者必死”的根源是：无法控制回撤，因为会在盈利欲望的驱使下把每一波行情都判断为“大行情”。“大行情”自然应该下重手，否则就是亏待自己，这就是“必死者”的思维逻辑。实战证明，只有以“分散持仓、分批进场，先锋不赢、后续不进”为特征的“试探—加码”策略，才是唯一能在市场中站稳的王道。

第3节 主动进攻与被动进攻

金融交易的基本原则可以概括为“立于不败之地,而不失敌之败也”。即平时没有机会不动手,看准了机会再出手。因此一定要重视胜率!国内期货界有些无知小儿,整天说胜率没有意义,叫嚣着要取消胜率。可是他们精心选择进场点,千方百计地提高胜率,都还不一定能赚钱;可想而知,那些主张取消胜率者何其愚昧。这就好比打仗,你打完一次败仗,就跟你的上级解释说:“胜败乃兵家常事,不要计较一城一地的得失”;等会你又打完一场败仗,还说“胜败乃兵家常事,不要计较一城一地的得失”。上级一听就火了:“来人哪,快把这个窝囊废给我拉出去砍了!”金融交易犹如战争,交易者必须想方设法地把仗打赢。

主张取消胜率者过于看重止损的作用。事实上,止损只是保护交易者的防守措施之一,不是制胜的法宝,不能必然导致盈利。止损的最高境界是尽可能少止损,因为交易质量与交易次数成反比,这一点任何人都不例外。不要总是推崇“超短神人”——这些人我连认识的兴趣都没有,因为他们的最高水平最多也就是跟市场打平。观察一名交易员的业绩,不能看他一时一地赚了多少钱,而是要把观察的周期尽可能延长,看他的长期表现。长期来看,超短线交易者的最佳业绩就是与市场打平。短期暴利说明不了任何问题。经过足够长的时间,其业绩会随着时间的推移而拉平,最终全部转化为手续费,也就是白干、白辛苦了。

对重仓交易者来说,不止损会一夜暴死,止损则会因为接连几次大出血而死。在这一行,只要不知道正确的做法,早死晚死,早晚都得死。所以“分散持仓、分批进场,先锋不赢、后续不进”的下注策略是极其重要的,可以大大延长账户的存活周期。但是,资金管理属于防守措施,不是进攻措施,是盾而不是剑。即便把资金管理工作做到极致,如果没有“掌握趋势、创造利润”的进攻能力,仍然无法盈利。因此知道什么时候是可以盈利的好机会,是极其重要的,否则无法创造利润以覆盖止损成本。中国古代兵法典籍《武经七书》里有一篇《唐太宗李卫公问对》，对于克敌制胜的规律，有着非常深刻的论述，值得后人借鉴。

唐太宗是伟大的政治家、军事家，一代明君英主。李卫公即李靖，唐代杰出的战略家和军事统帅。他们两人一问一答，写成了一部兵书，收在《武经七书》里面，就成了《唐太宗李卫公问对》。文中有一段非常重要的话是这样说的——太宗曰：“朕观千章万句，不出乎‘多方以误之’一句而已。”靖良久曰：“诚如圣语。大凡用兵，若敌人不误，则我师安能克哉？譬如弈棋，两敌均焉，一着或失，竟莫能救。是古今胜败，率由一误而已，况多失者乎！”这段话的意思是，太宗说他看遍《三略》、《六韬》、《司马法》、《尉缭子》、《吴子》、《孙子》等中国古代兵法圣典，发现可用一句话概括其内容，叫作“多方以误之”。

所谓“方”，用《孙子兵法》的话来说，就是“用正”，就是尽可能地不出纰漏，从而立于不败之地。“方”者“正”也。“多方”就是用心良苦、苦心经营。用心良苦干什么？比如把战壕挖深点，粮食多积一点，同时士卒的训练、军纪的严明要达到要求等等。所谓“误之”，就是想方设法让敌人造成误判，要么诱导他们犯错误，要么分化瓦解他们，逼迫他们犯错误。这样就能掌握战场上的主动权，“致敌而不致于敌”。敌人一旦犯了错误，露出破绽，就可以“用奇”。奇正相生，不可胜穷。因此战场上的斗争，就是运用诡诈之道，以层出不穷的计谋，弱化消耗敌人，令敌人疲于奔命，露出破绽，最终为我各个击破。

李靖紧跟着回答：“陛下圣明。正如您所说的那样，但凡用兵打仗，倘若敌人不犯错误，则我军怎么能取得胜利呢？就像两个人下棋，双方势均力敌；一步棋下错了，竟至满盘皆输，无可挽回。所以古今争战，孰胜孰负，往往一个小的失误就决定了，何况多次发生失误呢？焉有不败之理？”李靖这段话很明白地指出，我军的胜利必须建立在敌军失误的基础上。若敌军不犯错误，除非我军占据压倒性优势，否则不可能取得胜利。也就是说，不存在“我吃定你了”这回事。用交易界的话来说，就是在交易中要尽可能地提高胜算，降低交易次数，提高交易质量。唐太宗和李靖不愧是身经百战的军事家，他们对胜负的理解完全一致。

譬如赤壁之战，为了让曹操误判并出错，周瑜和黄盖两个人合作，上演了一出苦肉计，最终达到了目的。所以古今胜败，往往一个失误就足以决定结局了，何况你犯了一个又一个错误呢？有些朋友频繁止损，账户伤痕累累，说明在交易中犯下的错误罄竹难书。所以建议大家没事的时候把交割单调出来，好好地分析分析，是不是因为脑子里的交易系统不明晰，并且在急于盈利的心理驱使下频繁交易，导致胜率太低？还是因为仓位过重，加上止损设置得太窄，导致反复止损？如果我们在金融交易领域达到一定的境界，那么彼此对交易的认识、看法也会基本上保持一致，很少有大的分歧。分歧大说明至少有一方是不成熟的。

下面谈一谈主动进攻与被动进攻。在战场上，绝大多数进攻都属于被动进攻，主动进攻的例子较少，并且只在一种情况下会发生：敌对双方力量对比悬殊，占据绝对优势的一方开始"收拾残局"。更多情况下双方都是势均力敌的，所以主动进攻的机会很少。在交易市场上，更是几乎不存在主动进攻的情况，即没有人可以主动向市场发起进攻，人为制造"战机"，强行提取利润。因此所谓"被动进攻"，就是我进攻你的机会是你提供的。如果你不提供这种机会，我绝不会贸然进攻你，因为那意味着我提供了你进攻我的机会。这就是《孙子兵法》中所说的："昔之善战者，先为不可胜，以待敌之可胜……胜可知而不可为也。"

金融交易中，我们和市场之间是单向的关系，这比战场上的双向互动关系要单纯。也就是说，我们的买卖行为对市场的影响基本可以忽略不计。你没有必要"多方以误之"，也没有必要让市场先生对你发生误判，它对你不感兴趣。但是可以测试市场，即通过小单量初始头寸测试多空强弱，同时通过肉眼观图来摸清多空力量强弱对比的实情。并且始终有一点与战争很像，就是你既不能在市场没有出现失误的情况下贸然出击，否则会被市场抓住"小辫子"修理一通；也不能在市场出现明显失误的情况下视而不见，没有采取任何行动赢得利润。那么究竟什么是市场的"失误"呢？回答只有简单的四个字，那就是——集体趋势。

作为一名交易者，我们的对手和敌人既非多头，亦非空头，而是应该把他们看作一个整体——市场。《孙子·军争》篇云："无邀正正之旗，勿击堂堂之阵。”意为：“不要去迎击旗帜整齐、部署周密的敌人，也不要去攻击阵容严整、实力雄厚的敌人。”为什么说集体趋势行情的出现，就是市场在犯错误、露出破绽呢？因为只有这个时候进场交易，才是最安全，也最容易获利的。相反，无趋势行情——或者叫“形态”，中继形态也叫“回撤”——就是市场先生的“正正之旗”、“堂堂之阵”，表明市场处于天衣无缝、无懈可击、无利可图的状态。当找不到市场漏洞的时候就应该停止交易，才不会给市场提供伤害自己的机会。

因此研判市场集体趋势行情何时到来、何时确立，并且只在集体趋势行情发动时才交易的能力，是交易者最重要的进攻能力，是一切交易行为的前提和先导。它通向盈利的道路，解决盈利问题。控仓和止损只能解决限制损失的问题，不能解决如何盈利的问题。盈利是被减数，损失是减数，净利润是二者之差。你把减数做得再小，哪怕做到零，如果被减数不大，你的“差”仍然有限——你不但要节流，还要开源啊！好在，市场先生不会只犯一次错误。相反，它每年都会重复它的错误。所以大家不必担心交易机会匮乏。你只需要练就一双火眼金睛，在市场先生有漏洞的时候，及时把它识别出来，就会有源源不断的交易机会。

第 4 节　市场具有高度的智能

说到底，金融市场不过是一个信心市场；当市场信心崩溃的时候，价格就会大幅下跌，股市如此，期市如此，汇市如此，债市亦如此。比如说美元是全球储备货币，美联储加印钞票意味着可以直接去买别国的东西。假如美联储拿一张废纸来换你的商品或者房子，你愿意给吗？如果愿意给，是你相信那张纸还值钱。所以为了保持大众对货币的信心，货币的注水必须有限度。不然的话，美元就会和历史上曾经归零的上千种纸币一样，变得一文不值。那时候会出现什么情况？外盘商品因为按美元计价，所以会涨到天上去；而美元则会掉到地狱里去。希望美国货币当局负责任一点，这样的事情在我们有生之年最好不要发生。

有人会问:美国的精英阶层有那么蠢吗?他们会轻易地让美元在全球范围内失去统治地位?这种可能在理论上并不能完全排除。人在危难时刻都会做出苟且之事,政治家也不例外。一个成熟的人必须懂得什么叫形势比人强。就像我们做交易,一开始谁都不想亏损,但是后来还是一步步陷入亏损的深渊。所以理论上讲,这个世界上没有什么事情是"完全不可能发生的"。所谓的精英治国也不过就是精英而已,是凡夫政治而非圣贤政治。什么叫凡夫呢?就是欲望的奴隶。佛家讲"贪嗔痴慢疑"——贪婪、嗔恨、愚痴、骄慢、猜疑,这五条根,作为政治家也好,高层的政治精英、经济精英、知识精英也好,他们一样都不缺少。

据研究,美联储地位超然,既不受任何监管,也不受丝毫制约。理论上它想印多少钞票就印多少,就连国会都无权过问。其实很多时候连钞票都不必印。现在不是有计算机吗?在键盘上敲几下就完了,直接虚增货币,油墨纸张都省了,就是一个符号而已。它印那么多美元干什么呢?两个目的:一是在全球范围主要是从中国换取商品和服务;二是偷偷摸摸地违约,即通过印美元稀释债务,间接违约和赖账。到 2016 年美国已经欠下 20 万亿美元的外债,而且每年还在以上万亿的速度增长,几乎每隔 7～8 年外债规模就要翻一番。这么庞大的外债还不起咋办?这时候国债市场开始发挥作用,就是通过发行国债从中国等国家借来资金,然后将资金转投于这些国家,获取高额回报,让美国对外存量资产巨幅增值。

历史上瑞郎算得上是一种诚实货币,从不胡乱增发,说明瑞士央行还是比较负责任的。但 2011 年 9 月 6 日瑞士央行犯了一个错误,它按 1∶1.2 的汇价去托欧元兑瑞郎的底,即禁止欧元对瑞郎贬值,或禁止瑞郎对欧元升值。这不是太蠢了吗?瑞郎干吗非要与欧元挂钩呢?欧盟要是学美联储不停印美元那样不停地印欧元,瑞郎怎么办?瑞士央行也不停地印瑞郎去兑换欧元吗?那样瑞士的通货膨胀岂不是要飞上天了?果不其然,2015 年 1 月 15 日,瑞士央行再也无法承受人为扭曲汇率带来的成本压力,只得宣布取消欧元兑瑞郎的最低汇率限制。欧元兑瑞郎瞬间贬值 16%,暴跌到 1∶1 附近,市场力量战胜了政府意志。

现在美国不断对中国输入通胀。美元进来的时候,我们就印人民币

去跟它兑换。如果让人民币与美元脱钩，允许汇率自由浮动，这样做对我们利大于弊。如果说最近40年以出口为导向的外向型经济政策，带动中国经济的发展水平上了一个新台阶的话；那么现在政府继续选择向企业购汇，不断地由中央银行印刷人民币去兑换美元的做法就不太正确了，这项政策应该改变了。为什么呢？因为经过40年的高速发展，我们的资源消耗殆尽，环境污染已经超出我们能够承受的极限。再继续印人民币去购汇，它源源不断地印美元，我们受得了吗？要知道央行为了购汇增发的人民币都留在国内，严重推高了国内资产价格。同时我们不断地把廉价商品出口给美国，美国的通货膨胀反而不明显。我们这是在补贴他们。

改革开放40年来，我们对美出口了几万亿美元商品，换来的外汇储备中又拿出了将近2万亿美元购买美国国债。现在美国政府说我还不起了，你看着办吧。等于我们把2万亿美元的商品白送给他们享受了，是不是这样？关于人民币对美元升值的问题，有人说人民币升值不好，我们的外贸企业会破产，失业率会上升。大家仔细想一想，人民币升值到底是好还是坏？我们是资源进口国，这一点与日本不同。日本是外向型经济，日元升值它受不了。但如果人民币的购买力渐渐增强，我们进口的大宗商品，包括原油、铜这些商品的采购成本会大幅度地降低，我们国内的物价会大幅度地降低。我们就会过上更加幸福有尊严的日子。短期的失业阵痛和外贸企业的破产，与降低采购成本、降低通胀压力相比，孰轻孰重？

我们已经听腻了什么出口2亿条裤子、换来一架大飞机之类的故事。出口退税要慎重，规模也要控制。赔本赚吆喝的事不能再做了。浪费资源、污染环境的低水平出口不要也罢。与其把物美价廉的商品贱卖给美国人，不如大力发展国内市场，优先满足国内需求。国内的产业升级要想成功，诀窍不在于别的，在于"松绑"、"减负"二词。也就是说，要管住政府，让它不要乱伸手；要打破垄断、放松管制、鼓励创新，发展充分自由的市场经济，维护公平竞争的市场秩序。民间自己知道该如何投资、如何管理、如何做生意。现在我国的信贷规模已经非常庞大，M2经过多年高速扩张，截至2018年1月已经高达172.08万亿元。未来央行控制人民币供应量、维护人民币币值稳定和防范金融风险的任务非常艰巨。

要高度警惕因为货币超发导致的恶性通胀。当通胀抬头，大宗商品会率先上涨，而股市则会在短暂上涨之后开始下跌。因为股市是国民经济的晴雨表，它反映的是未来经济的预期。如果通胀高高在上，经济秩序遭到破坏，人民生活将受到影响。所以当期货市场还红光满面，股市却已经完蛋了。商品是货币的对立面，只要货币超发，货币贬值程度超过供求关系的影响，它就会上涨。但股市反映经济预期，它有高度的智能，比任何经济学家都聪明。它不说谎话，只说真话。只要未来经济状况预后不良，它就拒绝上涨；而当它开始下跌的时候，就是对未来的经济展望说“不!”股市有自己的思想，它不听任何人的。正如杰西·利维摩尔所说：一切真相大白的时候为时已晚。只有到了最后，它才会告诉人们它为什么要那样走。

如果生活变得难以忍受，我们会想到改变我们的环境。但是，最重要和最有效的改变，是改变我们的态度。

——维特根斯坦(Ludwig Josef Johann Wittgenstein)

附录一　学会像赢家一样思考

成功者何以成功?

人生在世,成功者何以成功?失败者何以失败?之所以想谈这个话题,是因为想起我的伯父,生前曾经在一次过年的时候,写过一副对联:"年轻做的发财梦,到老欠债未还清"。可以说他这一生,是大多数贫困农民和城市贫民一生的真实写照。我们每个人,几乎从出生的那一刻起,就盼望着过好这一生,包括物质不短缺、精神不匮乏、受人尊重、享受爱与被爱的欢乐……然而等到一生终了的时候,没有几个人实现理想。就算不至于赤贫如洗,也与当初的愿望相差万里。甚至可以说除了空虚与悔恨,很多人几乎什么都得不到。正因为如此,伯父的这副对联才让我感触颇深。从那以后,研究"普通人的一生",成了我的业余爱好。亦即想要了解:成功者何以成功?失败者何以失败?当然,我们暂且不去深究何为成功与失败,因为1 000个人有1 000种看法。我们就从实现普通的物质条件说起吧。

有一部叫作《7 up》(《人生七年》)的纪录片,现在已经拍到了《56 up》。就是一群研究人员,挑选了一批小孩,从7岁开始拍摄他们的日常生活,每隔7年拍一次。看一看里面有没有什么规律?即试图发现人们在社会阶层的流动过程中哪些人晋升了?哪些人坠落了?哪些人原地踏步?他们的研究结论是:龙生龙、凤生凤,老鼠的儿子会打洞。亦即原本是上层社会的孩子,成年后依然呆在上层社会,反之亦然;"逆袭"只发生在极少数个案身上。对这个问题，我有自己独特的理解。我认为纪录片中展示的只是现象，不是本质。因为它无法解释“败家子”和“逆袭”现象。我认为一个人成功、失败或者平庸，取决于先天禀赋；跟出身背景、受教育程度关系不大。因为如果一个人的先天禀赋是倾向于成功的，他自会挣脱对他不利的出身背景。如果他受教育程度不足，他会自学成才。这些都不在话下。

如果一个人的先天禀赋是倾向于失败的，他良好的出身背景和受教育程度都帮不了他。他会满足于小聪明，虚度年华甚至自甘堕落。除非遇到一个契机，他的灵魂能够“觉醒”。我认为想在这个世界上安身立命并且成就事业，第一条禀赋要素是“良知良能”；即作为一个“正常的人”，具备基本道德和恻隐之心，做事有底线并且重视真理甚于利益。只有这样，他才能在遭遇一系列失败和在别人都看衰甚至反对的情况下，坚持做他认为正确的事业。相反，一个缺少底线、是非观不清的人，他的事业最终会因为“失道寡助”而难以持续。除此之外，能决定一生成败的第二条禀赋要素是“终身学习”，即现学现卖、灵活运用。有些原本不错的大企业，甚至取得了行业龙头地位——比如诺基亚——但因为领导人不善于学习新事物，不够灵活变通，惨遭淘汰；有的一夜之间轰然倒塌，被后起之秀廉价收购。

很多优秀的企业家原本学历并不高，但是因为能够自学成才，最终成为顶尖专家。以埃隆·马斯克为例，抛开智商因素不谈，他一开始并不懂航空航天。他在大学所学的知识对航空航天也没有什么直接帮助。他是在兴趣驱使之下自学成才的。因此，只要具备“终身学习”这一条禀赋要素，倾向于成功的人自会补充他们需要的知识，学历低、受教育程度不足都不构成真正的障碍。相反，受教育程度高、学历高的人，如果满足于这些有利条件的同时却又拙于持续学习新事物，仍然很快会被淘汰。第三条有助于成功的禀赋要素是“基于兴趣，哪怕是在没有回报的情况下，仍然长期、持续地付出”。也可以解释为恒心、毅力等，都可以。但一个人只有在他感兴趣的事物上才会有恒心和毅力，反之则不然。而且，他还必须重视真理甚于利益。倘若他以赚钱为第一目的，抵抗挫折和度过低谷的能力就大打折扣了。

假如一个人对任何事都提不起兴趣，那就只有等死这一件事可做了。在以上三条都具备的前提下，第四条有助于成功的禀赋要素是“精益求精、追求卓越”的精神洁癖。比如说，你的某款产品要想畅销，仅仅是“有点用”或者“比别人好一点”是远远不够的。你必须遵循“十倍价值理论”才能打开市场。什么是“十倍价值理论”呢？就是你的价格是你为用户创造价值的 1/10。如果真能做到这一点，哪怕你不懂营销，甚至不善言辞都没关系。只要你在“十倍价值理论”指导下，以“精益求精、追求卓越”高标准、严要求对待产品质量，市场就是你的，甚至整个世界都是你的。你原本只想锻造尽善尽美的产品，没有过多地考虑金钱。但最终，你会毫无悬念地成为不缺钱的一族——因为真理已经把金钱变成了副产品。古人说得好：“但行好事，莫问前程。”就是重点关心把事情做正确，其他都是末节。

第五条有助于成功的禀赋要素是“深化管理、掌控全局”的风控能力。必须承认某些行业——比如传统商业——是劳动密集型的；也就是人员多、管理复杂。在员工众多的情况下，如何调动每一个人的积极性？如何让每一个部门和生产单位都成为“学习型组织”和“造血型组织”，能够自己造血养活自己？甚至更进一步，如何保持稳健的财务状况，确保资金链不断裂？就考验管理水平了。如若不然，组织内部一定会人浮于事，效率低下；内斗不止，浪费惊人；跑冒滴漏屡禁不止，商业机密无法保守；最终全线溃败，无可挽救。比如乐视网的贾跃亭就是这种情况。他最大的问题就是管理不细化，战线拉得太长；一个项目立足未稳，还不能做到盈利的时候，急于拓展下一个项目；最终资金链断裂、全线崩盘。其实在他之前这种案例比比皆是。比如曾经无比辉煌的八佰伴、太子奶……不胜枚举，发人深省。

以上五条可以概括为：

1. 良知良能，真理至上；

2. 终身学习，灵活运用；

3. 长期付出，持之以恒；

4. 精益求精，追求卓越；

5. 深化管理，掌控全局。

金钱是真理的副产品，找到真理才能找到金钱。但反过来，找到金钱却未必能找到真理，而且找到的钱也终归有限，说白了就是混个温饱而已。大多数人对真理漠不关心——他们认为真理太深奥、太遥远、太“麻烦”——只关心眼前利益，结果反而是得不到什么利益。以埃隆·马斯克为例，他发射火箭显然不是为了赚钱；相反，他把赚来的全部的钱都拿来发射火箭。如果仅仅为了赚钱，他有很多种替代方法，每一种都比发射火箭成本低得多、风险小得多。事实上，发射火箭是个极其烧钱的行业，在2018年2月6日“猎鹰重型”(Falcon Heavy)火箭发射成功之前，多次失败的试验已经耗尽了他的所有资金，包括自有资金和募集来的资金，只要再失败一次就会资金链断裂，风险之大不言而喻。那他发射火箭究竟“图个什么”呢？说起来简直难以置信——他之所以竭尽全力做这件事，仅仅因为两个字：喜欢！

我做交易也是因为喜欢。其实交易只有那么一点“小复杂”，还不算太复杂。平时主要就是等行情，行情来了赚钱很容易。你只需要做到在行情来临之前不要亏太多钱就行了。做交易也许算不上好玩。但在这个地球上，它勉强算得上是还能玩、还算有那么一点趣味和挑战性的事业。因此我只能玩交易，这就跟除了发射火箭，再也没有什么事情能吸引马斯克的兴趣一样。这些人其实很单纯。我们以为他们有多伟大，只是因为我们自己不够单纯罢了。他那些今天看上去很伟大的事业，昨天不还被视为疯子的妄举吗？他如果成功了，我们就说他是实至名归的伟人；如果失败了，我们就说他是活该倒霉的疯子。但在他自己看来，他既不是伟人也不是疯子，他就是他自己，并且一直如此。所以，真正单纯的人不会讨好这个世界。但最终，他们用自己的努力让这个世界讨好他们，尽管这不是他们的本来目的。

失败者何以失败?

一个人在事业上为何会失败? 原因非常之多。但几乎可以百分之百地断言,基本上都是自己的责任,跟外界和他人关系不大;金融市场上的输家亦是如此。有足够生活经验的人会发现,成功者的思维和禀赋是专为成功而打造,失败者的思维和禀赋也专为失败而打造。而要改变一个人,难度不亚于重新出生一次。"理性经济人"理论认为每一个人作为经济决策的主体都是充满理性的,所追求的目标都是使自己的利益最大化,从而会理所当然地作出最符合自身利益的决策。但实际上这一理论是错的。一个显而易见的事实是:这个世界上只有极少数人是理性的,大多数人不要说理性,就连长远利益和短期利益孰轻孰重、如何权衡取舍都分不清,更谈不上能作出对自己最有利的选择了。因此,无论情感上是否愿意接受,我们都必须承认,由智力水平决定的判断力之高下,是决定一生成败的最关键因素。

下面详细列举导致一个人事业失败或经济贫困的内在因素,供读者参考。

1. 智识不足,判断力弱。不知道什么是正确的,什么是错误的;也不知道什么是有价值的,什么是无价值的;甚至不知道怎样做对自己是有利的,怎样做对自己是不利的。缺乏快速作出正确判断、快速形成决策的能力。显然,这些人即便视力良好,也与失明无异。他们在社会上盲人瞎马,数量之众令人震惊。他们不仅无力分辨类似"知识"这种抽象的"物"的价值与非价值、有用与无用;也同样无力分辨好人与坏人,以及能力强大的人与能力贫弱的人之间的区别。确切地说,除了数量有限的少数几个亲属,他们不信任任何人。他们是受骗妄想狂与受迫害妄想狂,认为这个世界很危险;到处都是陷阱,到处都是坏人。他们平时像老鼠一样躲在洞里,瞪着一双惊恐的眼睛看着洞外的世界。对于这样的见识水准,说他们失意的原因是"缺乏远见"不是很可笑么?"近见"尚且没有,谈何

"远见"?

2. 自我否定，自我放弃。没有成就伟业的雄心壮志；因为对自身的道德缺乏期许，相应的也就不具备高尚的人格。表面上看，人们的身份地位、经济实力天差地别；但实际上，人和人真正的区别在于内心对自己的评价。反过来说，正是因为高度的自尊和对自己的高评价，才造就了成功人士今天的社会地位与经济实力。因此可以说，贫富分化一定程度上是从"内心对自己如何评价"开始的。这也和心理学的"心理图像"理论相吻合——人们的心理图像是什么，其外在的环境际遇和物质条件也会自动地与之相一致。自我评价低的人往往思想邪僻、心如铁石、麻木不仁。他们自私、冷漠，缺乏同情心。由于觉得自己才是最不幸的人，所以对别人的倒霉幸灾乐祸。这类人对历史上英雄人物的伟大事迹没有感觉，不会产生"见贤思齐"的想法。相反，他们怀疑那些故事是人为编造的，实际上并不存在。

3. 平生所缺，浩然之气。通俗地说，就是缺少一个"义"字。前面两条已经相当致命，第三条同样是极其要命的重大缺点，并且和前两条之间存在剪不断、理还乱的关系。这个缺点体现在工作上，就是不愿负任何责任，而是更加愿意接受别人发出的指令；体现在关系上，就是缺乏勇气和担当，令那些爱他们和对他们寄予厚望的人心灰意冷；体现在金钱上，就是界限不清，爱占小便宜，与他们发生财务往来形同噩梦。此类人仅仅是交友就足以令人气馁，更不可能胜任管理岗位，因此决不可委以重任；否则推卸责任甚至监守自盗将成为常态。他们的脊柱天生就是弯的，所以别试图矫正他们——他们不会选择改变，而是会选择逃跑。这些人关注现实利益甚于一切。跟他们谈理想、画蓝图无异于同软骨病人谈举重。他们不懂得：把一件事做到 8 分好或许是因为钱；但是把一件事做到极致，却一定和钱没关系。

4. 懒于自律，拒绝学习。曾国藩曾经说过："天下古今之庸人，皆以一'惰'字致败。"懒惰对于事业的伤害是毁灭性的，而且因为打击自信心，还会进一步降低自我评价。懒惰分两种，第一种是手脚懒，体现为四体不勤；第二种是思想懒，体现为不愿改变和拒绝学习新知识。前者是显性

的，后者是隐性的。手脚懒的人未必思想懒，但是一个看上去手脚勤快的人，却完全有可能是一个思想上的懒人！懒惰是一种“癌症”。除非智力上高人一筹，否则懒人直接就输在起跑线上。其中思想上的懒惰尤为可怕，它会导致一个人得过且过混日子，不创新、不求变，满足现状、不思进取，最终在竞争中落败。没有几个懒人认识不到自己的问题，他们之所以不愿改变，与其拒绝自律的性格有关。因此，懒人的自律性一定很差，反之亦然。允许懒人活在这个世界上已经是上天最大的宽容，至于事业成功，那就不必多想了。

之所以说懒惰是一种“癌症”，是因为它决定了一个人的人生态度。思想上的懒人一定违背“精益求精、追求卓越”的精神，凡事只求“差不多”。这导致他们既不能独当一面，也无法完成重要任务，总之就是不能承担适当的责任，注定会让想帮助、提携他们的人失望。下面这篇在微信朋友圈流传、名为“差不多的人生，其实差很多”的短文，可供参考：

差不多的人生，其实差很多

一

侃哥是我大学时期的学长，在学生会工作，因为能说会道，人送外号“侃哥”。他有句口头禅：差不多就得了。侃哥的好朋友阿奔，是个有强迫症的处女座，凡事追求完美，和侃哥有着完全不同的办事风格。

一次，学校临时空降招新活动，需要我们当晚出海报。因为时间紧急，海报做得稍显粗糙。阿奔希望整个团队留下来继续“加班”，把海报弄得更好看一点。侃哥忙着打哈哈：“差不多就得了，没人会仔细看的。”于是，带我们组团去吃烧烤。结果，我们都走了之后，阿奔一个人在画室继续加工海报到凌晨。

大学快毕业的时候，侃哥和阿奔同时参加一个名企的校招。校招前，阿奔做足了功课，从这个企业的文化到发展方向都作了细致了解，并且将自己的能力与招聘的职位进行了匹配，最后顺利通过校招，毕业后很快就去了公司的总部，在他梦想的城市。侃哥没有通过面试，毕业后选择了家里安排的银行工作。

"工作而已嘛，差不多就得了。"侃哥毕业离校的时候，笑着跟我们说。

去年，侃哥结婚了，对象是家里给介绍的，说是谈不上喜欢，也谈不上讨厌。"对象嘛，差不多就得了，反正也到了该成家立业的年纪。"

二

前些天，我参加了学姐的婚礼，见到了许久未见的大学老师和同学。婚礼上，再次见到侃哥和阿奔，突然一下子明白过来，一个人的生活态度对他的人生轨迹影响有多大。

毕业之后的阿奔，目标明确，在自己喜欢的城市，做着自己喜欢的工作，慢慢地成长为一个出色的职场人。现在，他带领着10个人的团队做项目，做得风生水起。而侃哥，在差不多的城市，做着差不多的工作，领着差不多的薪水，过着差不多的生活。侃哥看到阿奔神采飞扬的脸，偷偷地抱怨说自己现在的生活其实很枯燥、很无趣，感觉活得像个老年人。"我不知道生活的哪个方面出了差错，为什么和别人的人生差距那么大？"

我很理解侃哥再见到阿奔时的心情，家庭背景相仿，也毕业于相同的院校，可是进社会几年后却显示出了巨大差异。其实，人有时候就毁在凡事只求差不多。上学的时候差不多得了，工作的时候差不多得了，谈恋爱的时候差不多得了，结婚的时候也差不多得了……你明明可以做得更好，却用"差不多"这个借口让自己妥协了。

三

高中时，我有个学霸同桌，我经常会问她数学题目。她每次给我讲题，都只给我一两条线索，让我继续思考，如果我思考了还不会，就再去问她。因为当时好面子，又不想显得自己很笨，每次她问我"想到了吗？"我总会回一句"嗯，差不多了。"

"真的吗？那你就讲解一遍给我听。"然后她看着我憋红着脸，在那边抓耳挠腮。

"会就是会，不会就是不会，没有差不多这个选项。你知道你为什么数学老考不好吗？因为你老是骗自己，骗自己说我差不多都会了。其实你不是，你下次遇到这样的题目，照样不会做。"当头棒喝！

许多人都常常这样，或是怕麻烦，或是好面子，老用"差不多"来欺骗自己，安慰自己说“可以了”。但是，如果凡事只求差不多，那么你的人生就会和别人差很多。

四

那些不愿将就的人，他们的生活是什么样的呢？

能够按照自己的意愿去过生活的人，通常目的性都比较强。他们知道自己想要的是什么，也在思考并且付出行动去得到自己想要的。他们凡事靠努力争取，不愿意在半路就妥协。

当然，的确也有很多人，他们不清楚自己要的是什么，或者不敢去争取自己想要的东西，浑浑噩噩地过着差不多的每一天，年复一年地过着差不多的生活。这样的人生，只要他们自己过得甘之如饴，其实也完全没问题，别人也无话可说。

但是，如果你对自己的人生心存困惑，甚至悔不当初，那么，是时候为自己燃烧一次了。

别让你的人生毁在“差不多”上面，因为，你值得过更好的生活。

5. 弱于行动，执行不力。做不到雷厉风行。首先，果决的行动力建立在高效的决策能力基础上，而高效的决策能力又依赖判断力。判断力差导致很多人学不会快速正确地决策，当然也就无法高速地执行。在穷人的脑海里，想得最多、最耗费精力的 3 件事是：犹豫不决、设法省钱和犹豫着怎样省钱。有这种致命性格特征的人忘记了一件事：他们的时间也值钱。正因为极端轻视自己时间的价值，所以他们呆在穷人的位置上动弹不得。而那些成功人士，1 分钟就能判断出一件事是否值得做。一件东西只要自己需要并且价格合适，他们立即付费，决不为此浪费时间。因为有太多事情等着他们去做，他们急于赶路。穷人最大的问题，在于无法迅速判断一件事物的价值！表面上看他们是在为怎样省钱而犹豫，实际上根源在这里。当然，不愿承担决策失败的责任或因懒惰导致的“拖延症”也是常见的原因之一。

6. 虎头蛇尾，始乱终弃。做事缺乏必要的恒心和毅力，五分钟热度后，再也不肯坚持。一帆风顺的事业很罕见，很多事到最后拼的就是谁能

坚持更久。坚持不下去就自然被淘汰。失败者不爱追求真理,通常不会为了钱之外的高尚目的而工作。他们似乎并不知道自己真正的兴趣究竟在哪里,也没有使命感可言。这很容易导致他们大张旗鼓地开始一项业务之后,又总是太早放弃,等不到开花结果的那一天——不管是因为懒惰还是脆弱,这种情况都很容易发生。其实人生最重要的事就是清楚地认识自己——包括自己性格的优缺点,适合做什么,喜欢或不喜欢什么样的生活方式。因为归根结底,人的"内在动能"才是决定其位置的根本因素。"内在动能"决定了你愿意为什么奋斗,决定你对一份事业的热情和责任,并且决定了你呆在什么样的位置感到舒服,最终也就决定了你人生的意义和各个阶段的去留。

7. 低端勤奋,假装努力。伯特兰·罗素说:"许多人宁愿死,也不愿思考。事实上他们也确实至死都没有思考。"观察我们身边不少看似勤奋的人,却混得不行。为什么?因为他们是"低端勤奋者"。"低端勤奋者"最典型的特点就是缺乏深度思考,做事效率低下。学渣与学霸之间的差别在于深度思考;普通员工与卓越员工之间的差别也在于深度思考;小老板与大老板之间的差别同样在于深度思考。表面上看,"低端勤奋者"并没有偷懒,相反累得像狗;却又什么都做不好,内心充满压力感。之所以出现这种情况的原因在于:"低端勤奋者"是被动的而不是主动的,是消极的而不是积极的。他们所表现出来的是手脚的勤奋而非思想的勤奋。比"低端勤奋者"更糟的是自欺欺人的"假装努力者"。关于何为"低端勤奋"与"假装努力",下面这篇名为"没有深度思考的勤奋是低端勤奋"的网文可供参考。

没有深度思考的勤奋是低端勤奋

一

张三和李四同时受雇于一家店铺,拿着同样的薪水。一段时间后,张三升职加薪,李四却没有。于是李四找老板理论。

老板对他说:"李四,你现在帮我到集市上去一下,看看今天早上有什么卖的?"

不一会儿，李四从集市回来，向老板汇报："只有一个农民拉了一车土豆在卖。"老板问："有多少？"李四不知道，于是赶紧又跑到集市上，然后回来告诉老板："一共40袋土豆。"老板又问他："价格呢？"李四说："您没叫我打听价格啊！"

于是老板让李四先坐下休息，并把张三叫来，吩咐他去做同一件事。张三回来，向老板汇报："今天集市上只有一个农民在卖土豆，一共40袋，价格0.25元/斤。我看了一下，这批土豆质量不错，价格也便宜；根据我们以往的销量，40袋土豆一个星期就可以全部卖掉，如果我们买来一定能赚钱。"

此时老板转向李四，说："现在你知道为什么张三的薪水比你高了吧？"

二

在我的学生时代，班里有这样一个女生。老师写在黑板上的板书，她一定会原封不动地全部抄在笔记本上；老师上课时用的PPT课件，她一定会用U盘拷回家。

到后来，我甚至看见她拿了一只录音笔，上课时放在桌角。我问她，下课后还会再听一遍课上的内容吗？她说：睡觉的时候听。这样就算身体睡着了，大脑还能记忆。

宿舍每天晚上11点熄灯，她就去楼梯口蹲着读书。孤独的小路灯陪着她亮到半夜。

但是，这样的勤奋，并没有换来理想的结果。她的月考成绩一直在中下游徘徊，并且毫无上升趋势。也许，她只是用错了努力的方式。上课只顾着记笔记，却没有认真听课；课件拷回了家，却只是走马观花地看了一遍，没有深入思考；睡觉的时候听录音，却越听越焦躁，导致睡眠质量差……低端勤奋不需要动脑。精疲力竭后感动了自己，却并未提升自己。

作家李尚龙也描述过这样的现象：

看起来每天熬夜，却只是拿着手机点了无数个赞；

看起来那么早去上课，却只是在课堂里补昨晚的觉；

看起来在图书馆坐了一天，却真的只是坐了一天；

看起来去了健身房，却只是在和帅哥、美女搭讪。

……

不能转换为价值的勤奋不过是低端勤奋。现代人都太容易被自己感动了。低端的勤奋把自己感动得一塌糊涂，但收效甚微。以至于这世上有诸多美景，你我却碌碌一生。

8. 恃才傲物，轻率树敌。曾国藩曾经说过：“天下古今之才人，皆以一‘傲’字致败。”东西方文化差异巨大。西方文化鼓励张扬个性，东方文化则反之。故“恃才傲物”对一个人命运的消极影响，在中国远比在欧美国家来得严重。明代思想家吕新吾在其著作《呻吟语》中观天下英雄时说：“深沉厚重，是第一等资质；磊落豪雄，是第二等资质；聪明才辩，是第三等资质。”古往今来，谋大事者首重格局。所谓格局，就是一个人的眼光、胸襟、气度、胆识。恃才傲物者目光短浅、度量狭小、格局不足，往往容易得罪人，从而给自己带来祸患。我们中国人历来推崇中庸之道，主张“知人不必言尽，责人不必苛尽，才能不必傲尽，锋芒不必露尽，有功不必邀尽，得理不必抢尽，得宠不必恃尽，气势不必倚尽，富贵不必享尽，凡事不可做尽。”意即凡事留有余地，既不轻易树敌，亦不会因为骄傲轻敌而致败。

《旧唐书》曾记载：“勃恃才傲物，为同僚所嫉……吏部侍郎裴行俭有知人之鉴。李敬玄尤重杨炯、卢照邻、骆宾王与勃等四人，必当显贵。行俭曰：‘士之致远，先器识而后文艺。勃等虽有文才，而浮躁浅露，岂享爵禄之器耶！杨子沉静，应至令长，余得令终为幸。’”类似的还有：“裴行俭相曰：‘勃等须有文名，浮躁浅露，才高性傲。傲乃相中最忌，文人败相，皆只是一傲便结局无成。故子傲不孝，弟傲不恭，臣傲不忠，友傲不信，妻傲不贤。谦字乃傲字对症之药，四子不能成远大之器者傲也。惟杨炯稍沉静，应得令终，余三子不得死。’后勃溺南海，照邻沉颍水，宾王被诛，炯终盈川令。行俭言皆应。盖行俭一言定四子终身，非行俭有慧鉴，乃四子无悔心。可惜绝世聪明人，不能变化气质。可见易变者相，不易变者性也。做人结局不过如是而已。夫自恃有才目中无人者，不遭大祸必奇穷，信哉。”

9. 志大才疏，粗枝大叶。细节决定成败，成功来源于精益求精和追求卓越的态度，无论对待产品质量还是内部管理皆是如此。很多人空有一腔做事的热情，也善于组织人马、搭建平台，奈何管理粗放，内耗严重；再加上战线拉得过长，资金周转不灵，搞得危机四伏；最后轰然倒闭，留下一堆呆坏账。古往今来类似的案例数不胜数，给后人留下深刻的教训。其实我们做投资的又何尝不是如此？一个成熟的交易者应该兼顾宏观与微观、整体与局部、大局与细节，实现仓位控制细腻化和限制回撤精细化。通过精耕细作、步步为营地操作，把趋势行情中创造的利润留下来；把系统风险和标的风险规避掉。要以慎战思想为指导，本着对投资人负责的态度，审慎地对待每一笔交易，攻不忘守、守不忘攻、攻守兼备。成功的交易员既能坚守规则，又能灵活变通，总是在抓住机会的同时牢牢掌控住风险。

概而言之，成功者都是相似的，失败者却各有各的不同。如果说有什么人的身上集各种失败要素之大成的话，网上流传的一篇短文，名为《“无明”的人，是世间最可怕的人》，观点颇为引人深思，作者据说是台湾畅销书作家吴九箴，特录在这里与读者共赏。

“无明”的人，是世间最可怕的人

世间最可怕的人，不是小人、坏人，而是无明的人。无知，人皆有之，只要你承认自己的无知，并不会危害他人。然而无明就是很恐怖的东西。所谓的无明，是你没有觉察自己是无知的，甚至相信自己是对的，听不进别人的苦劝，而且还把自己的妄想付诸行动，害人害己。因此，无明的人是最可怕的，尤其这个人，是你的亲人或有共同利害关系的人。

一

我有位女性朋友，才结婚几个月就离婚，原因是她不想看别人的脸色生活。她说，婚后先生就去上班，算是高收入的主管阶层，她在家闲着无聊，偶尔去逛街购物刷卡，也不过十几万元。她先生看了刷卡单，说要限制她的额度，她一气之下，就把卡丢到先生脸上，说自己要去上班赚钱，然

后自己去办卡购物，去过自己的生活，再也不要看人家脸色。

我问她先生一个月的薪水多少？她很得意地说不多，大约只有十万元。我听了她的回答，内心开始为她的人生感到遗憾。因为从客观的角度来看，她的先生不是个小气的坏蛋，而且也应该是个能包容的人；相对地，她的冲动，反而是结束两人缘分的关键。

尤其，当一个男人当到了主管级，虽然赚的钱不算少，但工作的压力想必也是很大的，相信他也是怕老婆担心，才没有让她知道工作上的辛苦，结果，她反而不知惜福，还觉得他的薪水太少。像她这种活在“无明”中的人，老实说，我们身边就一大堆。

二

我的邻居是一位老实人，但自从被公司裁员失业后，就一直意志消沉，赋闲在家。他们家的每月开销，包括房贷和小孩子的学费，都由他老婆在餐厅当会计，一肩扛起来。虽然大家都很热心，帮这位邻居介绍工作，但他总是没做几天，就不想上班。后来，他开始去和人家赌博，一开始赚一点小钱；后来一输再输，连孩子的学费和生活费，也都拿去赌。

因此，我经常在半夜，听到他们夫妻吵架。后来，两人吵到门外，惊动里长，这位失业的邻居还请里长和我们这些住户来评评理。他的意思是，他也是为这个家好，才会想去翻本，并不是他爱赌，而且他已经摸到赌钱的秘诀，只要再给他一点赌本，他会赢很多钱回来养家。然而，他老婆却哭着说：“家里的钱早就被拿光了，现在身上的一点钱，也是去娘家借来的，再拿走，小孩子要吃什么？”里长和住户们听了，就说是邻居不对，邻居一气之下离家出走。后来，听说他欠了地下钱庄很多钱，从此就没有再回到这个家。

三

据说，我老家乡下有一位大地主，生了三个女儿，这三个姐妹感情非常好，即使上学或回家读书和睡觉，都在一起，不愿分开，在乡里成为佳话。然而，三姐妹长大各自嫁人后，大姐和二姐两家人仍是住在一起，感情和以前一样好，只是小妹嫁给了远地的一个生意人。

没过几年，小妹的先生似乎生意不顺，负债累累。有一天，小妹回家来，要求父母提前把家产分一分，父母听了差点昏倒，大姐二姐也骂小妹不孝，但小妹又哭又闹说自己本来就应该拿家产，现在她缺钱，提前拿有什么不对？

父母拗不过她，最后把家产分成了三份。小妹又哭闹起来，说应该分成四份，她拿两份，因为大姐二姐都没有负债，先生又都赚钱，而她的老公负债累累，难道全家人都对她见死不救？不怕她老来没有依靠？大姐二姐听了很难过，她们并非在意那些家产，而是心寒小妹何时变得如此现实自私，又不讲道理。然而，小妹仗着父母宠爱她，哭闹之外又绝食抗议，大家只好依了她。小妹拿走了家产后，大姐二姐也开始疏远她，渐渐地和她形同陌路。可以说，她为了家产，斩断了和家人的缘分。

四

我的一位高中同学，是经营健康食品的。有一天，他来找我借钱，说周转上有急用。我为了减轻他的心理负担，就说干脆买他的健康食品来吃，让他有收入。然而，他似乎以为我很有钱，每隔几天，就抱一堆新的产品来向我说吃了对身体哪里很好，很有帮助。我心想他可能又缺钱，于是又向他买了一堆。同时，向他暗示，我自己收入也不高，而且家里的健康食品已经堆成山了，几年也吃不完，可以暂时不要送货了。

他笑着说他懂这道理，我心想他应有自知之明，不会再来了。想不到，隔了一个礼拜，他又抱一堆什么国外最新进口的产品，硬要我买下，而且为了感谢我的支持，除了再打折外，钱可以先欠着，等我日后手头方便，再来向我收。我听了，心里为他感到遗憾。我很清楚，这一次，我跟他的缘分真的尽了。我开门见山地告诉他，不应该把我的真心帮忙，看成是冤大头。他听了气得涨红着脸，胡言乱语把我数落一顿就走了。从此，两人再也没有联络。

人跟人，是否能做朋友，或是成为仇家，不是靠缘分，往往是由无明的一方决定的。如果你在人际关系上，也有和我同样的感慨和无奈，就先让自己保持觉知吧！或许，在某些人眼里，我们就是那个“无明的人”。

培养知足感恩的态度

我们做交易也好，做实业也好，到底是为了什么？大家肯定会说为了赚钱。那赚钱的目的又是为了什么？是为了幸福，对不对？那赚钱是不是越多越好呢？其实也不一定。比如说你现在渴了，你喝一瓢水，是不是就解渴了啊？如果强逼着你非得喝一桶水，或者一缸水，对你到底好是不好？不一定好。那什么是幸福呢？有些朋友可能会说自己一直都不幸福。但是在我看来，我们每个人都有六大幸福：会吃、会穿、会走，能看、能听、能说。何以见得？道理很简单。会吃——这个地球上有70亿人口，每一个人都会吃吗？那些得了口腔癌、喉癌的人，吃不下饭；得了胃癌的，吃什么吐什么；显然他们不会吃。会穿——那些瘫痪在床的人，给他一件羊毛衫、一件毛衣，看他能不能穿得上？穿上了能不能脱得下来？我就曾经得过一种病，就是胳膊肘是弯的，伸不直；到处看看不好，也不知道这是什么病。

后来到了一家盲人按摩店。老板不愧是行家，一眼就看出来了，说这是打网球的人爱得的一种病——“网球肘”，学名叫“肱骨外上髁炎”。后来他就给我用带电的治疗仪烤一烤。就是一个布袋子，里面装着中药，药是潮的；一次烤半个小时，其实就是为了疏通筋络。所谓“通则不痛，痛则不通”嘛。然后按摩四十分钟到一小时。最后再涂上一种药水，是他自己配的，挥发得很快，涂上很快就干了。就这样治疗十几次就好了。胳膊就能伸直了。很奇妙是吧？所以你不能说，会穿衣服不是幸福。当然幸福了，我治好以后，感觉非常幸福。那会走呢？想想那些不能直立行走的人，患有各种关节炎和腿疼病的人，他们拄着拐杖，每迈出一步都很艰难。有的人离开轮椅，不能行走半步。而你靠着两腿却可以自如地行走，想去哪里就去哪里，这是不是幸福？所以会吃会穿会走，其实就是生活能够自理。

生活能够自理就已经很值得幸福了，大家想想是不是这个道理？只不过我们享受这种幸福太久了，把它忽略了而已。还有就是能看、能听、能说。你说这有什么稀奇的？人人都是如此。那可不一定。比如说，假设我们小时候能够看见这个世界，后来因为眼病，比如说白内障，一得就是 20 年，失明了。就在昨天，我们刚刚做了白内障手术，成功了；而且纱布也揭开了。今天早上我们经过一个美好的睡眠，睁开眼睛一看，20 年前那个丢失的世界又回来了。你是不是感觉非常振奋？是不是对生活充满了期待和希望？是不是感觉有无穷的精力？是不是感觉有无数的事情在等着你做？你还会无所事事、无病呻吟吗？听也是如此。假如你失聪很久，听不见一点声音，你很寂寞。现在来了个人造耳蜗或者神奇的助听器，让你重新能够听见。你是不是很开心？仅此一项，你就觉得你是这个世界上最幸福的人。

能说也是一样。你能够与人交谈，表达你的意思，甚至相谈甚欢；这同样是看起来寻常，但实际上很不简单的事。所以我们是否幸福，取决于幸福的标准是什么。如果总盯着那些没得到的东西，你就不幸福。要是盯着你已经得到的东西，你就很幸福。你天天跟李嘉诚比，你觉得你不幸福；要是跟那些重病缠身或者生来就有残疾的人比，你就幸福了。所以，我以前在课上经常跟大家讲，弱水三千只取一瓢饮。一定要把这种知足常乐的思想，贯彻到金融交易当中去。而绝对不能想抓住尽可能多的机会，赚到尽可能多的钱，你要是这样想，必定倒霉。这就好比，我们常说“鼹鼠饮河，不过满腹”。一只小老鼠在河边饮水，最多就是喝饱肚子，那能有多少水？它要是想把整条河都吸到肚子里，对它来说只有坏处——它会被撑死的。所以，当你基本的欲望得到了满足，处于不匮乏的状态，就应该感天谢地。

我们做任何事都要有正确的思维方式，否则就会事倍功半、效果不彰。什么是正确的思维方式？美国成功学家拿破仑·希尔，总结出来一个“PMA 黄金定律”。P 就是 positive，积极的、正面的；M 就是 mental，精神的；A 就是 attitude，态度。所以“PMA”可以翻译为“积极的心态”。就是看问题要看它的正面。佛家讲“相由心生、境随心转”，如果你脑子里老想一些负面的东西，它就会成为现实。比如说你担心什么、恐惧什么，它一定会实现。那什么是积极的心态呢？就是用积极的思考、乐观的精神和成功的经验，来支配和控制自己的人生！我为什么做交易能赚钱？因为我有大量赚钱的经验，我对赚钱的过程、模式很熟悉。你为什么总是亏钱呢？因为你脑子里全都是亏钱的经验——你从来就没有成功过。如果想持续成功，你必须至少先成功一次，然后成功的经验就会鼓励你，渐渐形成模式。

对很多人来说，缺乏成功的经验会导致他们更加难以成功。这是一个悖论。就像一只猫，转着圈咬自己的尾巴一样，永远也咬不住。所以大家要把精力专注在已经成功的交易上，然后复制这个模式，这就是赚钱的捷径。如果你老想赚尽可能多的钱，你就不会专注于成功的经验。你甚至觉得已经取得的成绩微不足道，远远不能满足你的欲望。在这种想法支配下，你就不会恪守“模式内交易”，而是开始疯狂地尝试各种交易方式，也就开始了连续的亏损，很快以爆仓结束。所以我们想问题要朝积极的一面去想，看问题的视角要宽阔乐观，取得成功的经验之后再专注于复制成功的经验。这个问题不搞清楚，你在这个市场上就站不住脚；总是亏亏赚赚，不知道原因何在。其实有些交易员已经具备了持续盈利能力，却还在拼命“改进”——实际上是企图追求“完美”——因此也就只能继续在亏损的陷阱里打转。

人们通常认为，只有外界的环境际遇和物质条件满足了他们的愿望，他们才能开心起来，才会感到幸福快乐。但实际上，一个人只有先开心起来，先体会到幸福快乐，然后外界的环境际遇和物质条件才会满足他们的愿望。长期以来，这个顺序被颠倒得厉害。每一个心事重重板着脸过活的人，都认为他还有一大堆愿望没有实现；生活对他不公平，他还不具备“笑的条件”。换言之，他们自认为受亏欠很多，所以他们才对这个世界冷脸以对，对自己已经拥有的一切反倒视而不见。但维持“良好的感觉”是如此重要，堪称是成功的前提。比如，你不能对上帝说：“给我糖吃，然后我才笑给你看。”上帝会说：“对不起，哪个孩子先笑起来，我就先给哪个孩子糖吃。我的孩子多得是。”面对这个世界，太多的人吝于给出自己的笑容。他们认为笑起来一定是“有条件的”，而他们的所得还远未达到“笑的

条件”。

那些严重亏损、深陷困境的交易员们也是如此。他们应该警惕自己的心念。如果总想着“等我走出困境了，我就开心了”；那就永远走不出困境，也就永远不会开心。他们必须先在感觉上真实地体会到自己已经走出了困境，这一境况接下来才会加速成为事实。当他们在想着“困境”这两个字的时候，尽管其真实意思是想“走出困境”，但只要这一想法中带有“困境”两个字，那就是在强化它的存在。事实证明，负面思想的力量是如此强大，以至于它不仅能“挽留”负面的事物持续存在，还能招来原本并不存在的祸患。其实，我们每个人心里都有一个类似“挂衣钩”这样的东西。就像是一个人要去你家里挂衣服，你家里必须要有钩子才能挂得上；倘若根本没有钩子，他发现没地方可挂，自然就会放弃。《巨婴国》的作者、心理学家武志红先生曾经在他的微信公众号上发布过一个帖子，他写道：

“我曾给一位国企中层干部做心理咨询。这位男士有一个女儿，但他重男轻女的父亲执着地想要一个孙子。可是，他在国企，当时如果生二胎，就只有辞职这一条路。其实他和妻子都很喜欢女孩儿，已经有了女儿，都不太想再要一个孩子。但是，他的父亲使用各种极端手段逼迫他，例如几次把家里砸个稀巴烂，甚至还威胁要杀人。他非常恐惧，因为他知道父亲的暴虐性格，真担心父亲会干出这种事来。那时我还没有正式做心理咨询，于是犯了咨询师的大忌，我给他接连提了 10 多个建议，而他一一否掉了。当最后一个建议被他否掉后，我突然感觉到，房间里有一股极为沉重的东西，气压都变得很低。我知道，那是恐惧。于是，我请他谈谈恐惧。这是他儿时无比痛苦的体验，父亲常常打他，这让他对父亲埋下了强烈的恐惧。他之所以一一否掉我的建议，并非因为理性，而是这份儿时的恐惧所致。

“我给他提了最后一个建议，让他一遍遍地回忆并体验这些恐惧，让凝结住的恐惧在他身上流动；并且请他一定记住，这时你不是孩子，而是成年人。他花了多天时间，一遍遍去体验恐惧，潜移默化中，开始有变化发生。当时我们是在北京做的咨询，等他再回到家时，外表上看他还是他，但一遍遍体验过恐惧的他，内在已经发生了变化。他回家没多久后，奇迹发生了。他父亲竟然主动提议，不想和他们一起住了，想在他们所在的省会城市租一套房子住。就这样又过了一个多月，他父亲再次说，和你们住一个城市真是没劲，我要回老家，你在老家县城给我买一套房子。也就是说，这位父亲不再干涉儿子小家庭的事情了。这是这位男士以前完全不敢想象的好结果。这个故事可以给我们带来如下启发：因为他已经抚平了心中恐惧父亲的‘钩子’，结果父亲就不去他心里挂‘恐惧’这件‘衣服’了。”

捍卫良好的心情与自我感觉

心态消极者视野不够开阔，容易把自己的注意力专注在一些负面的事物上，比如说喜欢抱怨。婆婆抱怨媳妇，媳妇抱怨婆婆；太太抱怨先生，先生抱怨太太；父母抱怨儿女，儿女抱怨父母；下级抱怨上级，上级抱怨下级……如果我们把视野拓宽一点儿，把自己的注意力从这些繁杂的琐事上转移出来，则有望打破这种恶性循环。因为思想是一种能量，负面思想不仅能强化负面事物，还能招来更多。这就是“思想是能量”（Thoughts are energy）和“思想变实相”（Thoughts become things）理论。现在的量子力学也好，关于佛学的研究也好，都得出相同的结论，即认为思想是一种高频的电磁波，能够向整个宇宙扩散，影响周围的人、事、物，进而改变我们周围的物质世界。所以你想积极的事物，就会吸引正面的、成功的结果和关系；如果你把注意力集中在负面的事物上，你也照样会把它们给吸引过来。

我们中国人总结得更加简单，就只有四个字：心想事成。其实这个“心想事成”也是两面的，关键就看你想什么？你想正面的，就得到正面的；你想负面的，就得到负面的。这叫“心能”、“心力”或者叫“念力”。也可以说你专注于什么，就得到什么。我早年专注于做交易，我认为它必有规律可循；果不其然，我发现了天网系统。当我用天网系统操盘基金的时候，表现不稳定；业绩时好时坏，资金曲线大起大落。于是我继续寻找解

决问题的办法，结果发明了标准化控仓方案，这就叫“虑而后能得”。那么究竟怎样才能让我们的心能焕发出巨大的潜力呢？那就要靠修行了。修行有3个次第：(1)安心；(2)欢喜心；(3)清净心。佛家主张修清净心。清净心有不同的层次，有的可以达到功夫成片、一心不乱的境界。如果清净心我们修不到，那就从欢喜心修起。修欢喜心之前，先要修“心安”或“安心”。

何谓心安？就是不为过去后悔，不为未来恐惧，不为今天烦恼。人生烦恼很多：事业不顺、家庭矛盾、子女叛逆，乃至同事不和、兄弟反目、婆媳冲突……再加上为过去后悔，为将来担忧；可谓烦恼火焰，层层无尽；一生为之焚烧，片刻不宁。《增广贤文》中所说的“思虑之害，甚于酒色”，指的就是这种情况。既然人生烦恼如此之多，如何心安？心安理得、随遇而安可也。何时心安？当下心安可也。明代思想家、堪称旷世奇才的王阳明先生曾经有诗云：“饥来吃饭倦来眠，只此修行玄更玄；说与世人浑不信，却从身外觅神仙。”又云：“过去未来事，思之何益？徒放心耳！”就是主张就地放下、当下心安。上智之人，明了“菩提本无树，明镜亦非台；本来无一物，何处惹尘埃”的意境，固然能够“当下心安”；但并非所有人都能做到这样。如《五灯会元》卷一记载了如下一则关于禅宗的著名公案：

“可曰：‘诸佛法印，可得闻乎？’祖曰：‘诸佛法印，非从人得。’可曰：‘我心未宁，乞师与安。’祖曰：‘将心来，与汝安。’可良久曰：‘觅心了不可得。’祖曰：‘我与汝安心竟。’”这段话的意思是，慧可向达摩请法云：“佛法的精髓，愿闻一二。”达摩说：“佛法的精髓，不是从人那里学到的。”慧可听了很茫然，便说：“弟子心中时常不安，乞求师父能为我安心。”达摩回答道：“把你的心拿来，我为你安心。”慧可沉吟良久，说：“没有这个心，我找不到它。”达摩于是回答：“我已经把你的心安好了。”慧可听了祖师的话，当即豁然开悟：原来并没有一个实在的心可得，也没有一个实在的“不安”可安。安与不安，全在一念之间而已。这个典故告诉我们：安心是自己的事；如果自己不能安心，别人的劝诫或帮忙是起不了太大作用的。所以要自己心安、当下心安。慧可后来成为继承达摩衣钵的禅宗二祖。

禅宗的这则公案到这里还没有完——它还有“续集”。《五灯会元》继

续记载："至北齐天平二年，有一居士，年逾四十，不言名氏，聿来设礼。而问祖曰：'弟子身缠风恙，请和尚忏罪。'祖曰：'将罪来，与汝忏。'士良久曰：'觅罪不可得。'祖曰：'与汝忏罪竟。宜依佛法僧住。'" 这段话的意思是，北齐天平二年，有一位 40 多岁的居士，即后来的禅宗三祖僧璨，前来拜会二祖慧可，说："弟子重病缠身，深感罪孽深重。求师父帮我忏悔，以求早日康复。"慧可说："把你的罪拿来，我帮你忏悔。"僧璨沉默很久，说："罪没有实相，弟子拿不出来。"慧可说："我已经把你的罪障忏悔干净了。你从今以后皈依三宝，依法修行。"一个人的过失与业障当然不会那么容易一笔勾销；但是如果不将其当即"放下"，就是在强化其存在，又如何谈得上下一步的修行呢？慧可大师不愧为达摩祖师的真传弟子！

而三祖僧璨也获得了二祖慧可的真传。北周武帝（560～578 年在位）毁佛期间，僧璨隐居于太湖县司空山，居无常处，十多年来无人知晓。隋开皇十二年（592 年），十四岁的沙弥道信前来拜师，说："愿和尚慈悲，乞与解脱法门。"僧璨说："谁缚汝？"道信答："无人缚。"僧璨说："何更解脱乎？"于是道信大悟。这段话的意思是，当僧璨在太湖县司空山隐居的时候，有一位名叫道信的小沙弥前来拜师，说要祈请"解脱法门"。僧璨说："谁捆绑你了？" 道信回答说："没有人绑我。"僧璨回答："既然没有人绑你，为什么要求解脱呢？" 道信听后当即开悟。"解脱"，佛门中意为了脱生死、出离轮回，最终证得无上菩提。这种结局无比殊胜稀有，不可能因为听了别人的几句开示就能实现。因此，解脱法门在内不在外，别人代替不了自己实修，破除向外求法的执着才是解脱的第一步。

美国的尼布尔博士曾说："祈求上天赐予我平静的心，接受不可改变的事；给我勇气，改变可以改变的事；并赐予我，分辨这两者的智慧。" 李开复也曾说过类似的话："有勇气来改变可以改变的事，有胸怀来接受不可改变的事，有智慧来分辨两者的不同。"生活中对于无法改变的人和事，轻轻说一声："Let it be"（随它去吧）。对于不听话的子女，告诉自己"Just love him/her"（爱他/她即可）。一开始，要像保护易碎的鸡蛋壳一样保护你的"心安"，直到它发展成为一道铜墙铁壁。一旦心安了，你周围高速旋转的世界就安静了，复杂的人际关系也变得简单了。"心安"不仅是一种良好的心理素质，更应该成为一种生活习惯。一旦当你察觉到自己正为某事烦心，不妨提醒自己立即停止忧惧烦恼，当下心安。如是，则一切问题的答案自会浮现，暂时无解的答案也会在将来某个不经意的时刻自动浮现。

各位朋友，当你那颗乱糟糟的心安定下来之后，才可以进入修行“欢喜心”的次第。所谓“欢喜心”，就是心中奉喜神常驻。就是英文中所说的“I feel good”，即感觉良好。每天早上洗漱完毕，上班之前，对着穿衣镜，大笑三声；并且说上一句：“I feel good.”怎么样？能不能笑得出来？不要说：“I am the best.”这个不要说。你知道你不是 the best。不要说那些你不相信的话，太不相信的话不要说，稍微带点儿假不要紧，不能假得太厉害。你说我明天就要赚一个亿，这个说法你自己都不相信，它不会成为事实。你要说“I feel good”，刚开始有点儿像是假装。不要紧，继续装下去，它会弄假成真的！你可以对着穿衣镜先笑一笑，再笑一笑，连笑三次；刚开始可能比哭都难看，但是笑着笑着就变成真的了。如果后来能变成真的，那刚开始是不是假装的，谁还会在意呢？Who cares？

不管是佛家的“相由心生、境随心转”，“唯心所现、唯识所变”；还是拿破仑·希尔的“积极的心态”；或是电影《秘密》里所说的“Thoughts become things”，原理都是一样的。说明这个真理的确客观存在。不然不会出现古今中外的人，在不同领域、不同学科得出相同结论的现象。事实上，一切科学发明都是来源于思想。看看你手里的 iPhone，它就是史蒂夫·乔布斯的“思想”。当乔布斯有了一个明确的目的，如何实现反倒成为一件较为次要的事；或者说，成为一件以目标为导向、具体路径“自动实现”的事。这是“Thoughts become things”的典型例子。所以意欲生活幸福、事业成功，我们就从“I feel good”入手。早上出门之前要说“I feel good”，一天当中随时随地要多说几遍“I feel good”，躺在床上要闭目入睡了，还要告诉自己“I feel good”。天长日久，逐渐形成牢不可破的潜意识。

其实我们看，一个善于求助的人，他总是如鱼得水。比如一个孩子，他遇到了困难、压力、困惑。倘若他愿意和家长交谈，这样的孩子解决问题的能力就比较强，身心也比较健康、健全。总之，正确的思维方式就是积极的心态，就是 feel good，即感觉良好。平时要把我们的心能，从那些负面的、琐碎的、低效的事物上移开，专注在健康的、宽广的、积极的事物上，向前看、向远处看。大家此刻的感觉如何？Do you feel good？都 good 就好啊。你 good，我才 good。OK，今天的课就到这里，朋友们再见。

附录二　中秋忆事

——我的少年时代

大约30年前，1986～1989年，河南省罗山县高店乡中学，我在那里度过了3年初中时光。当时我是年级第一、学霸，经常代表学校去参加各种竞赛，老师、同学好评如潮，风光无限。记得学校大门口有一个小池塘，隆冬腊月，我们住校的学生会把池塘表面的冰层砸开，拿毛巾从洞口里淘水洗脸(如果食堂里的大锅里面温有热水，则不必如此)。还会沿着学校大门外的操场跑步。当时每周回一次家，返校的时候，总会带来一罐腌豇豆、腌白菜或者各种酱，同学们彼此之间交换着吃。有时候还会背一袋一二十斤重的大米，拿到学校换成饭票。每周生活费一元钱，学校的菜价通常为0.05元/份或0.1元/份，0.25元的带肉，那是要下很大决心才能吃一次的“豪华菜”，吃一次感觉就像今天在五星级酒店住了一个月。

记得一位叫邓丽霞的女同学，跟一名高姓年轻大厨同村。每次排队打饭的时候，她都会响亮地说：“小高，二两。”记得每天早读结束，住在乡镇上的同学都会赶回去吃早饭，吃完早饭再一路狂奔到校，这样才能避免迟到……记得每天夜自习结束，一名李姓数学老师的爱人，都会蒸素包子在教室门口卖，一会儿工夫就抢光了。我也吃过几次，那热腾腾的包子真是人世间无上的美味，在寒冷的冬夜尤其如此。这位数学老师的女儿与我同班，刚好坐我前排。她不知从哪里学到一个时尚动作，就是经常一言不合就忽地回头，火辣辣地正面直视我一两分钟，其间眼睛一眨不眨，我难为情得低头脸红，不敢举目迎战。如果她今天仍然这样看我，我依然会感到尴尬。记得一位身材瘦小灵巧的男同学,他进教室不喜欢走正门,而是掰弯窗户的钢筋侧身而进。他经常竖着大拇指告诉同学:“我熟了。”

记得我们的集体宿舍,那是一个能容纳三四十人的大房间。那个大房间也有两个大窗户,不过是没有玻璃的。所谓的“窗户”,不过是盖房的时候,在砖墙上预留了两个长方形的大洞(我读小学一年级时的教室,也是这种“窗户”,只不过墙体不是砖墙,而是土坯。“课桌”也是泥塑的土台子,座椅板凳都是从自己家里带来的,每次放学之后带回家,次日上学再带来。一路上浩浩荡荡,蔚为壮观。到了冬天雪花飞飘的季节,孩子们冻得手凉脚麻,会不由自主地跺脚。当跺脚的声响越来越大,老师就会允许集中跺脚一会儿。我记得语文老师刚教完“我爱北京天安门”就放弃教学,职业种地去了。数学老师一口气把数学课程全部上完,再回过头来教我们语文。两位老师当时都是民办教师,数学老师一直从事教学,后来转正,现在月薪六千,专心务农的语文老师一定很后悔吧?)。

我们宿舍的房间跟隔壁的房间隔着一堵砖墙,那面墙只要用手指点一下,就会晃悠起来。宿舍里有很多用砖砌成的台子,上面有一些水泥,让这些砖不至于散开。而我的床铺,就是一张用竹竿和麻绳编成的“竹帘子”,铺在两墩水泥台子上。然后是一床被子,一半裹在身下作褥子,一半盖在身上当被子。冬天为了御寒,我们也会两人合住,把其中一人的被子当褥子,然后两人同盖一床被子,抵足而眠。三四十个光棍汉集体宿舍的门口,是这些男人们随地小便的地方,小便和洗碗水混在一起,使宿舍门口的路看上去总是很滑,并且伴随着一股熏天的尿臊味儿,无论晴天还是雨天都是如此。

每次早读结束、8 点钟正式上课之前,时间总是很紧。我经常来不及洗碗,总是吃完一大碗白粥,把碗随便一扔就匆匆忙忙往教室里赶,由我的好哥们儿陈广雨帮我洗碗。他的父母很早就去世了。跟随哥哥和嫂子一起生活。哥嫂不太赞成他继续读书,学费和生活费的供应如果不及时,他就会利用星期天回家的机会,直接用架子车把粮食拉到乡镇上去卖。卖来的钱他会接济我一部分。我在武汉读书的时候,他还经常给我写信,信中有时会夹带钞票,10 元或 20 元不等。我这位兄弟后来虽然考上了大学，却因为种种原因没有去上，远赴广东打工。中间失联了好几年。有一次我正在上班，他突然来找我，告诉我他还要去参加高考，去圆他的大学梦。考虑到年龄问题，我力劝阻止。而且此时他已经有恋爱对象了。他这次回来，女方是反对的，而且女方家里对他们的婚事也是反对的。

他回去以后，与女方结了婚，也生了孩子。但是这个孩子因为先天性心脏病，过早地夭折了。后来他与太太因为性格不合，也离婚了。离婚以后他和我重归失联。他哥哥一家也不顺利。他嫂子原本年轻健康，养育了一双儿女。可是一夜之间忽然死了，他哥哥只好带着两个幼小的孩子重组家庭。据说他还有一个妹妹，现在也不知所终。我这位兄弟当年对我颇多照顾。曾经有一个同学，是个学渣，看不惯我这个“学习好的”，试图在我面前炫耀武力。有一次在食堂排队打饭的时候，他们起了冲突，被我这个兄弟一拳打在眼睛上，几乎失明。这件事虽然看似与我无关，但我明白实际上是因我而起。

相书上说我这种人“年少木讷，中年成就，晚景大好”。我不知道这个说法是否准确，但年轻时候的我对于两性关系的确是“不开窍”的。我看见女生会脸红。用老家的话来说，男生应该“猴”一点，女孩子才会喜欢。不过我一直以自己的速度和方式成长，总也“猴”不起来。初中的时候班上有一名女同学，擅长写诗。她写过很多诗，大约与我有关。我只记得其中一两句，比如：“就这样默默步入青春的妙龄”；“当所有的花朵都背过身去”……总之风格有点伤感，像林黛玉。有一次她给我写了封信，我还没来得及细看就吓得扔到溪水里去了。又有一次我在街上遇见她，本想聊一聊，说说话，她却反倒羞红了脸，一句话也说不出来。我到武汉以后还收到她写的信，一大张白纸，上面满满写着她誊写的诗。

这个女孩子的哥哥，原本是风华正茂的年龄，正在大学读书。可是忽然之间噩耗传来，不知怎么就死在学校里了。她的父母白发人送黑发人，难免很伤心，家庭气氛可想而知；连带她的诗风也总是带着伤感。我这位女同学现在正在老家县城里安安稳稳地做一名教师教书育人，相夫教子，生活倒也平静。除她之外，还有一位女同学堪称是奇女子。毕业之前有一天我正搬了张课桌坐在教室门前的杨树下看书，她忽然扔过来三个信

封，上面分别写着我和另外两位男生的名字。信封里各有一封信和她的一组照片。她也许认为快毕业了，想用这种方式与她最看重的三位男同学告别并且留作纪念吧，尽管方式奇怪了些。

学生时代我虽然成绩一直很好，但并不是乖学生。相反，我也会捣乱，而且又是学生领袖。初三的时候，原本带我们的副校长兼英语老师突然决定不带我们班了，而由一位刚毕业的女大学生来接替他的工作。用现在的话来讲，“初三很关键”，我们这些学生当然不服气，就琢磨着怎样制造恶作剧捉弄女老师。有一天是雨雪天气，我们把教室的门反插上，让英语老师无法进门。当老师开始敲门的时候，全班 80 多名学生哄堂大笑。最后一位叫张军的男生红着脸，顶着压力给老师开了门。我们当时认为他是“叛徒”，不齿于他的行为。但是现在看来，他更像是一名英雄。我后来专门为自己的错误行为到老师家登门道歉。我现在也带学生，5 年来直接和间接影响过的交易员不下 2 000 人，深知为人师的不易。

我在武汉的求学岁月一直都是在贫困中度过的。好在学习生活总体上还算愉快，我对此不以为意。有一次学校为了参加评比要把所有的黑白电视机换成彩电，没有钱，找学生借，每人 50 元。全校的学生都交了，只剩下几十个贫困生没交。学生科的女科长——她看上去就像是秘密警察的头目——把我们全部叫到办公室，逐一催办。她指着一名男生问道：“你家哪里的？”男生回答：“兰州的。”“你啥时候交钱？”男生说：“一个星期之后。”女科长桌子一拍：“限你后天把钱交上来。”男生唯唯诺诺而退。我知道，以当时绿皮火车往返兰州的速度，至少需要一星期时间。除非出现奇迹，他是不可能如期交钱的。然后轮到我。同样的对话重复了一遍。我怏怏不乐地返回教室，头疼这事儿到底该如何解决？好在这时奇迹出现了，我的一位叫林海明的广东同学主动借给我 50 元，算是解了围。

我能顺利度过这一段时光，除了这位林姓同学帮助过我，还跟我的同桌李建中有关。李同学的父亲是洛阳铁路分局财务科的工作人员，曾到学校去过。这样的家庭条件，在当时还算不错，至少不会出现学费和生活费的短缺。我缺钱的时候，就向他十元十元地借。到毕业的时候，竟然累积到 300 多元，论购买力相当于现在的五六千元。要知道我上班后第一个月的工资也才只有 100 元出头，一个学生借这么多钱真不算少。这笔债务一直到我参加工作后才得以清偿。这期间我曾经给舅舅写过一封求援信，几经周折，他给我汇来 100 元，但麻烦的是收款人的名字写成了我哥哥的名字。好在学校出具了一份证明，我才顺利取回了钱。

现在看来，当时同学们之间的贫富差距已很明显。城市出身和农村出身的同学在衣着打扮和为人处事上有着明显不同。简单而言，城市尤其是大城市出身的同学衣着光鲜，生活条件优越，情商普遍较高，待人接物成熟老练。反观农村出身的同学，几乎总是穿那么一两件衣服，情商较低，不善言谈和交际，我也不例外。但是这些城市出身、高情商的同学也有一大问题，就是他们虽然早熟，但无论时间过去 10 年、20 年还是 30 年，他们看起来跟几十年前几乎一模一样，鲜有变化。他们不愿意深入研究一个课题，也不懂终身学习为何物，这样很容易被超越。正如我无法忍受他们一成不变的生活，他们对我每天在金融市场摸爬滚打、大笔进出、跌宕起伏的职业生涯也很难理解并接受。所以我和他们渐行渐远。

虽然这么多年过去了，时间像河水一样奔腾流逝，往事却记忆犹新、历历在目。它们就像一本本彩色影集，慢慢变成了黑白两色，却依然清晰可辨，甚至更加分明。但所有这一切，还都不是我印象中最深的。令我印象最深的人和事，是一位我初中时代的退休教师，人们都叫他“闫老师”。据说他的本名叫闫自白（或闫子白），我上初中的时候他已经退休了。他原本住在乡镇上，每到开饭的时间会拿着饭盒来校食堂打饭。有一次课间休息，一名同学气喘吁吁地跑回来，一边跑一边嚷嚷：“累死了，累死了。”问他做什么了？回答说是帮闫老师搬家，从镇上重新搬回学校，为的是让他吃饭的时候少走些路；镇上虽然不远，但他毕竟年纪大了，行动已很迟缓。因为他家有很多藏书，所以我这位同学直呼“累死了”。

那是一位孤独的老人，据说他和他的太太在国共内战后分离了，他太太去了台湾，从此杳无音信。当时是八十年代末，两岸来往还不像现在这样频繁，相互访问并不容易。他非常思念他的太太，而且从未听说过他有什么儿女亲戚。我看到他的时候，总是看见一位风烛残年的老人佝偻着身体，拿着饭盒，走在往返学校食堂的路上。我从未和他说过话，他既不认识我，也未注意到我。据说这位闫老师是我们当地，也是我们学校历史上最有学问的人。我的语文老师闫国庆是他的忠实粉丝，有时陪伴左右。他写过很多诗作，都是随手写随手扔掉，大多散失，只有很少一部分被闫国庆老师收藏。有一次中秋节，学校办黑板报，闫国庆老师将他的一首诗写在黑板报上。我凭记忆将这首诗收录在这里，与各位读者共赏：

中秋

白云红日去悠悠，谷到黄时忽又秋；
千山阻隔万里遥，一水横陈两地愁；
叹我衰残空伏枥，想君颠沛也苍头；
转眼中秋佳节到，长歌远眺又登楼。

如今时间已经过去30年，老人家想必早已作古。他在有生之年是否有机会与太太会面，已无从得知。我除毕业之后第一年回过母校，从此再没去过，因此关于他的消息再未听闻。但是老人在路上孤独行走的身影和他的《中秋》诗作，一直深深地印刻在我的脑海里，未曾磨灭。如今我已人到中年，在经历过那么多跌宕起伏的人和事之后，有时回想起那位老人，我不禁会问自己，究竟什么是命？什么是运？人生的意义到底何在？无论是风华绝代的美人，还是年迈迟暮的英雄，都免不了要过生老病死这一关，这一切多么令人慨叹！有时我突发狂想，感觉我们也许都曾做过天人，今世生而为人，受到肉体的桎梏，种种的限制，以及诸多的不自由，憋屈难免，但好过做猪狗牛马等各种畜生。人生苦短，六道轮回，无论在哪一道修行，祈求上天赐给我们福祉，让我们智慧增上，离苦得乐，终极解脱吧。

投资家1973
于2016年11月21日

附录三　读者来信

至诚恳切地拜投资家 1973 先生为师(之一)

尊敬的投资家 1973 先生：

我目前在上海一家期货公司工作。半年前，因《金融交易学》一书与老师结缘。今年年初，我又成为老师"刀锋解盘"音频解盘栏目的忠实听众。本月 17、18 日两天，我又有幸参加了老师的股票面授高级班，受益匪浅。借着这封信，我回顾一下自己的金融交易历程，表达一下对老师的敬佩和感激，更希望能拜先生为师，得到您长期的提携和指点。

范老师对我最大的帮助，就是把我从一个"学院派"扭转为"实战派"。实话实说，我从小就是一个学霸，是中国教育体制下标准的"好学生"，本科和研究生均就读于国内外顶尖大学，受过完整系统的金融学科班教育。那时的我，信心满满，觉得只要把书本上的东西简单套用到投资实战中，自会无往而不利。然而，工作后我才深刻体会到，课本上的知识与实战差别太大，大学里的金融学与交易实战根本就是两码事。作为一个"学院派"，我长期纠结、苦闷、彷徨。我难以接受自己苦读多年并掌握的理论居然无用武之地。后来随着阅历的增长，我渐渐想通了：读书并没有错，问题出在经典的金融理论与真实的金融市场差异太大。大学里的金融学很漂亮，不乏美感，有严密的逻辑体系，有严谨的数学推导，有完备的研究框架，有堪比自然科学一般的金科玉律；可惜的是，这是学者们坐在办公室里想出来的金融学，是构建起来的"人造金融市场"，而不是那个波诡云谲的“真实金融市场”。学金融交易一定要从实际出发，理论联系实际。后来我读到了老师写的《金融交易学》，书中对“随机漫步理论”、“有效市场假说”等的批判可谓一针见血！我这个“学院派”读来真有醍醐灌顶之感。老师在书中曾言，若一个理论不是由战绩辉煌的实战派交易家提出的，则几乎可以肯定它一钱不值，哪怕这个理论获得过诺贝尔经济学奖也不行。信哉斯言！

毕业后我很自然地进入金融圈工作。第一份工作就是行业研究，主要是基本面分析。做了一年基本面分析后，虽小有成就，但心有不甘。我是一个追求完美的人，做基本面却让我找不到那种酣畅淋漓的成就感。我深切体会到，基本面分析很难给出“一针见血”的结论，很难起到“立竿见影”的效果。我承认，基本面分析确实有牛人，但和他们交往后发现，基本面做得好的，基本都有很强的实体经济背景。举例来说，对电子行业的前景，一定是该行业的一线工程师最有发言权，他能“点到点子上”；而一个金融领域的分析师，拿到的都是“二手资讯”，又怎能“拨开迷雾看真容”呢？没有行业背景，却想在基本面领域成为大牛，无比困难。此外，无论是企业的财务报表分析，还是商品的供求关系分析，作用到市场价格上都有不确定性，都有时间差，不如直接分析行情来得便捷和准确。再有，基本面分析皓首穷经，却被禁锢在某个特定细分领域内，很难做到全品种覆盖。基本面有大牛，但这些人一辈子只能做到精通一个品种，或一个板块，能跨行业切换的太少太少。老师在书中曾对基本面分析、价值投资等有过精辟的分析和论述，我读后深以为然。

告别基本面分析后，我又转向了“量化投资”。“量化”是一个听起来“高大上”的领域。在这个领域钻研了两年后，我小有成就，出版了一部专著，发表了一些研究成果，也做了大量的回溯交易和仿真交易。但是钻研得越深入，我越感到这个方法用于实盘交易问题多多。所谓量化投资，通俗地说就是利用数学为金融市场建模，利用计算机编程下单。但是量化的长处在于处理客观的技术指标（诸如 MACD、RSI 等），却很不擅长于主观判断，例如经典形态学，你就很难用计算机语言准确地写出来。尤其是许多形态还有各种各样的“变体”，这些东西人脑很快就能判断，计算机却并不擅长。老师在《金融交易学》的案例中曾有评论：纯粹的机械化趋势跟踪不可行。我对此完全同意。再好的计算机算法也比不上人的大脑，再好的程序也比不上交易家的眼睛。此外，我深切感到量化投资有一大弊病：缺乏对市场大势和后势的判断。量化投资依赖一些统计模型，它们的核心理念是：我对金融市场的走势没有意见，我只观测模型给出的信号。但我越来越感受到，一个没有观点、没有看法、没有判断的交易员是不行的。正如老师书中所言，一个交易界的盲人是不可能成功的。以趋势跟踪策略为例，缺乏对市场大势的判断就会导致在震荡行情中反复止损。2017 年以来，很多量化 CTA 的表现欠佳，都可归因于此。总之，我目前的观点是：在人工智能技术成熟应用之前，纯粹的量化投资，即完全机械化、程序化的交易不可行。

在抛弃了学院派过于理想化的金融模型，也经历了不算成功的基本面和量化尝试之后，我逐渐在实践中意识到，老师倡导的基于技术分析的趋势跟踪交易策略才是在期洋股海中获利的最靠谱方法。由于工作的原因，我经常浏览和购买金融投资方面的书籍，也系统学习了不少，但真正引起我共鸣的却没有几本。约半年前，一次偶然的机会，我购买并阅读了老师的大作《金融交易学》，顿有茅塞顿开之感。我的直觉告诉我，这是一本不可多得的好书，是难得一见的佳作，也是一座暗含宝藏的金山。在金融圈学习和工作了不少时日，我自信我这点鉴别本领还是有的。《金融交易学》我读了至少 2 遍，对其中的重点，诸如格兰维移动平均线八法则，顺势、待机、控仓、止损、持盈、止盈六大法则，月线图、周线图、日线图联合趋势跟踪，宏观交易、微观交易双管齐下的交易理念，共振/反振、磁悬浮/反悬浮、N 型底/N 型顶、超涨/超跌等高胜算定式，都有了一定程度的认识。更重要的是，我在交易实战中，确实碰到了一些书中讲到的案例，并正确地应用因此获利。我认为《金融交易学》绝对是一座宝库，随着时间的流逝会越发显示出它的价值。我非常期待早日能买到并钻研它的第三卷。《金融交易学》第一、二卷主要讲了交易技术，虽然暂时看不到第三卷，我也从网上找到了老师的博文《何以保命？唯有轻仓》，对资金管理（即标准化控仓）有了全新的认识。

我和老师因《金融交易学》而结缘。作为这本书忠实的粉丝，我已经把先生看作我未曾谋面的恩师。老师在书中提出过一些观点，比如交易是辆三轮车，需要三个轮子（交易技术、资金管理、自我管理）都发挥正常才能平稳行驶。再比如老师一再强调交易技术在其中起到最核心、最基础、最重要的作用，资金管理、心态管理必须寄生在交易技术之上才能发挥作用。此外还有交易技术不能简单化，要 K 线、均线、成交量、形态学四大门类交易技术联合作战等等。对于这些观点，我是打心眼里认同。通过《金融交易学》，我还钦佩老师另一点，就是知其然也知其所以然，真正把交易做成了一件“讲道理”的事情。老师曾不止一次地说，判断一个交易员的水平，不要只看他能不能盈利，还要看他能不能把盈利或者亏损的原因说出个一二三。只有清清楚楚、明明白白地把金融交易的基本原理讲透，才算真正搞懂了这一行。作为一个学院派出身的人，虽然我已不再迷信那些理论，但还是有点“后遗症”，就是凡事还是希望能有个“说法”，做事情还是要讲些逻辑或者道理。读了老师的书，我算是在交易这行入门了，明白了交易的道理之所在，明白了交易赚钱与赌博的区别之所在。

毋庸讳言，老师在书中披露了大量自己独创的研究成果和私募基金操盘的秘密，这是我非常钦佩老师的一点。在金融圈混迹多年的经历告诉我，这一行尤其是私募基金界，封闭性是非常强的。不是我不愿意学，也不是我不肯下功夫学，问题的关键是绝少有人愿意教你。想想这也正常，毕竟和大学里的课程不同；金融交易直接和钱挂钩，谁会把自己赚钱的秘籍告诉别人呢！老师愿意出版这本书，愿意分享自己的成果，是有大功德的！最起码节省了我们这些后辈 10 年摸索的时间和至少 100 万元的学费。大家可以去书店或者网上找找，像《金融交易学》这样把交易原理、交易方法条分缕析地讲通讲透的著作，有多少？可以负责任地说，凤毛麟角。仅从这个意义上说，我称呼您一声“老师”，先生就是当之无愧的。

今年年初，公司安排我担任一个部门的经理，负责一部分期货自营业务。目前我操盘 200 万元的基金，清盘线是 10%。也就是说，从年初开始，我正式进入“操盘手”或者说“交易员”的职业生涯。我是个有职业精神的人，接手这个工作后可以说是战战兢兢、如履薄冰。一方面，我要对操盘的基金负责；另一方面，我也渴望成功。也许是机缘巧合，正在我犯难的关口，老师推出了“刀锋解盘”音频节目，这可以说就是我的“救命稻草”。换句话说，我不但是《金融交易学》的粉丝，也是“刀锋解盘”音频节目的粉丝。老师的每期节目我至少听两遍，晚上听一遍安心睡觉，早晨听一遍安心工作。这个节目不但对培养大局观非常有帮助，对我的实际操盘更是起到“登山拐杖”的功效。我可以负责任地说，正是在老师音频解盘的帮助下，我拿稳了仓单，熬过了资金回撤的困难期，不再迷茫和困惑，也不再焦急和恐惧，目前尚有一些浮盈。从音频解盘节目这个角度讲，我仍是您的学生。

今年 3 月 17、18 日两天，我有幸参加了老师的面授高级班。在课上，老师演示了“黑马集中营”选股程序，着重讲解了肉眼过滤的规则和个股操作的技巧。老师特别强调了“完美周图理论”，做股票以周图为核心图表，辅之以日图。做交易最重要的是找准“临界点”，即价格即将发生大幅变动的千钧一发的那个时点。临界点进场才能快速脱离成本价，使头寸处于浮盈的保护之下。做股票时，不但要选周临界点，也要选日临界点，此谓之“双临界点战法”。同时，做股票时只能做周线级别的主升浪或者主跌浪，不允许操作反动浪。可以说，老师的面授内容是仅仅通过阅读《金融交易学》绝对学不到的东西。在面授课上老师还强调，股票和期货原理相似，期货和股票大盘指数的交易系统完全相同。期货(股指)的交易系统比个股小一个时间级别，即以日图为核心图表，同时参考周图和微图。期货(股指)主动浪和反动浪都可以做。老师授课以深入浅出、通俗易懂的语言娓娓道来，我全部都能跟上。

通过老师的课，我更能切实感受到，金融交易更像“艺术”，而非“科学”。之前走了很多弯路，原因之一就是把交易当成了“科学研究”。在课上，老师强调图形要“美”，何为“美”需要领悟。其实大道至简，“均线顺直”就是“美”，“均线顺直”就是“趋势”，就是“赚钱期”。那些均线如麻花一般绕来绕去、纠缠不清的股票，直接跳过就是了。课上老师还点评了不

少股指和期货品种的走势，讲解了研判大势的方法。我也记下了一些交易格言，诸如：做多时警惕那些该涨不涨的品种，做空时警惕那些该跌不跌的品种；简单为强，复杂为弱；刚完成回撤，短期不会回撤；移动平均线是天然趋势线，是指示趋势的最佳工具；离场的理由是呆在场内的理由消失，与盈亏无关；等等。限于时间关系，我更关心的微观交易系统和资金管理等话题不是此次面授的重点，希望以后有机会参加期货面授高级班再当面聆听。

半年多来，因为《金融交易学》、“刀锋解盘”音频节目和股票面授高级班，我三次与老师结缘。老师确实是我交易之路上的灯塔和引路人。我也清醒地认识到，自己只是一个入门学徒，后面的路还相当漫长，无论是技术、经验、心态都需要不断提升。比如我每次听老师的音频解盘节目，对老师期货的入场点位佩服得五体投地。同样做一个品种，我的入场点位与老师相比就相去甚远，入场后一般都是浮亏，“硬抗”两三天后会变成浮盈。但按老师的点位，入场之后基本上就处于浮盈的保护之下。我切实感受到，老师像一座知识和经验的宝库，值得我终身拜师学习。因为工作的关系，我也将进入期权交易领域，能够跟随老师学习期权更是我的愿望。我学过一大堆期权理论，各种定价模型都了解，但我深深知道，这些东西在实战中几乎用不上。老师的期权交易方法，才是真正能用来实战并盈利的。也许不久的将来，我还会进军股票期权领域（股票正股和股票期权的交易方法与期货和期货期权并无本质不同），到时老师的“黑马集中营”选股程序将会有用武之地。能成为一名股票、期货、期权同时交易的基金经理是我的职业追求，而能拜先生为师是我实现职业理想的捷径。

在结缘老师之前，对我影响最大的交易方面的书籍是《海龟交易法则》。诚如老师所言，每一个在交易市场上崛起的年轻人都要仔细研读这本书。但实事求是地讲，直接应用海龟法则是行不通的，对此我做过大量的回测和仿真。其一，它的初始头寸杠杆偏高；其二，它的进出场点过于简单化。海龟法则进出场信号基于唐吉安通道，在今天的中国期货市场上，肯定是行不通的。比起老师精挑细选的“临界点”，比起老师的天网交易系统，确实弱了不少。当然，我们还是要给予海龟应有的尊重，毕竟理查德·丹尼斯面对的是20世纪80年代美国波澜壮阔的期货市场，而我们今天要面对的是比之远为复杂的中国内盘期货市场。

在老师的一篇博文中，我曾经读到，老师希望开展新的“海龟培训计划”。老师希望用几年的时间，训练一批新的“海龟”，而他组织的培训，无论交易技术、培养人数、培训成果都要远远超过理查德·丹尼斯的那次。不管老师的计划如何命名，事实上您的学生尤其是弟子就是这些“新海龟”。我至诚恳切地拜投资家1973先生为师，诚心希望老师把我训练成交易市场上一只全新的“海龟”，实现职业理想和自身价值，更好地为社会贡献力量。老师是佛弟子，相信有缘人，既然我们已经三次结缘，就请老师郑重收下我这名弟子吧。

祝老师修行精进、投资顺利，希望我们早日成为师徒一家人。

至诚恳切地拜投资家1973先生为师(之二)

尊敬的范老师，您好：

每个交易员都有一个梦想：在世界任何地方生活和工作，不受日常俗务的打扰，不必看任何人脸色。你没有老板、没有客户、没有闹钟，你属于自己。只要你有可靠的互联网连接，你就可以在海滩边的小屋里，或是在山顶上的农家小院里交易。轻击键盘，指尖跳动，一笔又一笔交易单发出，账户资金曲线不断地向上再向上，你的财富越来越多，你想拥有的都能拥有……这是很多人梦寐以求的生活，它深深地吸引着诸如我之类的众生，以后还会有更多的芸芸众生向着这个目标飞蛾扑火！梦想很完美，现实很残酷。老师您曾说过，如果早知道这么难，恐怕就没勇气从事金融交易这行了。这其中有多少辛酸泪，岂是言语能道出！

我是您上千名学生中普通的一员。自从第一次在中泰证券听了您的课以后，我感到无比震撼。我认为我想找的老师终于找到了。所以我马上联系中泰证券的工作人员，报名到上海学习，同时也安装了您发明的选股利器“黑马集中营”选股程序。感谢老师给了我这次学习的机会。遇到老师是我的缘分。老师在专著《金融交易学》中给出的精湛的技术和理论，是对无数中国股民的无私奉献。您对交易界的真理孜孜以求的精神和诲人不倦的态度，是值得我们永远学习的榜样。如蒙老师不弃，我想成为弟子，跟随老师一直学习。我从上海回来已有时日，现在向老师汇报我的心得体会。说得不对的地方，请老师多加批评和指导。

1. 注重实战。老师的交易系统基本上摒弃了市面上的指标工具，直接研究 K 线、均线、成交量和形态学，通过市场最原始的数据来进行分析，看似简单却又一点都不简单。其中包含了 K 线与 K 线的位置关系、K 线与均线的位置关系、均线与均线的位置关系。老师强调集体趋势和鱼群运动的真实性与交易价值，通过“周图如父、指数如母”的研判来提高胜算，为选出的交易标的提供最周全的保护。“不去攻城，而是跟随大部队进城”——主张趋势确立以后才交易，在此之前不轻举妄动。对于标志性 K 线的判断和入场点的把握，给出了清晰的定义和规则，可操作、可复制、可传授，毫不含糊。行情能走多远，市场说了算，自己要做的是让利润奔跑，持续锁定浮盈，不到站不下车，这些是从书本上学不到的。

2. 资金管理。老师讲解的资金管理部分富含哲理，极大地开阔了我的眼界。想想以前的我，每天看着账户的金额上上下下，心情起起伏伏，心肝儿扑通扑通。没有任何资金管理的概念和方法可言。我曾经在股市 6 000 点时稀里糊涂地进场，只因为那时所有人都说股市很好赚钱。我进场之后经历过连续 3 天跌停，卖也卖不掉。7 万进去，4 万出来，于是只好暂时收手。虽然初战失利，但从此感觉股市是个神奇的地方。它风险大、收益快，想必总有它的规律。那时我没有其他的学习渠道，只能通过实际交易来感悟，因此代价沉重。

当股市从 6 000 点跌到 3 000 点，我想跌去一半了，可以投资了。当时深受价值投资理念的影响，以投资的心态进场，结果股市又从 3 000 点跌到 1 600 多点，我损失惨重，亏掉五六十万。从此以后我不再交易，但我时刻观察它，试图找出规律。在 2014～2015 年的那一波“人造牛市”中，我重仓加杠杆进入，收获颇丰。经历过以上这些大起大落，感觉自己已经战胜了股市。转眼再到 2016～2017 年，股市风格已变，而我还沿用以前的交易方法，于是又亏掉不少。经过反思，我认为我在上次牛市中赚钱全凭运气，不是自己的真本事。

3. 宏微结合。从老师行云流水的讲解、信手拈来的举例中，我感觉老师研判大势的能力无人能及，感知细节变化的能力同样无人能及。而反观我们这些新手或者交易多年仍然不得要领的“老手”，交易的过程要么流于粗放，要么一叶障目不见森林，不能很好地做到宏微结合。通过老师的教导让我明白，明晰当前的操作级别，制订自己的操盘计划，确定投入资金的多寡，赚自己能掌握的钱，慎战而不滥战，才能成为一名理性的趋势交易者。

长期以来，我都渴望找位老师学习。直到听了您的课，我才终于茅塞顿开。我意识到在股市操作必须有一套严密的交易制度和技术体系。要学会资金管理，先考虑止损再考虑盈利，并且要学会自我管控。两天学习过程中老师滔滔不绝，大量信息迎面扑来，令人目不暇接。通过这次集训，既夯实了我的基础，又纠正了我的很多错误思维，给我点燃了一盏照亮前进方向的启明灯。其间我记了大量笔记，为了不泄露老师的商业机密，就不写出来了。古人云：“纸上得来终觉浅，绝知此事要躬行。”我知道在今后的投资生涯中，肯定还有许许多多挫折和打击在等待着我；但我坚信，身边有您这样的良师，有许多师兄益友的陪伴，加上老师微信公众号“龙韬资管”上每天发布的“刀锋解盘”音频节目的帮助，我一定能成功！

至诚恳切地拜投资家1973先生为师（之三）

尊敬的范老师：

您好！这次我报名来参加您举办的面授高级班真是受益匪浅。我从2008年学校毕业以后一头扎进建材行业到现在已经是7～8年的光景。在这7～8年的时间里我摸爬滚打，凭借着自己与生俱来不服输的韧劲，从白手起家干到这个行业小有名气的后起之秀，上天的眷顾让我完成了最开始的原始积累。机缘巧合，一次在跟朋友打牌聊天的过程中，我从他那里听到了股票这个字眼。或许是新鲜吧，一开始我就被股票这个东西深深地吸引住了，以至于着迷；最终在朋友们的一片惋惜声中，我毅然决然地在我打拼的事业到了辉煌的时候画上了圆满的句号，义无反顾地一门心思扑进了股市。

也就是从那时候开始，我跟股票结下了不解之缘。我是从人人谈之色变的 2015 年“股灾”才开始认识和了解股市的。刚开始我是跟着要好的朋友一起操作买进卖出，自己完全没有一点分析能力；只知道每天一开盘就老老实实地守在电脑旁等待朋友给自己发出买卖信号，就这样自己每天无所事事地操作了一段时间之后，我投入 15 万本金的账户里(一开始投入 15 万本金是在自己固执的要求下，朋友见拗不过我才同意的) 居然莫名其妙地有了不到 2 万的浮盈。这种收获令自己欣喜若狂的同时，也更坚定了自己当初选择的信心。

后来因为要带父亲去天津看病，自己又不想错失这得来全不费工夫的收入，朋友跟自己又是绝对的交情，左右权衡之后就把账户全权委托给朋友替自己打理，其间自己压根看都没看过一眼。再后来朋友也因为结婚的事忙得不可开交。就这样过了两个月我从天津回来之后，打开账户一看，不要说我走之前的盈利没有了，就连我一开始投入的 15 万本金都有了 9 万的浮亏。当时我一着急在无知之下砍仓认亏出局。慌乱中我只模糊地记得好像持有山东黄金，其他股票都没记住。朋友也因为他的疏忽向我深表歉意。记得后来好像又买进了中国远洋有所盈利，才又补回来点。但那时候我已经萌生了要系统地学习交易之道的想法。

直到 2016 年因为朋友的建议，我在完全无知的情况下买进金路集团。当时我记得更名之前是叫 ST 金路，还有三钢闽光、两面针等等，其他一些股票我记不清了，我才又一次从股市中赚到钱。虽然在股市中我总体没有亏钱，但这些都不是我想要的作为。之后在一次跟朋友的聊天过程中，我完完全全地把我自己想系统地学习交易之道的想法讲了出来。朋友听后就赠送给我两本书，还告诫我要结合图表看书加深印象。这两本书就是范老师您创作的《金融交易学》第一卷和第二卷。拿到书之后我就像是拿到了武功秘籍一样爱不释手，一口气就读完了。直到现在这两本书都一直放在我的床头，一有时间我就拿起来翻看。

我深知自己底子差，交易理论和交易经验缺乏，甚至包括一些电脑的基础知识，比如通达信软件的功能及使用都不精通，更谈不上建立自己的交易系统。一次偶然的机会我在范老师的博客上看到举办面授高级班的信息后，生怕自己错失了学习的机会，我果断地报名参加了。机会来之不易，起初我还担心像我这样的“小白”参加面授高级班会不会听不懂？虽然只有短短的两天课程，但老师深入浅出、通俗易懂的讲解已然在我脑海里留下深深的印象。这次的高级面授班培养了我的宏观意识，让我这个面对红红绿绿的股票茫然不知所措的小白，树立起了从研判大盘和发掘领涨板块出发，再到在领涨个股临界点买入的大局观。

老师经验之丰富、技术体系之高深不是短时间内就能够掌握的。像微观交易学这些更具体的交易手段还离不开后期的学习和自己实际交易当中的经验积累。但我知道开始就正确的重要性，所以已经很满足了。在所有报名来学习的师兄弟当中我的基础是最差的，之前又落下了很多课程。但我不甘心就这样，我只有奋起直追才不会落后挨打。我的座右铭是：自己选择的路跪着也要走完。所以我自愿拜范老师为师，愿意一生跟随老师，做一个合格的趋势交易者。我期待着成为入室弟子，享受老师给予的三大免费政策：所有课程免费听，“黑马集中营”选股程序高级版和机构版终身免费用，以及永久免费呆在高端投资圈！我相信一切都是最好的安排，希望自己今后能在老师的指导和帮助下，在股市里做一个后起之秀！

至诚恳切地拜投资家 1973 先生为师（之四）

尊敬的投资家 1973 老师，您好：

现把我踏入股票、期货市场的心路历程大致地报告如下，如有不妥之处请您见谅。

90 年代经常听说股市风险高，不时听到有人因炒股失败而跳楼。身边也有朋友炒股，之前一直不敢涉足。2008 年 5 月份，隔三岔五地就听见朋友说，这次股市真的见底了。于是我抱着试试看的心态，去证券公司开了户。但当时对股票的相关知识一无所知，在连内盘、外盘是什么都搞不懂的情况下，第二天就迫不及待地进行交易。记得第一次交易还是电话委托的。本来想请教一下朋友，但他们也只知道低买高卖就能赚钱，什么技术分析、资金管理的概念完全没有，更没有什么把亏损限于小额、让利润奔跑等正确的投资理念。然后我又去书店买了几本书来学习。可能是我下的功夫不够吧，很多东西都没有深刻地理解；当然，也可能是买的书不太对路；何况，交易技术也不是一天两天就能学得好的。

在我学股票的最初两三年间，天天看第一财经的股评节目。听分析师说哪些股票好，我就买哪几只股票。过几天人家又说另几只股票不错，于是抛掉之前买的，换成他们新推荐的。很多股票自从我买了之后就趴着不动，一旦卖掉就开始上涨，我总是高买低卖。那时候老是觉得自己的赌运实在太差。比如 2009 年 2 月 16 日满仓江西铜业和西部矿业，这两只股票都是买在了最高价，10 天后割肉又基本上卖在了最低价。总之各种原因错过了 2009 年的大幅反弹。2010 年 4 月底又满仓进场了，7 月底亏得受不了认赔出局，不仅错过了国庆节之后的“煤飞色舞”行情，还融券潞安环能做了空！就这样，懵懂无知的我看着账户资金越来越少，心里犹如针扎一般。为什么一次次的大量充血，还是挡不住市场对我的洗劫？

踏空 2009 年的行情之后，发现从我开始买股票到当时，曾经买过的股票只要买了不动，不说赚多少钱，最起码没有亏损。而我总是听消息人云亦云，不停地频繁进出。“想通了”这一切之后，我在 2011 年 2 月份满仓买进一批价格相对较低、市盈率也很低的股票，准备长期持有。这一次持有的时间还真是相当长。其间有多次大幅下跌，我是越跌越买，一路摊低成本。就这样一直到 2012 年 11 月中旬，再也挺不住的我清空了全部股票，从而再次错过了 2012 年 12 月 5 日开始发动的一波不错的反弹。现在我有时候还在想，要是在那一年多时间的任何时候如果有个 10%以上的利润——抑或哪只个股有 10%以上的利润——我是不是早跑了？哪里还能持有那么长时间？我一贯是盈利的股票拿不住，亏钱的反倒拿得牢。

一次次的打击，一次次不服输，把我搞得遍体鳞伤。做短线不行，做长线又不行，咋办？赔掉那么多钱，根本就没有想过要收手，倒是急着想捞回本金。我想如果还是做股票，啥时候能把本金捞回来？于是萌生做期货的念头。之前听人说过做期货来钱快，但风险也大。为了稳妥起见，先申请了一个模拟账户，买了 3 手股指期货。大概过了一个月，打开模拟账户一看，竟然赚了 70 多万！那个高兴劲啊，恨不得马上就去开个期货实盘账户操作，赶紧把所有的亏损捞回来。2012 年底到 2013 年初那段时间工作挺忙的，一直到 2013 年 5 月 7 日才急匆匆地去开了个期货实盘账户，当天下午做了 10 笔玉米，第三天就开始做股指了。2013 年 5～6 月做股指的交易佣金就高达 3 万多，亏损的钱就更不用说了。自此交易频率稍微降低了一些，但还是不断地失血。后来干脆连做 1 手的股指钱都不够了。

我在什么交易技术都不懂的情况下就敢做期货，而且还只做波动大的股指期货——虽然对于赢家来说，标的波动越大越有利；但对于一个什么技术和理念都没有的亏货来说，就只能是亏得更快的坏事了。2016 年 8 月底又搞了一笔不小的资金，9 月 12 日做空了 1 手焦炭，第二天赚了两千多块平掉了。由于看到焦炭从最低价算起有 1 倍左右的涨幅，而别的品种只有 20％～30％的涨幅，便主观地认为焦炭短期内一定会跌。于是在 10 月 10 日又一次开始了通向“地狱”之旅。10 月 10 日做空，10 月 27 日和 11 月 2 日、11 日 3 次加码做空。其间发改委、交易所连续发文及出台措施抑制过度炒作煤炭价格，所以越涨就越增加我对焦炭即将大跌的信心，一次次地加仓。“双 11”好多品种从涨停到跌停，焦炭却没怎么跌。11 月 14 日经过激烈的思想斗争最终清仓——于是长出一口气，总算保住了自己的小命。

9 年多来，我从未停止过交易，却从未有过一笔像样的盈利。有的只是不断大亏、巨亏之后残存不多的兵力，还一边继续战斗一边等待援军的到来。就这样一直把我从辛苦的工作中赚来的钱不断地往无底洞里扔，一次次血的教训，难道还不够深刻吗？无数次想过自己是不是真的不适合交易这一行？不止一次地灰心丧气过、绝望过。但每次过后依然不服输，又从零零散散的学习中燃起希望和信心。我是不是很执着？或者说是倔强、一根筋？多年来我学习交易技术不可谓不用功。看过的关于金融交易的书有 20 多本。除日常工作之外，所有的时间都用在学习上，但收效甚微。我生性内向，不善应酬、交际。做交易这些年来，一直都是闭门造车，从没跟高手有过交流，因此现在很想去了解赢家们是怎么做交易的。

2017 年 9 月 22 日早上看到老师举办面授高级班的消息，还是当天报到，而我却远在千里之外；但我还是毫不犹豫地联系了邵师姐，并缴费报名参加面授高级班。为什么毫不犹豫呢？因为之前我在老师博客上看到了《金融交易学》第一、第二卷的连载，觉得不过瘾又买了老师的两本实体书。对老师书中提出的独到的交易技术和理念等真知灼见相见恨晚。要是提早三五年有幸看到老师的《金融交易学》并且听老师讲课，肯定少走 N 年弯路。在认识老师之前，觉得自己的交易技术还算可以，只是心态和执行力不够。通过参加老师 9 月 23/24 日两天的面授，觉得还是缺乏经得起市场长期检验的正期望值的交易系统导致的。如果把交易技术学透彻，并且融会贯通、综合运用、知变应变，则交易的信心、执行力自会提升，在市场中持续盈利就成为例行公事。在走过那么多弯路之后，我坚定地信奉老师人格品质第一，技术一流。在此恳请老师收我为入室弟子，方便我向老师学习更多的交易技术和理念。

祝老师身体健康，万事如意。

参加投资家 1973 老师面授高级班的学习体会（之一）

熟悉的声音，清晰明确的思路，干脆利落的语言，再一次让我对金融交易的技术和思想有了全新的体验。交易需要不断学习，每一次学习都是一次修行。交易就像人生，需要终身修行。这是我第一次听老师讲期权课，也是我听老师讲的第三次课。我们做金融交易的，要精炼自己的技术，完善自己的系统，全面掌握各种金融工具。这次面授，重点讲解期权之前，老师对已经完成升级的“黑马集中营”选股程序的编制思路和操作要点作了说明。乍一听似乎与这次面授的主旨无关；听到中间，才真正理解老师这么安排的深意——操作期权的最核心部分还是要学会研判标的资产的趋势，在趋势中赚钱才是期权交易的要害。也就是说，做期权不是看期权自身的涨跌走势，而是要看期权背后的支配力量——正标的走势。

“黑马集中营”选股程序是老师历经4年多时间，精心编制，反复回溯测试和当下选股验证，是能够将每一波上涨行情的领头羊和下跌行情的领跌羊一网打尽的强大选股工具。其中做多型选股程序既可以直接用于做多个股，也可以用于买入看涨股票期权。做空型选股程序既可以直接用于做空个股，也可以用于买入看跌股票期权。老师详细讲解了每个选股程序的开发思路和原理，使我感到收获极大。原先只知道有这几种程序，却不知道这是金融交易的完整系统。这套系统把市场行情从第一波上涨、回调，到第二波主升浪、再次调整，再到第三波上涨(即波浪理论的第五浪)的全过程中每波上涨的启动特点全部囊括进去，因此“黑马集中营”不仅是功能强大的选股利器，还是完整系统的交易思想的体现。

老师通过大量举例，多次讲“标志性 K 线”——即从形态发展到趋势的临界点——的六大特征，让学员们自己识别，强化肉眼过滤的能力。老师说进场点一定要选在最不容易发生回撤的地方，而只有在临界点进场才是胜率最高、最不容易发生回撤的。老师通过大量案例分别解析了股票、期货、外汇等交易标的走出大级别趋势行情之前的特点，引领我们挖掘、寻找、确认各种交易标的启动前的造型规律，配合临界点战法，轻松愉快地搭上趋势的列车。接下来，老师用 5 个小时的时间讲透了期权的概念、分类和期权操作的关键要害。我以前看过几本期权方面的书，对期权有初步的了解。这次参加了期权面授之后，才真正理解了什么叫作理论和实战两张皮了。只有实战交易家才能真正理解期权对于实盘交易的意义。

来老师这里之前，我虽然看过那么厚的期权书，却依然不知该怎么操作期权。是投资家 1973 老师拨云见日般的精湛讲解，让我真正掌握了期权交易的命门，即如何看懂期权的重要指标，如何选择合约，以及如何在创造收益的同时控制风险。要学好期权，交易者必须先学会用金融交易学的系统方法，正确研判正标走向，然后才能对相应的期权合约进行买卖。尽管老师表达能力超强，他的课通俗易懂，但因为信息量巨大，只听一次是不够的。相反，只要有机会，就要听，在听的过程中让自己的头脑接受系统的规则，形成自己强大的能力，最终打通任督二脉。在这一行，只有得到明师指导的心智敏锐者，才可能最终参透金融交易之道。可以预见，期权作为金融交易的又一利器，将在我的交易生涯中发挥作用。

作为入室弟子之一，迄今为止我有幸参加了老师的 3 次面授。第一次是 2017 年 3 月份，这次课上老师指出我们趋势跟踪一派以市场为师，背靠趋势，无须担心市场一夜之间就反转。我们的操作方法经得起推敲，交易技术可复制、可传授。趋势跟踪是交易界的真理，我们趋势跟踪一派应该对此树立信心。由于 A 股市场牛市的稀缺性，我们今后将依靠选股程序，在分类板块中取利。老师的交易体系非常完备，因此每次面授侧重点都不一样。这一期老师提出了一个比较新颖的观点，就是仓位曲线图和加码之后成本线变化的规律，非常重要，之前从未听闻。老师指出“行情无常，利润为先”。我们需要抓住波段利润的大部分而非全部；并且在这次课上首次提出了“分散持仓、分批进场，先锋不赢、后续不进”的下注策略。

第二次学习是在 2017 年 5 月份。这次老师针对股票操作提出了三大理论：一是“扒车理论”，即逆势交易不能做，趋势不确立的交易不能做，非临界点交易不能做。二是“赛马理论”，专门解决资金管理问题，给出了正确下注的高明技巧。指出做股票要通过选股程序批发牛股＋肉眼过滤精选个股，然后将不能展开趋势的股票砍掉，留下能脱离成本区的股票，形成“百马奔腾”的局面。三是“摸奖理论”。即首先发明出一套能将正在走周线级别上升趋势的所有个股一网打尽的选股程序“周线黑马”（后来又添加了其他条件，令选股的胜算继续提高，于是演变为“周线骏马”）；再发明一套能将正在走日线级别上升趋势的所有个股一网打尽的选股程序“日线神龙”（后来又添加了其他条件，令选股的胜算继续提高，逐步演变

为“日线速龙”和“日线骁龙”），然后再执行日周联合选股以提高胜算。

老师说不是选股程序选出来的股票既不能看，也不能买。为了让我们对其树立信心，现身说法以上证指数历史上 3 次发生“V 型反转”的极端行情为例，运用选股程序也能将这 3 次极端行情中的龙头股一网打尽。最后总结出一个规律：放大量、收大阳是 V 型反转的必要条件，并且指数 V 型反转行情中的龙头股本身走的不是 V 型反转，而是周线级别的主升浪。对于期货，老师给出了微观交易系统，要求重视对工业品母指数和有色、建材、煤炭、化工、油脂五大板块指数的研判，并且注意全球各大商品与货币之间的联动关系。老师提出集体走势是利润之源。我们要抓住的是走集体趋势的板块，而非单一标的。要求以标准头寸来对待所有标的，不能寄望于毕其功于一役，而应以分散、持久的观点来对待交易。

第三次面授让我明白了操作期权归根结底离不开对正标运行方向的正确研判。如果是股票期权，先用“黑马集中营”选股程序选出龙头股，再买入认购期权就可以起到以小博大、四两拨千斤的效果。很遗憾，老师的选股程序发布差不多一年了，我仍然没有充分发掘出它的巨大价值；直到这次听课之后，彻底搞懂了各个选股程序之间的差异，感觉升级后的选股程序更加易记易用并且有规律。加上选股程序直接与股票期权挂钩，我这才意识到其巨大价值与精妙之处。老师是精益求精、追求卓越之人，做事喜欢尽善尽美。这套选股程序是老师经过无数次测试、熬过无数次通宵才编写完成的呕心沥血之作，经过多次升级迭代之后已经堪称“完美＋万能”。我们要做的就是信任并且熟练运用，令其发挥出应有的价值。

算上这次，我已经参加了老师的 3 次面授，每一次都有巨大的收获，每一次都满载而归，每一次都感觉自己功力大增。金融交易这行，知识面真是太广了。单靠自己在家里闭门造车、盲修瞎练，永远都不可能成才，永远都走不出这一片原始森林。幸运的是，现在有老师指导，我们可以少走很多弯路。我相信在老师的带领下，在师兄们的帮助下，再加上自己勤奋努力学习，我一定能走出金融交易这片布满陷阱的原始森林。老师说 2016～2017 年面授课的部分内容已经写进了即将出版的《金融交易学》第三卷，他希望以这种方式利于后人。但因篇幅所限，微观交易学和期权作为独立的体系，在《金融交易学》第三卷里只开了个头，无法展开论述。期待老师在《金融交易学》第四卷或《实战教程》里完成这部分写作。

我现在判断大的趋势方向已基本没有问题，但宏微结合、知变应变做得还不够好。虽然看图能力有了很大提高，但期货市场各种商品的联动关系，我还不能很好地掌握。为了提升自己，我每天晚上只要有空，都用“黑马集中营”选股程序来研究历史，按老师教的方法先把股票选出来，然后将标志性 K 线放在显示屏的最右端，模拟时光倒流到当时的情形。这样做的目的是提高识别标志性 K 线的能力。通过按老师教的方法回溯，我发现选股程序的确是个巨大的宝藏，并对此瑰宝树立起极大的信心。诚如老师所言，最完美、最该涨的股票就存在于选股程序的选股结果之中。有此神器在手，加上每天收听老师在公众号上发布的“刀锋解盘”音频节目，等到期权大发展的日子，未来盈利将是更加轻松且无可限量的。

参加投资家 1973 老师面授高级班的学习体会（之二）

首先向投资家 1973 范老师致以诚挚的敬意和谢意，对我这种资质愚钝的学生谆谆教导、不离不弃。感谢范老师成为我交易之路的摆渡人，使我得以有机会参加面授高级班和期权实战班，全面系统地学习金融交易技术。也许是宿世的缘分，2012 年偶然的一次机会在网上听到老师的授课，后来又参与老师的基金，进而到现在成为老师的入室弟子，都是基于自己对趋势跟踪这一技术方法能够稳定获利的坚定信心，同时也是对范老师的绝对信任和支持。回想起最近这几年自己在金融交易领域的成长历程，千头万绪不知从何说起。这些经历以前从来没有总结梳理过，今天决定动手写出来，顺便打扫整理一下自己的小空间。下面我就从老师传授的那句“分散持仓，分批进场；先锋不赢，后续不进”的口诀说起吧。

2015 年之前，我只知道“不能把鸡蛋放在一个篮子里”，在股市上也是这样做的。我每次买股票都各买进 1 000 股，自然有股价高的，也有股价低的。这样做表面上看分散了风险，但在多年的实际操作中，风险并没有真正降低。实际上造成账面亏损的恰恰是那些持仓市值大的个股，盈利的反而是持仓市值小的个股。至于亏损砍仓也没有什么清晰的标准。有些少许亏损的个股，砍仓之后才发现图形并没有走坏，还是可以拿一拿的。发现之后很是懊恼，不过好在情绪不会在此停留太久，很快就能找到下一个乐子。通过参加面授，现在的仓位管理是这样的：老师教我们设置通达信的交易系统，把仓位策略的“买入委托量”设为“固定资金量”，如此一来就很好地解决了问题。真是小功能，大用处。说实话，这属于软件的用法问题，细节虽小恰恰说明了老师的大爱。这样设置可以使账户的风险控制得以量化。

执行控仓方案的同时还必须采取止损措施。老师规定股票在止损之前所允许的最大跌幅为10%。乍一看有点大，但对于极端行情来说这绝对是保护性措施，不至于给账户造成灾难。2015年的股灾1.0我原本是躲过去的，这是我幸运的一面。2015年9月却又再次进场，两三天就建满了仓——此前我兑现了利润但没有出金，这次持仓市值甚至比股灾之前还大，而且信心爆棚。那段时间每天都有朋友过来闲谈，各种信息和各种夸张的神情充满了人们的脸庞，原本来往不多的人也频繁来访。做短线的、传播小道消息的、做基本面的等各种流派碰撞在一起倒也和谐，彼此都摈弃流派偏见其乐融融，因为大家都是股神，都赚得很满意。然而，噩梦就这样悄悄地来了。等2016年元月发生熔断的时候——此前也看出市场的疲态，但账面上还有利润，加上被舆论误导，所以选择留在场内——竟然第一个交易日就把我给熔断了。躲过了千股跌停却没躲过熔断，这件事导致我把2015年的盈利全部回吐殆尽。

现在分散持仓、分批进场的问题表面上看好像是解决了。但手握老师的选股神器“黑马集中营”，牛股成群看着哪个都好，心里痒痒的、有两个声音在争吵，多数情况是小我战胜，这样就导致了进场节奏太快，经常是“先锋未赢，后续照进”。真是人心不足蛇吞象。因为自己肉眼过滤的基本功不扎实，导致经常买了很多“绿叶”在手，涨不好好地涨，跌又跌不动，很长时间都在成本线附近晃悠。在账面上有红有绿，两相抵销之后还有盈利的情况下，心里对待那些不涨不跌的个股的容忍度就大大提高了，有些甚至变成了死扛。那种心存侥幸幻想着有一天能扭亏为盈的负能量极其强大。心里明明知道这样做是错的，却总是做不到像期货那样手起刀落咔嚓了事。说明我还没有真正理解先锋不赢、后续不进的真谛。每次只要贪多冒进必定以亏损出局。跟老师学习很久了，还不能知行合一，委实感到惭愧。

在结识老师以前，我对金融市场的认识处于幼稚园水平，现在可以说我的一切投资知识和理念都来自于老师。特别是参加两次面授高级班以后，我感觉功力大增，头脑清晰了不少。于是在 2017 年 6 月份，我再次来到淀山湖，想进一步学习期权交易。这次见到了众多之前参加培训的师兄，大家对于期权面授都跃跃欲试，欣喜之情溢于言表。我们是一群职业交易者，哪怕有些品种我们不一定交易，但对于新事物、新品种还是必须要有比较到位的认知，尽量做到全能战士。尤其是像期权这种金融市场上的大规模杀伤性武器，更是应该高度重视。老师的比喻很形象，说如果到达一个地方有车可坐，就没必要非得走路去。习惯于交易股票期权、股指期权和期货期权之后，就会对直接买卖股票、商品和股指期货失去兴趣。第一天主要讲“黑马集中营”选股程序的最新进展。一开始还有些纳闷，不是讲期权的吗？经过两天的学习，最终豁然开朗：一切衍生品的交易都离不开对标的资产走势的正确判断。

经过学习，现在对于期权已经有了比较清晰的认识。但毕竟是新事物，老师讲的很多细节接下来还需要自己去下功夫理解和提升。说起老师编写的“黑马集中营”选股程序，其实是我一直梦寐以求的工具。在 A 股市场已经有 3 500 多家上市公司的情况下，还有不断的 IPO 在发行新股。倘若没有这一工具，那么与时俱进地切换热点板块和抓捕领头羊等看起来很美好的愿望，实际上是不可能实现的。老师利用自己 20 多年的交易经验和高超的编程能力，夜以继日地高强度工作，四年来持续不断地升级迭代和追求完美，最终实现了选股的程序化，选股效果之强大、完美和神奇令人惊叹、折服！以 2017 年 6 月 23 日为例，这一天“速黑战法”选股结果只有 37 只股票上榜，其中就有尚处于起涨点的著名牛股方大炭素和方大特钢！关于这一点可以一再验证，屡试不爽。在此衷心感谢老师的艰辛付出和无私奉献！

长期以来，我都坚信我们趋势跟踪一派可以做到持续盈利，只是在这个过程中面临着各种各样的诱惑或者障碍。要在这条路上有所成就和收获，不仅依赖于自己的努力，更需要有好的前辈或者老师愿意拉你一把，帮你指出正确的方向和正确的做法。师父领进门，修行靠个人！对于老师在面授中讲到的很多知识——如何研判大盘，微观交易，N 型定式，均线、K 线、成交量、形态学之间的联合作战，我还需要自己平时下苦功夫学习。老师说过，作为散户我们必须按照机构的模式来操作才有可能把自己的小资金滚动成大资金。要设清盘线，贯彻落实“分散持仓、分批进场，先锋不赢、后续不进”的下注策略。按照老师教我们的天网系统、进出场规则和控仓方案，周而复始地长期操作下去，也许有一天就会成为真正的基金经理，为更多人的财富增值奉献自己的能力，从而真正将趋势投资这套模式发扬光大。

再次感谢范老师的授之以渔和倾囊相授，祝老师身体健康、伟业大成。

参加投资家 1973 老师面授高级班的学习体会（之三）

作为一名新手，我经历苍白，如同沧海一粟漂浮在金融交易的海洋里，需要学习的知识太多太多。我是 2014 年年底在一次亲友的聚会上，与一位多年未见的亲戚谈起了他的职业，他说准备做全职交易员。因为以前没有接触过金融交易，于是就对这个职业多问了一些问题。问了之后才明白，原来金融交易也是可以作为职业的。也许是缘分，当时全国房地产政策收紧，我所投资的建筑机械行业资金出现回收困难，使我有了要寻找一个新的职业的冲动。在我一再询问的情况下，他向我推荐了投资家 1973 老师的两本《金融交易学》和在呱呱网上两年授课的 400 集录像。从此以后，我就把所有的闲余时间都用在了看书和看录像上。

在初步了解了老师的交易理念和交易系统之后，我自以为理解了；于是在无知无畏的情况下，急吼吼地在7月3日开通了我的期货账户。7月6日早上一开盘，我立马建仓甲醇的空单，随后两天里连续跌停，我的账户上产生了可喜的浮盈。我觉得可以大赚一笔了，就急忙去寻找下一个建仓目标。7月9日夜盘开盘之后，我在白糖跳空低开、接近跌停状态下建仓空单。然后反弹开始了，我就加码来平摊成本。结果越加码、亏损越大，最后被迫平仓。这当头一棒，让我看到了市场面目狰狞的一面，一下子清醒许多。当天晚上一夜无眠，反复回忆老师所讲的内容，发觉我违反了要在临界点建仓，不能逆势加码等交易原则。

此后我放慢了交易步伐。一边学习，一边按照我理解的临界点建仓。一直到2016年年初，我的账户上都没有盈利。其间仅有的几次盈利，也总是在随后的几次错误交易中亏光。就在我垂头丧气、信心全无时，老师在微博上登出重开授课大门的讯息。我当时就觉得上天对我不薄。在我最需要老师的时候，老师又出山了。我要珍惜这样的学习机会。于是我把老师的授课录像打开，没日没夜地又重新学习了一遍，这才有勇气在10月份报名参加老师的面授高级班，然后又顺理成章地成为老师的入室弟子之一。参加完3次面授高级班之后，在老师系统地悉心讲解下，我感觉功力倍增，脑海中的雾霾渐渐散去，思路越来越清晰。

必须承认，尽管老师的两卷《金融交易学》堪称交易界的经典，但我想以切身体会告诉后来者，看书和参加面授的感觉是截然不同的。仅仅靠看书是不可能做到持续盈利的。不是老师的书写得不够好，而是看书人自己的问题，并且这个问题非常不容易觉察。因为老师的书虽然看起来是白纸黑字，但如何理解却各不相同。交易者倘若缺乏长期的实战历练和丰富的交易经验，读书过程中产生大量的曲解和歧义不可避免。如果先由老师手把手地教，再来看书，就会有一通百通的感觉，而且理解全都是正确的。何况还有大量的细节如何处理，书里不可能面面俱到。另外我也不主张再看老师5年前的那400集录像。那些录像虽然精彩，但一是工作量太大，二是老师最近5年来有很大变化，做出许多新的研究成果。以我自己为例，我在参加面授之前和之后判若两人。因此我认为面授+看书才是成才的捷径。

在面授过程中，老师用赛马理论阐述了如何分散持仓，如何提高胜率，再以单品种初始头寸四级标准化控仓方案来解决买卖多少的问题，从而完美地解决了仓位控制和风险管理这一难题。老师说他已经把控仓原理和控仓方案写进了即将出版的《金融交易学》第三卷，以帮助后来者。除此之外，老师还首次提出了“分散持仓，分批进场；先锋不赢，后续不进；宏微结合，知变应变；赢扩输缩，及时兑现”的 32 字口诀。我认为该口诀字字千金，凝聚了 1973 老师 20 多年交易理念和风险管理的精华，为我们提供了一个进退有据、量化可操作的资金管理系统，是交易之路上不可或缺的、极其强大坚韧的安全网和防护网。

老师用扒车理论论述了逆势交易不能做、趋势不确立不能做、非临界点交易不能做的三大理念，并且提出了“周图如父，指数如母”这一宏观交易学的精髓，即通过微、日、周、月四级图表联合趋势跟踪，再辅之以大指数和板块指数是否存在集体趋势，在微观图表上寻找进场点，并且学会以标准化的小头寸渐次进场试仓，当浮盈和更多盘面证据渐次出现时顺势加码，当浮盈增长受阻或图表出现不利走势时，变大头寸为小头寸、变多头寸为少头寸。如此不断在“预测—验证—纠偏—再预测—再验证—再纠偏”的过程中来动态调整仓位。老师用面包的霉变过程生动地诠释了行情由量变到质变的演进，解决了何时阶段性兑现离场的问题。老师花费了巨大心血研发的“黑马集中营”选股程序，功能之强大更是匪夷所思。这套选股工具在用熟用精以后，配合老师的标准化控仓方案，将成为摇钱树和聚宝盆。

老师还说，人的时钟不是以天为单位，而是以小时为单位。比如上午 9 点上班，10 点开会，11 点去见客户等等诸种安排，我们早已习以为常。而股市的时钟远没有我们想象的走得快。股市的一天只相当于我们人的一个小时，而股市的一周只相当于我们人的一天。同理，股市的一个月最多相当于人的一周，股市的一年只跟人的一个月相似。每一秒钟我们脑海中都会产生很多种想法，但股市、期市永远按自己的节奏运行得不紧不慢。当市场要发生什么事的时候，你无力阻止；当它尚未发生什么事的时候，你无力提前。换言之，我们只能完全地跟随市场，而不能操纵市场。

因此老师要求我们放下虚荣、面子和谬误的自尊，放低身段，最好把自己的身体想象成一只旧袜子，弹性足够，经历摔打和挫败之后能快速恢复。

从我多次参加面授的经验来看，老师讲课信息量巨大，在股票、期货、外汇、国债和期权之间来回切换，各种案例信手拈来、游刃有余，没有障碍。而且每次面授各有其侧重点，内容很少重复。作为一个刚刚进入交易领域的新人，我能够面对面接受老师的指导，系统地学习 1973 老师的交易体系，使我在交易之路上少走很多弯路，而我的账户资金也在 2016 年盈利 40%！我感觉这是我前世修来的福气。金融交易也许就是我下半生所要从事的职业。我庆幸遇到了交易界不尚虚名、只为揭示金融交易的真理，而付出巨大精力和努力的 1973 老师。能成为老师的弟子是我莫大的荣幸。当然由于学习时间还不够长，我对老师投资理念的理解还不够深刻。在今后的学习中还要不断开悟，才能正确理解老师的交易精神。

1973 老师确切地说是自学成才的。他凭借一己之力，破解了金融市场的密码。从股票到期货，从外盘到内盘，从技术系统到资金管理，从宏观交易到微观交易，这一行所有的问题和细节，老师都给出了答案。我们沿着他的脚印，可以大大缩短成才的时间。老师说金融交易是系统工程，是技术系统、资金管理和自我管理的协同作战。在这一行最开始考验的是你的能力，最终考验的是你的人品。只有先通过修行把人做好，才能持续做好交易。为什么许多人抱着低级错误一犯再犯？就是因为只盯着交易，不盯着自己，不自我改变。一个人如果管理不好自己的生活，也一定管理不好自己的交易。须知欲望即是痛苦。多欲多苦，少欲少苦，无欲则离苦。做交易就应该像老师说的那样，例行公事、恬淡无争，做一个快乐的交易员。最后再次感谢 1973 老师带我进入交易的殿堂。恭祝老师身体健康，投资顺利。

参加投资家 1973 老师面授高级班的学习体会（之四）

我 2002 年进入股市，2010 年开始期货交易。2012～2013 年投资家 1973 老师曾经在呱呱网免费授课 2 年，从那时起我就对老师的交易理念和技术系统非常认同，一直努力学习。经过几年的交易实践，我越来越喜欢这个行业。相对于别的事情，我感觉更适合做交易。因为我不喜欢钻营、拉关系。我喜欢独立思考，能够面对现实，而且性格比较谨慎内敛，加上吃过重仓豪赌的亏，所以不会再出现亏光本金、影响生活的情况。非常荣幸能参加此次面授高级班，有幸见到老师真容，也非常高兴认识了来自天南海北的师兄们。师兄们都非常热情友善，使我从多方面得到交流与启迪，让我对本次学习有种相见时难别亦难的感觉。

下面先大致讲一下我的投资史。我 2002 年开立的股票账户，相对于我的年龄还是比较早的。当时炒股票就跟买彩票差不多，一边上班一边随便买点。有一段时间跟随一个公司电话指导的单子还赚过一点钱，但总体上时赚时亏，时间上也断断续续，没有投入太多精力，对工作和生活也没有太大影响。正式的交易经历是从 2010 年做期货开始的。偶然的一次机会，一位股友告诉我有一种投资品叫作期货，既可以做多又可以做空，双向赚钱非常美好。可怜我当时连什么是止损都不知道，就贸然进入了市场。噩梦开始了：重仓、逆势、抄顶抄底，而且还是以日内短线为主，无意中重复着众多输家一而再，再而三所犯的错误。

就这样先后经历过几次爆仓，亏掉几十万元。当时已是身心俱疲，高压之下边做边学。虽然仍是短线交易，但已经学会短周期不逆势，而且也学会了止损。这期间的交易结果从大亏到小亏，再从大赚到大亏，或者亏亏赚赚，中途也曾经连续半年以上每月连续盈利，于是自以为找到了短线交易秘诀。然而这一切终究还是不稳定，所有利润最后全都还回市场。由于每天盯盘交易，工作、生活均受影响。后来一段时间突然特别厌倦短线，于是开始反思。伟大的杰西·利维摩尔在《股票作手回忆录》中明确指出："盲目而频繁地交易是造成华尔街投资者亏损的主要原因。"并且指出："重大的利润只能来自于市场价格的重大波动。"

我发现，问题出在我把自己定义为天才了。我承认这个市场里也许存在个别短线高手，相当于生活中会360度空翻的人。他们有天赋、有毅力、能吃苦，还有高压环境下的执行力。但他们凤毛麟角、少之又少。在我看来，重仓短线交易者每多一倍仓位，就多一倍贪婪、多一倍恐惧、多一倍风险，同时也多了一倍的操作难度。认识到了这一点，我坦率地承认自己做不到360度空翻。面授中老师说过：聪明人只做容易做的事，而我一直在做最难做的事。经过几年学习我隐约感到想在这个市场长久生存，必定是标仓波段当事业做，走复利这条路，这一想法也被老师所证实。学习前的晚宴上老师就曾提及：期望值太高就是亏损之源。

老师教导我们，交易者要想在这一行立足，首先应该确立合理的期望值——比如年化20％～30％——这意味着交易态度的端正，而不是总想着一夜暴赚几倍、十几倍。必须认识到短线不过是整个交易环节里的一片树叶，若整个交易过程没有一套正确的交易系统来支持，就算有了进场点，买卖多少？如何止损？如何止盈？都还缺乏明确的规则。在学习过程中，老师明确指出：金融交易是系统工程，是技术系统、资金管理和自我管理的协同作战体系。提出股票交易必须明确回答以下四大问题：(1)买卖什么(程序选股＋肉眼过滤)；(2)何时进场(临界点战法)；(3)买卖多少(控仓方案)；(4)何时离场(合理设置止损止盈位)。

本次面授内容丰富、信息量大，有许多观点令人耳目一新。比如老师提出要学会在平庸市道里赚钱。所谓"平庸市道"就是指除大牛市、大熊市以外的波段行情，这种波段行情的级别甚至可能比中级行情都要小，但却可以拿来盈利，因而具备不容忽视的交易价值。老师重视大盘指数与板块指数所指示的集体趋势，认为集体行为不可抗拒、不可阻止，与《孙子兵法》中求之于势、不责于人的观点相吻合。要求业余交易者学会像基金经理一样操盘，实现控仓细腻化和限制回撤精细化。关于如何留住利润，老师提出了令人印象深刻的解决办法：收益达到预定水平(例如20％)即阶段性兑现，然后从小头寸重新做起以沉淀利润。

老师还发明了选股质量极高、极具针对性的“黑马集中营”选股程序，为我们节省了大量时间和避免了无用功。从我实际使用的情况看，每天只要点几次“执行选股”就能了解当前股市的热点板块及其潜在的领涨股。在有位于临界点的板块指数上榜的情况下，上榜的同板块个股如果绝对价位低、相对位置低、市盈率也低（俗称“三低股”）并且处于临界点，那么胜算就会很高。其实老师以前发布的版本已经很完美了，但老师是精益求精的人，借这次面授的机会又推出了升级版本。老师在课堂上对选股程序的功能作了详细讲解，在场的同学都为选股结果的高效、完美所震撼。今后只要按照老师教的肉眼过滤规则，在选股结果中挑选自己心仪的品种就好。相信选股程序必将在我通向财务自由之路上发挥建设性作用。

我现在做交易还是业余的。白天上班，有时间的时候就关注一下市场行情，晚上也有时间做夜盘。大约一半的资金在股市，另外一半在期货市场。我喜欢这样的生活方式：有固定的工作收入能保证基本生活，平时努力学习交易，希望在工作出现变化或者退休以后，能够通过金融交易获得比较稳定的收益，这是我努力的目标。股票期权交易权限已经开通，但是到目前为止还没有开始交易，因为目前只有上证 50ETF 期权。上证 50 指数受操纵很严重，我期待有更多的 ETF 期权或个股期权上市。总之我目前在股票上的交易还比较有心得，控仓做得比较好，资金曲线相对稳定，回撤已经比较浅。最大的挑战依然来自期货市场。

期货虽然已经做了 7 年，牛熊转换的经历还是太少，还需要积累经验。我以前顺势加码这一块做得不好，所以大部分交易就算盈利，通常也就 15%以内，这样很难做到精确离场。每次回撤的时候，总是会侥幸地认为附近的均线有支撑，因此安坐不动；这样很容易将盈利的单子拿到亏损，类似这样的经历非常多。我感觉最大的问题还是做不到知行合一，其实趋势走坏我是能看得出来的，然而在该离场的时候没有坚决执行。由于已经失去了先机，后面处理起来更加患得患失。以后再遇到大阴大阳等有决定意义的 K 线，一定要知变应变，立即做出加码或减仓动作，不能犹豫，否则后面会更加被动。尤其是离场，就算这次离场错了，后面还会有重新进场的机会。我已经有过多次这样的教训，希望以后能大幅改善。

总之，7 年的期货交易时间毕竟还是太短了，倘若没有老师的实时指导，重大的行情演变需要经历过印象才能深刻。现在有些期货合约对我而言还有点大，合适交易的品种偏少。以后做交易我需要更加精细、敏锐，把期望值放低，论年算先努力做到不亏，然后追求比较稳定的盈利。最后由衷感谢投资家 1973 老师为我的交易之路指引方向，能够向老师学习是我莫大的荣幸。对我来说，怎么感谢老师都不过分。如果没有老师的教诲，我可能还会被各种各样的交易“神话”所吸引，在交易之路上继续掉进五花八门的陷阱无法自拔。在交易这行，大多是知者不言，言者又大多不知，能像老师这样把交易界的商业机密和盘托出、无私分享的仅您一人。学生在此恭祝老师平安健康、万事胜意，金融交易事业蒸蒸日上！

中英文人物译名对照表

英文原名	中文译名
Audrey Hepburn	奥黛丽·赫本
Bill Gates	比尔·盖茨
Bertrand Russell	伯特兰·罗素
Bruce Kovner	布鲁斯·柯凡纳
David Ryan	大卫·瑞安
Dolores Cannon	朵洛莉丝·侃南
Ed Seykota	艾德·斯科塔
Elon Musk	埃隆·马斯克
Gary Bielfeldt	盖瑞·贝弗德
Grandma Moses	摩西奶奶
Henry Ford	亨利·福特
James Rogers	吉姆·罗杰斯
Jesse Livermore	杰西·利维摩尔
Joseph Campbell	约瑟夫·坎伯
Larry Hite	赖瑞·海特
Mark Weinstein	马可·威斯坦
Marty Schwartz	马丁·舒华兹
Michael Covel	迈克尔·卡沃尔
Michael Marcus	麦可·马可斯
Michael Steinhardt	麦可·史坦哈德
Napoleon Hill	拿破仑·希尔
Nelson Mandela	尼尔森·曼德拉
Paul Tudor Jones	保罗·都德·琼斯

续表

英文原名	中文译名
Richard Dennis	理查德·丹尼斯
Robert Toru Kiyosaki	罗伯特·清崎
Stanley Kroll	斯坦利·克罗
Steve Jobs	史蒂夫·乔布斯
Tom Baldwin	汤姆·包得文
Warren Buffett	沃伦·巴菲特
William O'Neil	威廉·欧尼尔
Willian Eckhardt	威廉·埃克哈特

参考书目

1. 青泽著:《十年一梦——一个操盘手的自白》,企业管理出版社2006年版。

2. 斯坦利·克罗著,罗耀宗、俞济群译:《期货交易策略》,寰宇出版股份有限公司2006年版。

3. 爱德温·李费佛著,真如译:《股票作手回忆录》,海南出版社1999年版。

4. 罗伯特·D.爱德华、约翰·迈吉著,程鹏等译:《股市趋势技术分析》,中国发展出版社2004年版。

5. 马丁·舒华兹著,王正林译:《交易冠军》,中国青年出版社2009年版。

6. 史蒂夫·尼森著,丁圣元译:《日本蜡烛图技术》,地震出版社1998年版。

7. 史蒂夫·尼森著,寰宇证券投资顾问公司译:《股票K线战法》,宇航出版社2005年版。

8. 杰克·D.施威格著,俞济群译:《金融怪杰》,寰宇出版股份有限公司1985年版。

9. 杰克·D.施威格著,罗耀宗、俞济群译:《新金融怪杰》,寰宇出版股份有限公司1994年版。

10. 迈克尔·卡沃尔著,那希尧译:《趋势跟踪——顺势交易名家策略解读》,广东经济出版社2006年版。